LA CURA
⚡ DEL ⚡
BURNOUT

CÓMO CONSTRUIR MEJORES HÁBITOS, ENCONTRAR EL EQUILIBRIO Y RECUPERAR TU VIDA

EMILY BALLESTEROS

LA CURA ⚡ DEL ⚡ BURNOUT

CÓMO CONSTRUIR MEJORES HÁBITOS, ENCONTRAR EL EQUILIBRIO Y RECUPERAR TU VIDA

Traducción:
Estela Peña Molatore

El papel utilizado para la impresión de este libro ha sido fabricado a partir de madera procedente de bosques y plantaciones gestionadas con los más altos estándares ambientales, garantizando una explotación de los recursos sostenible con el medio ambiente y beneficiosa para las personas.

La cura del burnout
Cómo construir mejores hábitos, encontrar el equilibrio y recuperar tu vida

Título original: *The Cure for Burnout*
How to Build Better Habits, Find Balance, and Reclaim Your Life

Primera edición: junio, 2024

D. R. © 2024, Emily Ballesteros

Publicado por acuerdo con Folio Literary Management, LLC and International Editors' Co.

D. R. © 2024, derechos de edición mundiales en lengua castellana:
Penguin Random House Grupo Editorial, S. A. de C. V.
Blvd. Miguel de Cervantes Saavedra núm. 301, 1er piso,
colonia Granada, alcaldía Miguel Hidalgo, C. P. 11520,
Ciudad de México

penguinlibros.com

D. R. © 2024, Estela Peña Molatore, por la traducción

ISBN: 978-607-384-602-8

Impreso en México – *Printed in Mexico*

*Para mis padres, que me han acompañado
en cada paso tan poco convencional de mi carrera
con un apoyo inquebrantable.*

Índice

Introducción
La crisis antes del quiebre

Una mañana con una temperatura de 20 grados bajo cero, en el pasillo de Top Ramen de una farmacia Walgreens del centro de Chicago, por fin me tragué mi orgullo y llamé a mis padres. Con lágrimas silenciosas y mocos en la bufanda, les dije que ya no podía más. Durante dos años, mi vida había sido una lista interminable de tareas pendientes. Desde el amanecer hasta el anochecer corría de responsabilidad en responsabilidad, sin jamás sentir que hacía lo suficiente. (Sabes que las cosas van mal cuando empiezas a esperar *con impaciencia* tus debilitantes migrañas). Despertarme con visión estroboscópica y la impresión de que alguien me apuñalaba en el ojo me producía una alarmante sensación de alivio: al menos, mientras estaba tumbada en el frío suelo del baño intentando no vomitar del dolor, conseguía un breve descanso de mi absorbente agenda. Sollozar en una farmacia, mientras sentía las miradas de reojo de otros habitantes de Chicago que solo intentaban comprar algo tranquilamente, fue un bajón personal. Me encontraba muy mal. Quería dejar mi trabajo, abandonar los estudios de posgrado, marcharme del gélido infierno conocido como el Medio Oeste y... simplemente... "desaparecer". "Solo un ratito", les dije a mis padres.

Banderas rojas. Banderas rojas por doquier

Por si no lo sabes, decir que quieres "desaparecer" es una señal de alarma importante.

Llevaba dos años funcionando a toda máquina. ¿Cómo podía estar tan al principio de mi carrera y tan increíblemente agotada? Desde luego que esta no era la divertida y grandiosa libertad de tener veinte años de la que todo el mundo hablaba maravillas. Cada mañana, cuando sonaba el despertador a las seis, lo primero que sentía era una gran opresión en el pecho, seguida de pensamientos acelerados sobre todo lo que tenía que hacer ese día. Me levantaba de la cama, me ponía uno de mis arrugados trajes de trabajo y caminaba un kilómetro y medio a través de las gélidas temperaturas de Chicago hasta el tren. Con los ojos vacíos, como una zombi y un gran nudo en el estómago, ponía un pie helado delante del otro.

Pasaba la hora y media que me separaba del trabajo poniéndome al día con las lecturas de mi programa de posgrado y maquillándome las ojeras. Profesionalmente, me comportaba como la típica persona que complace a la gente: sin tener en cuenta mis propios límites. No me creía con autoridad para poner límites, así que decía que sí a todo lo que me pedían, sin importar quién lo pidiera y qué pidiera. Tenía reuniones a cualquier hora del día, en comités que ni siquiera sabía que existían en nuestra empresa, asumía tareas que nadie más quería, todo para demostrar que era fiable a cualquier precio. Quería probarme a mí misma, avanzar en mi carrera lo más rápido posible y, quizá lo más importante, quería *gustarle* a todo el mundo. En consecuencia, daba prioridad al rendimiento sobre todo lo demás: mi salud, mis relaciones, mi vida personal y mis intereses. Yo era un portento. Pero tenía un precio.

Cada noche, al final de mi viaje de regreso a la ciudad, *corría* (con botas de nieve, cosa nada recomendable) hasta mi clase de las seis de la tarde. Con las espinillas doloridas, el cansancio hasta los huesos y la incredulidad de que el día aún no hubiera terminado, echaba mano de mis dos últimas neuronas para tomar apuntes. Después de clase, caminaba un kilómetro hasta casa, me comía un Top Ramen, hacía el quehacer de casa, miraba el celular y me quedaba dormida, ansiosa por lo que me esperaba por la mañana.

Lo *ideal* hubiera sido que el sábado y el domingo me dedicara a descansar. Pero en lugar de recuperarme, cada fin de semana dejaba que mi sentimiento de culpa (y las exigencias de otras personas) tomara el timón. Amigos con buenas intenciones y mal momento me invitaban a reuniones sociales por toda la ciudad. No sabía cómo decir que no sin sentir que los defraudaba, de modo que decía que sí y esperaba encontrar otro momento para descansar. (*Spoiler*: casi nunca lo encontraba). Por mucho que valorara mis amistades, *cualquier* invitación me parecía una carga, y es que añoraba quedarme en casa para recuperar el sueño. Me olvidaba de ir al gimnasio, de disfrutar de mi juventud o de leer por placer; solo estaba agradecida si conseguía llegar al fin de la semana. Durante años, sin importar si el día era bueno o malo, era un día ocupado.

Sin embargo, en contraposición al temor que sentía en mi vida cotidiana, desde fuera parecía que me iba bastante bien. Tenía un trabajo en mi campo de interés (formación y desarrollo empresarial) y estaba haciendo una maestría en psicología industrial y organizativa. En nombre de los logros, había llenado mi agenda hasta el tope, y eso me proporcionaba una vida que parecía estupenda sobre el papel. Me sentía como un pato: tranquilo en la superficie y remando como un demonio bajo el agua para mantenerme a flote. Pero lo que he llegado a comprender es que **no importa cómo *luzca* tu vida, sino cómo te *sientes*.** Y la mía era una mierda.

Cómo tropecé con el burnout

Aquel día de invierno en Chicago, mis padres (que creen mucho en el amor duro) me dijeron que era fuerte, que esto era temporal y que tenía que seguir adelante. Obviamente, me habría gustado que me dijeran: "No te preocupes, hija, abandona los estudios y te mantendremos económicamente para siempre", pero lo que me dieron fue la sacudida de vuelta a la realidad que necesitaba para reconocer que yo —y solo yo— tenía que salir de mi espiral descendente. Nadie iba a hacerlo por mí. Les creí cuando me dijeron que podía hacerlo… pero luchaba por mantenerme a flote. Estaba dispuesta a seguir adelante, pero sabía que no podía continuar como hasta entonces. No podía ser tan solo una espectadora cuando se trataba de mi propio burnout. Leer un artículo aquí y otro allá sobre el estrés laboral o la fatiga no estaba mejorando mi situación. Necesitaba una solución, así que decidí crearla yo misma. Me sequé las lágrimas, les dije a mis padres que los quería y me fui a casa con mi ramen. Sabía que era el comienzo de algo nuevo, pero esa noche solo necesitaba comer mis fideos acurrucada bajo una manta y dormir un poco.

Después de investigar mis síntomas (todo desde "tener pesadillas sobre el trabajo" hasta "llorar en las salas de conferencias"), resultó que este burnout mental y físico prolongado era *burnout*, y yo ponía una palomita en todas y cada una de las casillas: Estaba letárgica, estresada las 24 horas del día y desconectada de las cosas que por lo general me daban alegría. Ya me había sentido agotada antes (durante los exámenes finales, en un periodo de mucho trabajo, mientras lidiaba con tragedias personales), pero nunca había sido un burnout tan desesperado y aparentemente sin final a la vista. Más adelante profundizaré en el trasfondo cultural y científico del burnout, así como en la constelación de factores que contribuyen a él, pero baste decir que, en aquel momento, el burnout me parecía simplemente un día duro detrás de otro.

Al principio era difícil tomarse en serio mi propio burnout porque todo el mundo a mi alrededor parecía estar experimentándolo también. Y no solo era frecuente, sino que estaba de moda. Siéntate en cualquier bar y, en menos de 10 minutos, oirás a la gente intentando superarse unos a otros sobre lo agotados y sobrecargados de trabajo que están: "Llevo años sin comer". "Con suerte saldré de la oficina a las siete de la tarde". "Si me tomara vacaciones, el departamento se vendría abajo". Demasiadas personas normalizando su sufrimiento.

En las semanas que siguieron a mi llamada desesperada, empecé a preguntar a mis contactos, sobre todo a las personas a las que admiraba, cómo gestionaban sus ajetreadas vidas y evitaban el burnout a largo plazo. A cambio, recibía miradas vacías, risas incómodas o tópicos poco convincentes. Como trabajaba en desarrollo profesional, estaba segura de que *alguien*, en *algún* lugar, tenía que haber creado una solución sencilla y fácil de poner en práctica para este problema. Busqué en internet y solo encontré sitios web obsoletos. Recorrí las redes sociales, encontré resultados pésimos y desarrollé un resentimiento malsano hacia las recomendaciones de meditar o probar el yoga. (No voy a echar tierra encima de las soluciones de otros, pero estas dos prácticas no resuenan conmigo. Que es mi forma amable de decir que me ponen de pésimo humor).

Los recursos que encontré no estaban en consonancia con las modernas demandas de la fuerza de trabajo virtual (como, por ejemplo, la sugerencia de "dejar el trabajo en el trabajo", sin un plan claro de cómo cauterizar el trabajo de la vida en una época en la que nuestro trabajo está literalmente en nuestra casa y en el teléfono que está pegado a nuestra mano) y plagado de consejos obvios ("duerme lo suficiente"), o recomendaciones como: renunciar a una parte del trabajo, pausar la carrera, ser implacable a la hora de decir no a nuevas oportunidades. Pero el problema era que yo **quería** seguir haciendo todo lo que estaba haciendo. Me gustaban mis colegas y mi trabajo; quería la carrera y me interesaba el material. Por separado, cada elemento me satisfacía lo suficiente como para no dejarlo. Pero combinados eran demasiados para que alguien pudiera completarlos cómodamente. Al final de cada día **no deseaba una vida diferente con objetivos diferentes; solo deseaba que no fuera tan duro. Quería seguir haciendo lo que hacía sin sentir que me estaba desmoronando.**

Cuando me enfrento a un problema, mi primer paso casi siempre es hacer un reconocimiento. Así que, para empezar, hablé con decenas de personas rebasadas por sus problemas y qué tipo de soluciones buscaban. Tras realizar extensas entrevistas y profundizar en la investigación sobre la gestión del burnout, empezaron a surgir patrones y soluciones. Los mismos temas aparecían una y otra vez: la mentalidad, el cuidado personal, la administración del tiempo, los límites, el manejo del estrés, como áreas que ayudaban a prevenir el burnout o que hacían a las personas más vulnerables a él. Con estos temas en mente, asumí el papel de ser mi propio conejillo de indias. Todavía no me había quitado nada de encima cuando me propuse crear recursos para la gestión del burnout, por lo que mi agenda se volvió un grado más ajetreada. ¿Qué mejor momento para ver si la aplicación de soluciones en torno a estos temas podría en verdad marcar la diferencia en mi vida?

En resumen: sí funcionaron. Al aplicar el conjunto de soluciones que encontrarás en este libro, vi una mejora espectacular en mi calidad de vida y de trabajo, a pesar de que técnicamente había añadido más cosas a mi plato. (También mis padres, que, para su gran alivio, dejaron de recibir llamadas llorosas desde el pasillo nueve). En primer lugar, hice una evaluación sincera de mi capacidad y recorté lo que no era esencial siempre que pude. Establecí los límites personales y profesionales necesarios. Mejoré mi manejo del estrés, y con esto me refiero a que por primera vez en mi vida empecé a gestionarlo de forma coherente. Y creé una estructura de cuidado personal realista. Todos sabemos que estos temas son valiosos por separado, pero nunca los había visto juntos como un método holístico. Tampoco los había practicado nunca en conjunto. En el transcurso de unos meses me sentí menos agotada y más centrada. Me sentía menos culpable por decir que no a ciertas cosas y disfruté mucho de aquellas a las que dije que sí. Volví a sentir que controlaba mi propia vida. Mis episodios de migraña disminuyeron. No fue de la noche a la mañana, y me costó un gran esfuerzo y una toma de decisiones despiadada, pero valió la pena cada cambio y cada conversación difícil. Y todo ello me llevó a preguntarme: ¿podrían otras personas obtener también resultados positivos con esta combinación de herramientas?

Tenía la corazonada de que sí. Para poner a prueba mi teoría, empecé a crear un programa de coaching individual. El enfoque individual suele ser la forma más fiable de poner a prueba una metodología, garantizar los resultados y obtener información directa. Mi propia experiencia con el burnout, y las herramientas que utilicé para combatirlo, me sirvieron de base inestimable. Uno no sabe lo que *de verdad* funciona a menos que haya estado en la trinchera. Una vez que los clientes que seguían mi programa obtuvieron resultados constantes, llegó el momento de correr la voz sobre el manejo del burnout a través de mis redes sociales.

Y vaya si fue oportuno. Poco después de que empezara a compartir información sobre el burnout en internet, el covid-19 se extendió por todo el mundo. Uno de los muchos efectos adversos de la pandemia fue el nivel récord de estrés de los empleados en 2020, que alcanzó el 38% en todo el mundo.[1] En 2021 y 2022 se disparó aún más.[2] Con el 44% de los trabajadores que reportaban estrés laboral *diario*, no es de extrañar que el interés por una cura para el burnout se disparara durante estos años y siga en aumento.[3]

Mi lista de espera llena de clientes, mi bandeja de entrada desbordada y el aumento de mis seguidores en las redes sociales eran pruebas de este creciente problema. En el punto álgido de la pandemia, mi plataforma en TikTok pasó de un par de miles de seguidores a 100 mil en el plazo de un mes. Había tanta demanda de mi coaching que ya no podía justificar la entrega de la información en formato individual. Para llegar al mayor número de personas posible creé una sesión de formación sobre manejo del burnout que

---

[1] "State of the Global Workplace: 2021 Report", Gallup, 2021, https://bendchamber.org/wp-content/uploads/2021/12/state-of-the-global-workplace-2021-download.pdf.
[2] "State of the Global Workplace: 2021 Report"; "State of the Global Workplace: 2023 Report", Gallup, 2023, https://www.gallup.com/workplace/349484/state-of-the-global-workplace.aspx.
[3] "State of the Global Workplace: 2021 Report"; "State of the Global Workplace: 2023 Report".

podía ofrecer a grupos más grandes. En la actualidad he tenido el privilegio de impartir esta formación a organizaciones como Pepsi, Nickelodeon, Thermo Fisher, PayPal y muchas más. En estas sesiones, algunas de las personas más preparadas y poderosas que puedas imaginar siguen haciéndose preguntas como: "¿Cómo le digo a alguien que no estoy disponible después de las siete de la tarde?". Porque la cuestión es que el burnout no discrimina. Puede encontrar a cualquiera, en cualquier sector, en cualquier puesto, y obligarlo a comprometerse con su calidad de vida en nombre del rendimiento.

¿Agotado? ¿En el mundo actual? ¡Qué novedad!

La pandemia de covid-19 convirtió el burnout en una epidemia. Personas de todo el mundo tuvieron que enfrentarse a la imprevisibilidad global, a unas condiciones de trabajo poco prácticas, al aislamiento social y a noticias desalentadoras en todas las plataformas de los medios de comunicación. Los empleados empezaron a cuestionarse estar estresados por sus bandejas de entrada cuando había gente muriendo. Resentían lo mundano de sus responsabilidades en el trabajo frente a la tragedia mundial. Esta combinación de factores de estrés dio lugar a una salud mental extremadamente mala en todo el país. La Organización Mundial de la Salud informó de un aumento de 25% de la ansiedad y la depresión en todo el mundo durante el primer año de la pandemia, como consecuencia del covid-19.[4]

Todo el mundo, al mismo tiempo, tuvo que acomodar una nueva forma de vida con una fecha de finalización indeterminada. Los padres se esforzaban por compaginar sus trabajos diurnos con el

---

[4] "La pandemia de Covid-19 provoca un aumento del 25% en la prevalencia de la ansiedad y la depresión en todo el mundo", Organización Mundial de la Salud, 2 de marzo de 2022, https://www.who.int/news/item/02-03-2022-covid-19-pandemic-triggers-25-increase-in-prevalence-of-anxiety-and-depression-worldwide.

cuidado de los niños y las escuelas. Tener *roomies* cuyos horarios de trabajo coincidían con los tuyos hacía que cada día fuera un poco más difícil. Los estudiantes se veían obligados a abandonar los estudios y sus sueños de ir a la universidad se desvanecían poco a poco. En un millón de formas únicas, el sufrimiento de la gente pasó del manejo del estrés a corto plazo al burnout a largo plazo. A finales de 2021 casi dos tercios de los profesionales declararon que sufrían de burnout.[5]

El término *burnout* ya no está reservado a los trabajadores de la salud que hacen turnos de 24 horas, los consultores que trabajan 100 horas semanales y los contadores en temporada de impuestos. Ahora más que nunca acecha bajo la superficie a casi todo el mundo. Las definiciones de burnout que he encontrado en todas las fuentes —ya sea un libro sobre el tema o la Organización Mundial de la Salud—[6*] no parecen describir lo que es el burnout en el mundo pospandémico actual, en el que es más difícil que nunca separar la vida laboral de la personal.[7] Ahora vivimos en un mundo en el que

[5] Kristy Threlkeld, "Employee Burnout Report: COVID-19's Impact and 3 Strategies to Curb It", Indeed.com, 11 de marzo de 2021, https://uk.indeed.com/lead/preventing-employee-burnout-report.

[6*] La Organización Mundial de la Salud, en la undécima revisión de la Clasificación Internacional de Enfermedades (CIE-11), define el burnout como un síndrome que resulta del estrés laboral crónico que no se ha gestionado con éxito. Se caracteriza por tres síntomas principales: *1)* Sensación de falta de energía o agotamiento; *2)* aumento de la distancia mental, o sentimientos de negativismo o cinismo relacionados con el propio trabajo, y *3)* reducción de la eficacia profesional. La OMS también afirma que el burnout se aplica únicamente al contexto laboral y no a otros ámbitos de la vida. La definición de la organización, aunque importante, no tiene en cuenta el encabalgamiento entre el trabajo y la vida personal, no tiene en cuenta funciones como la de cuidador no remunerado, y no aborda la falta de sentido de propósito, o la desalineación, que puede aparecer de forma importante en la experiencia del burnout de algunas personas.

[7] Undécima revisión de la Clasificación Internacional de Enfermedades (CIE-11), Organización Mundial de la Salud, https://www.who.int/news/item/11-02-2022-icd-11-2022-release#:~:text=The%20International%20Classification%20of%20Diseases,and%20is%20now%20entirely%20digital.

muchas personas describen su situación como "vivir en el trabajo" en lugar de "trabajar desde casa".

Por eso defino el burnout como *un estado de agotamiento, estrés y desalineación (con la dirección que toma tu vida) durante un periodo de tiempo prolongado.* La parte de la desalineación es importante porque puedes vivir una vida de éxito muy tradicional que no te llene en absoluto y, como resultado, encontrarte mostrando signos de burnout.

Rara vez el burnout es el resultado de *una* sola cosa que se pueda señalar con el dedo y corregir. **El burnout es la muerte causada por pinchazos de miles de alfileres. Son las pequeñas formas en las que comprometemos nuestra calidad de vida a lo largo del tiempo, lo que provoca agotamiento e infelicidad.** Es pasar todas las mañanas estresados, "ponernos al día con el trabajo" por la noche y durante el fin de semana sentirnos culpables por estar demasiado cansados después del trabajo para empezar ese proyecto que queríamos hacer, aislarnos socialmente porque siempre estamos agotados. Estos pequeños hábitos pueden acarrear grandes problemas.

El burnout se ha relacionado con muchas complicaciones de salud,[8] como trastornos del sueño, depresión, dolores musculoesqueléticos (de muñeca, cuello y espalda), enfermedades cardiovasculares, cambios no saludables en el cerebro,[9] diabetes y un sistema inmunitario debilitado. Esto se debe a que el burnout somete al cuerpo y a la mente a un estrés constante,[10] exponiéndolos

---

[8] Denise Albieri *et al.*, "Physical, Psychological and Occupational Consequences of Job Burnout: A Systematic Review of Prospective Studies", *PLoS One 12*, núm. 10 (4 de octubre de 2017): e0185781, https://www.ncbi.nlm.nih.gov/pmc/articles/PMC5627926/.

[9] Armita Golkar *et al.*, "The Influence of Work-Related Chronic Stress on the Regulation of Emotion and on Functional Connectivity in the Brain", *PLoS One 9*, núm. 9 (3 de septiembre de 2014): e104550, https://journals.plos.org/plosone/article?id=10.1371/journal.pone.0104550.

[10] Tarani Chandola *et al.*, "Work Stress and Coronary Heart Disease: ¿Cuáles son los mecanismos?", *European Heart Journal* 29, núm. 5 (enero de 2008): 640-648, https://academic.oup.com/eurheartj/article/29/5/640/438125.

diariamente a hormonas como el cortisol,[11] que es saludable en rá-
fagas cortas pero eleva la presión arterial y el azúcar en la sangre y
provoca inflamación cuando no se cierra la llave. *Sabemos* que ignorar el burnout tiene repercusiones físicas y, sin embargo, persistimos.

A corto plazo, priorizar el trabajo parece ventajoso. Si queremos
salir adelante, sentimos que tenemos que estar dispuestos a sacrificar
el equilibrio hasta "ganarnos las medallas". Pero hay pruebas feha-
cientes de que mantener el equilibrio entre la vida laboral y personal redunda en una mayor productividad,[12] compromiso, retención
y satisfacción de los trabajadores.[13] Una carrera profesional es un
maratón, no un sprint. Y el burnout no es solo un subproducto de
moda de las exigencias profesionales actuales o una forma de decir
"estoy agotado". Es un trastorno de enormes consecuencias que nos
priva de muchas de nuestras necesidades humanas fundamentales.

Las investigaciones demuestran que las relaciones sanas repercuten de forma positiva en nuestra calidad de vida.[14] Se ha comprobado
que tener apoyo social —ya sea tu amigo cercano, un compañero
de trabajo al que consideras un amigo o tu madre, a la que llamas
todos los días como yo— alivia el burnout[15] y aumenta la satisfacción personal. Pero he aquí la ironía: las cosas que se ha demostrado
que nos inoculan contra el burnout —como el tiempo de calidad

[11] "Cortisol", Cleveland Clinic, diciembre de 2021, https://my.clevelandclinic.org/
health/articles/22187-cortisol.

[12] Michiel Kompier y Cary Cooper (eds.), *Preventing Stress, Improving Productivity:
European Case Studies in the Workplace* (Londres: Routledge, 1999).

[13] N. Thevanes y T. Mangaleswaran, "Relationship Between Work-Life Balance
and Job Performance of Employees", *IOSR Journal of Business and Management*
20, núm. 5 (mayo de 2018): 11-16, https://www.iosrjournals.org/iosr-jbm/papers/
Vol20-issue5/Version-1/C2005011116.pdf.

[14] David G. Myers, "Close Relationships and Quality of Life", en *Well-Being:
Foundations of Hedonic Psychology*, eds. Daniel Kahneman, Ed Diener y Norbert
Schwarz (Nueva York: Russell Sage Foundation, 2003), pp. 374-391.

[15] Andrea N. Leep Hunderfund *et al.*, "Social Support, Social Isolation, and Burnout: Cross-Sectional Study of U.S. Residents Exploring Associations with Individual, Interpersonal, Program, and Work-Related Factors", *Academic Medicine* 97,
núm. 8 (julio de 2022): 1184-1194, https://pubmed.ncbi.nlm.nih.gov/35442910/.

con los amigos o ver a tu equipo favorito mientras te tomas una bebida fría con los compañeros de trabajo— son las mismas que nos roba el burnout. Es muy astuto. Por desgracia, la correlación entre el burnout y el aislamiento significa que los que luchan contra el agotamiento[16] y el burnout son muy propensos a aislarse aún más en lugar de buscar apoyo social.

Resolver el burnout requiere tiempo libre y energía para hacer las cosas que ayudarán a aliviarlo, pero por supuesto, tiempo y energía es precisamente lo que una persona exhausta no tiene. De forma natural, aparejado al aumento del burnout asistimos a una disminución del ocio personal. No podemos poner todo de nosotros mismos en nuestras responsabilidades y luego actuar desconcertados cuando levantamos la vista y descubrimos que todas las cosas buenas de nuestra vida han desaparecido. Dedicar nuestro tiempo y energía a objetivos que nos hacen perder prioridad a la salud, las relaciones y el ocio *nos pasará* factura, y lo hará con venganza.

Primero, sé sincero contigo mismo

¿Piensas que no tienes suficiente tiempo al día? ¿Dejas de lado las cosas que antes te alegraban para hacer espacio a las tareas? Tal vez trabajas durante la comida y por la noche, o te quedas despierto hasta muy tarde porque es el único momento en que nadie te pide nada. O si eres como yo, no puedes dejar de decir que sí a todo en automático y luego ahogarte con una sonrisa en la cara para que nadie piense que eres incapaz.

Es posible que te hayas disociado (que hayas pasado al piloto automático mental, y te encuentres con que "solo haces lo que tienes que hacer") hace meses para sobrevivir a esta realidad, solo para

[16] Emma Seppälä y Marissa King, "Burnout at Work Isn't Just About Exhaustion. It's Also About Loneliness", *Harvard Business Review*, 29 de junio de 2017, https://hbr.org/2017/06/burnout-at-work-isnt-just-about-exhaustion-its-also-about-lo-neliness.

darte cuenta de que has entrado en una fase de burnout más profunda. Tal vez descubras que tienes ansiedad por el trabajo cada mañana, los fines de semana y en vacaciones. Cuando alguien te pide algo, tienes la tentación de gritar: "¡¿No es obvio que estoy ocupado?!". Olvídate de "renunciar tranquilamente": todo el tiempo sientes que estás a un día de renunciar tras un ataque de rabia. A veces incluso sueñas despierto con huir de tu vida. (He oído que Alaska es preciosa en esta época del año). Tal vez, si las cosas se han puesto muy negras, fantasees con desaparecer... solo un ratito.

Puede que te cueste rechazar oportunidades, que todo lo que tienes en el plato te parezca esencial o que estés "en temporada alta" desde que tienes uso de razón. Puede que te sientas culpable de hacer cosas por los demás, incluso cuando no tienes capacidad para ello, y que la confrontación sea tu peor pesadilla. O puede que te sientas "atascado", que te cueste cumplir compromisos que tienes desde hace tiempo y que no te sientas especialmente comprometido con las cosas que tienes entre manos.

Sin importar la forma que adopte tu burnout, vamos a encontrar la manera de combatirlo. Porque —y no estoy siendo dramática— *la calidad de toda tu vida depende de ello*. Tangiblemente, el burnout consumirá tu calendario, saboteará tus relaciones y dañará tu salud física. De forma intangible, te robará los mejores años de tu vida mientras estás con la cabeza agachada en modo supervivencia. Destruirá tu salud mental y provocará un burnout y una impotencia parecidos a la depresión.

Imagina cómo te sentirías si no te presionaras tanto para hacerlo todo y complacer a todos; si tuvieras tiempo libre y energía para hacer las cosas que te gustan, y si no te sintieras culpable cuando te tomas un descanso o disfrutas del ocio. ¿Cuánto más agradable, cómoda y satisfactoria sería tu vida si no te sintieras constantemente agotado, estresado o desconectado?

Romper los hábitos que conducen al burnout es difícil, lo sé. (En serio, lo sé). Pero pasar años de tu vida exhausto es más duro. Trabajar hasta la extenuación y no tener límites probablemente te haya llevado muy lejos: el mundo en el que vivimos adora a los trabajadores duros, sin considerar lo que le cuesta a esa persona. Nuestro mundo no tiene límites en lo que te exigirá, así que tú debes tener límites en lo que estás dispuesto a dar.

Eliges aquello que no cambias

Todo lo que hacemos, desde que nos levantamos hasta que cerramos los ojos por la noche, es una elección: si tomas el teléfono a primera hora de la mañana, si piensas en el trabajo después de salir de la oficina, cómo te dejas tratar. *¡Todo!* Algunas cosas son triviales, otras te sirven y otras te están matando.

En este libro se sentirá como una (cariñosa) sacudida de hombros y te preguntará: "Cuando mires atrás en tu vida, ¿qué desearías haber hecho de forma diferente?". La respuesta probablemente no será trabajar más, participar en una docena de comités o pasar tiempo en relaciones que te hacen sentir fatal más a menudo de lo que te hacen sentir bien. A continuación esbozaré los pasos que puedes dar para que tu vida sea lo más tranquila, satisfactoria y manejable posible. Muchas de las herramientas que discutiremos se ilustrarán con las poderosas historias de nuestros clientes.[17]*

Con el fin de que te administres de una manera que mitigue tu burnout actual, prevenga el burnout en el futuro y refuerce el equilibrio, aprenderás a identificar las señales que indican que estás experimentando agotamiento. Exploraremos las complejidades del burnout moderno y cómo diferenciar entre los tres tipos puede ayudarte a identificar con rapidez los cambios que debes hacer. Además, te familiarizarás con los cinco pilares del manejo del burnout: mentalidad, cuidado personal, administración del tiempo, límites y manejo del estrés. Diferentes factores estresantes en tu vida requerirán

---

[17] * Los nombres de mis clientes han sido cambiados, pero el espíritu de sus historias permanece.

diferentes combinaciones de los pilares, pero el dominio de estas cinco áreas te permitirá protegerte con confianza y proteger tu calidad de vida ante diversos factores estresantes en el futuro.

Las sugerencias que hago pueden adaptarse a tus factores de estrés específicos. Si a menudo piensas: "Mi carga de trabajo no es razonable", me encantaría que aprendieras sobre límites y administración del tiempo. Si le dices a todo el mundo: "Trabajo con gente muy difícil", hablemos de mentalidad y manejo del estrés. Si empiezas cada semana pensando: "No me siento nada descansado", permíteme que te introduzca en el cuidado personal y la gestión del tiempo.

Mi metodología te ayudará a crear la vida que deseas ahora y a combatir las numerosas amenazas de burnout a las que te enfrentarás a lo largo de tu vida. Dado que el burnout es un problema continuo, vas a tener una relación continua con este material. Las diferentes etapas de la vida harán que te apoyes en distintas áreas de la gestión del burnout. Toma notas a medida que avances, busca tus herramientas favoritas, no seas pretencioso con este libro. Siéntete como en casa en estas páginas para que el consejo que resuene contigo sea tan fácil de acceder como sea posible en el futuro.

Tus circunstancias y disposición son únicas. Cada uno tendrá puntos de partida y experiencias ligeramente diferentes al utilizar estas herramientas. Lo importante es al menos intentarlo todo. Si odias algo, no tendrás que volver a hacerlo. Te lo prometo.

Si en algún momento de esta lectura te sientes como si estuvieras mirando directamente al sol, es porque yo *fui* tú. Sé lo que se siente cuando tu vida está tan fuera de tu control que ni siquiera sabes por dónde empezar a arreglarla, sobre todo cuando no recibes más que elogios por cómo se ven las cosas desde fuera y te sientes demasiado cansado para hacer cambios desde dentro.

Ser como eres te ha dado la vida que tienes. **Si quieres una vida diferente, tendrás que ser una versión diferente de ti mismo.** Tendrás que hacer las cosas de otra manera. Ya sabes cómo será tu vida si sigues haciendo lo que has estado haciendo, y ya que estás leyendo esto, voy a suponer que crees que hay alguna oportunidad de crecimiento. **Puedes hacer un par de cambios duros o puedes vivir una vida dura.** Estoy aquí para apoyarte en lo primero. Si yo lo hice, tú también puedes.

Todo el mundo merece vivir una vida en la que le guste despertarse. Como mínimo, todo el mundo merece una vida en la que no tenga *miedo* de despertarse.

La cura del burnout

PARTE I
El burnout moderno

Capítulo uno

Identificar el burnout en un mundo en llamas

Cuando el estrés se convierte en burnout

¿Alguna vez has tenido la abrumadora sensación de que conducir hasta el campo más cercano y gritar a pleno pulmón sería terapéutico? ¿Alguna vez te has estacionado, sentado en el coche y te has quedado mirando por la ventanilla sin querer entrar a ver qué responsabilidades te esperan? ¿Has tenido alguna vez un día tan malo que te has puesto a hacer cuentas mentales para calcular si te alcanzaría el dinero si renunciaras a tu empleo? Ya sea por las abrumadoras responsabilidades profesionales, sociales o personales, lo cierto es que estás funcionando con la reserva. Solo estás empujando con la poca o nula gasolina que te queda en el depósito. El burnout es vivir con la reserva del combustible *durante mucho tiempo*.

Más comúnmente, esta sensación de "funcionar con la reserva del combustible" es la experiencia de un estrés prolongado y mal gestionado. Sabemos que un poco de estrés es bueno:[1] nos mantiene

---

[1] Wendy Suzuki, *Good Anxiety* (Nueva York: Atria, 2021), p. 14.

alertas y activos. Pero un estrés importante durante un periodo largo o indefinido no es adecuado para nuestra fisiología, y cuando debemos soportarlo durante demasiado tiempo[2] se transforma en algo mucho más siniestro: el burnout. Cuando nuestro cuerpo combate sin cesar las hormonas del estrés, duerme de forma irregular y experimenta fatiga diaria, no tenemos oportunidad de reponer nuestras reservas. Y no se trata solo de un burnout físico, sino también psicológico: empezamos a ver nuestras circunstancias y nuestro futuro de forma más negativa. Mientras que el estrés a corto plazo se percibe como un reto que podemos superar con un esfuerzo adicional, el burnout parece interminable e insuperable: nos resignamos y desesperamos, temiendo que las cosas nunca cambien.

Somos productos de nuestro entorno

No hace falta que te diga que las causas globales de estrés —los efectos del covid-19, la inflación, la agitación política y la "cultura del ajetreo", por nombrar solo algunas— van en aumento. Aunque la mayoría sufrimos estrés desde hace tiempo, en los últimos años somos más los que declaramos padecerlo en grandes cantidades.[3] Un estrés mayor y prolongado se traduce en un aumento del burnout.[4]

---

[2] Marie-France Marin *et al.*, "Chronic Stress, Cognitive Functioning and Mental Health", *Neurobiology of Learning and Memory* 96, núm. 4 (noviembre de 2011): 583-595, https://pubmed.ncbi.nlm.nih.gov/21376129/.

[3] "State of the Global Workplace: 2021 Report", Gallup, 2022, https://bend-chamber.org/wp-content/uploads/2021/12/state of the global workplace-2021-download.pdf; Ashley Abramson, "Burnout and Stress Are Everywhere", *Monitor on Psychology* 53, núm. 1 (1° de enero de 2022): 72, https://www.apa.org/monitor/2022/01/special-burnout-stress; Kristy Threlkeld, "Employee Burnout Report: COVID-19's Impact and 3 Strategies to Curb It", Indeed.com, 11 de marzo de 2021, https://uk.indeed.com/lead/preventing-employee-burnout-report.

[4] "Anatomy of Work Global Index 2022", Asana, 2022, https://www.gend.co/hubfs/Anatomy%20of%20Work%20Global%20Report.pdf.

A medida que la pandemia avanzaba y no mostraba signos de remitir, y el burnout seguía aumentando, la presa se rompió. La gente llegó a un punto de quiebre y se vio obligada a replantearse *para qué* trabajaba y se consumía. Como si hubiéramos tenido una experiencia colectiva cercana a la muerte, todos reevaluaron a qué dedicaban su valioso tiempo. El recordatorio de nuestro tiempo finito trajo consigo una renovada indignación y motivación para no malgastarlo haciendo cosas que no nos servían ni nos llenaban.

Este burnout generalizado se tradujo en movimientos como la Gran Dimisión[5] (el éxodo masivo de trabajadores), la Gran Reorganización (personas que dimitieron y cambiaron de trabajo en lugar de abandonar la vida laboral) y el abandono silencioso (la decisión consciente de no ir "más allá" de las obligaciones laborales básicas). Estas tendencias globales, impulsadas por la insatisfacción de los empleados, ilustran el deseo de cambio de millones de profesionales. Estamos dispuestos a trabajar para vivir en lugar de vivir para trabajar.

Para quien se lo haya perdido: la Gran Dimisión de 2021[6] fue un periodo durante el cual un número récord de empleados estadounidenses renunció a su puesto de trabajo, alcanzando un máximo en 20 años[7] de 4.5 millones en noviembre de 2022. Y no se trató simplemente de jubilaciones anticipadas. Las principales razones por las que los trabajadores abandonan su empleo son el bajo salario, el

---

[5] Juliana Kaplan, "El psicólogo que acuñó la frase 'gran dimisión' revela cómo la vio venir y hacia dónde va", *Insider*, 2 de octubre de 2021, https://www.businessinsider.com/why-everyone-is-quitting-great-resignation-psychologist-pandemic-rethink-life-2021-10.

[6] Paul Krugman, "¿Qué es la Gran Dimisión?", *The New York Times*, 5 de abril de 2022, https://www.nytimes.com/2022/04/05/opinion/great-resignation-employment.html.

[7] "Number of Quits at All-Time High in November 2021", U.S. Bureau of Labor Statistics, The Economics Daily, 6 de enero de 2022, https://www.bls.gov/opub/ted/2022/number-of-quits-at-all-time-high-in-november-2021.htm#:~:text=The%20number%20of%20quits%20increased,first%20produced%20in%20December%202000.

exceso de horas de trabajo, la falta de oportunidades de ascenso y la falta de respeto por parte del jefe o de la empresa.[8] Los que cambiaron de trabajo se inclinaron más por empleos mejor pagados, con más posibilidades de ascenso y un mejor equilibrio entre vida laboral y personal. Además, la mayor flexibilidad en el cambio al trabajo a distancia hizo que muchas personas se cuestionaran la necesidad de trabajar con tanta rigidez como hasta entonces. Muchos trabajadores abandonaron sus puestos en favor de puestos remotos que ofrecían más libertad de la que tenían antes en la oficina.

Por primera vez en la historia moderna la estructura de nueve a cinco fue cuestionada por empleados que habían realizado con éxito el mismo trabajo en un horario diferente y en un entorno distinto al anterior. Cuando los puestos de trabajo de la gente se liberaron de la oficina, la cultura y el ajetreo distractor, muchos sintieron que sus funciones dejaban algo que desear.

> "Levanta tu j***o trasero y ponte a trabajar.
> Parece que nadie quiere trabajar en estos días".
> —Kim Kardashian

La tendencia a renunciar en silencio[9] —popularizada por las redes sociales en 2022 y 2023— es una prueba más de que los profesionales se han desilusionado. Aunque "hacer un esfuerzo adicional" o "ir más allá" es virtuoso, muchos empleados que pensaban que llevaban

---

[8] Kim Parker y Juliana Menasce Horowitz, "Majority of Workers Who Quit a Job in 2021 Cite Low Pay, No Opportunities for Advancement, Feeling Disrespected", Pew Research Center, 9 de marzo de 2022, https://www.pewresearch. org/short-reads/2022/03/09/majority-of-workers-who-quit-a-job-in-2021-cite-low-pay-no-opportunities-for-advancement-feeling-disrespected/#:~:text=-Majorities%20of%20workers%20who%20quit,major%20reasons%20why%20they%20left.

[9] Matt Pearce, "Gen Z Didn't Coin 'Quiet Quitting'— Gen X Did", *Los Angeles Times*, 27 de agosto de 2022, https://www.latimes.com/entertainment-arts/story/2022-08-27/la-ent-quiet-quitting-origins.

años haciéndolo se dieron cuenta de que solo se les había "recompensado" con mucho esfuerzo y sacrificio personal (y, en muchos casos, pidiéndoles que asumieran el trabajo de un compañero que no lo hacía tan bien). Los "ascensos" en las funciones, pero no en el cargo ni en el salario, se han convertido en algo preocupantemente habitual. No es de extrañar que los trabajadores se hayan declarado en huelga, ante el rechazo masivo a "asumir la carga" y "trabajar en equipo" en su propio detrimento. La indignación ante estas expectativas injustas e insostenibles, y la constatación de que muchos otros sentían el mismo resentimiento, dieron a la campaña de renuncia silenciosa el combustible que necesitaba para arder.

Por supuesto, no todo el mundo apoya con el puño en alto estas medidas. A menudo la respuesta a estas tendencias de "hacer menos" es la suposición de que "ya nadie quiere trabajar duro". Incluso cuando la recomendación de disminuir la actividad tiene por objeto reducir el burnout o mejorar la salud mental, muchas personas siguen dudando en reconocer que están agotadas por miedo a que parezca que "no tienen lo necesario". A cualquiera que haya interiorizado esa creencia: necesitas, ahora mismo, hacer la separación mental entre ética laboral y burnout. El burnout no es el resultado de la falta de esfuerzo, determinación o agallas. **Es incorrecto percibir el burnout como una falla personal en lugar de como el resultado de un estrés persistente.**

Agotado
Resiliente
Trabajador
Ambicioso

Hay factores universales que conducen al burnout (como el exceso de trabajo, las relaciones estresantes o la fatiga prolongada), y es necesario ser consciente de ellos. Sin embargo, para gestionar el burnout es igualmente importante saber cómo tiendes a responder a esos factores. Para ayudarte a detectar y corregir el burnout en tus circunstancias particulares, voy a enseñarte qué debes buscar en ti mismo.

Espío con mi ojito que alguien vuelve a mirar su programa de confort

Entonces ¿cómo puedes reconocer si estás experimentando burnout? Con el tiempo, el estrés perpetuo provoca síntomas que llaman nuestra atención. Niebla mental, irritabilidad, sentimientos de desesperanza, fatiga física: nuestro cuerpo nos da un golpecito en el hombro para hacernos saber que tenemos que prestar atención porque algo no va del todo bien. Algunas personas diagnostican erróneamente el burnout como ansiedad[10] o depresión[11] porque comparten los mismos síntomas: sensación de fatiga, agobio, desapego y desesperanza. Aunque estas enfermedades pueden parecer y sentirse similares, una de las principales diferencias es que el burnout es, en gran medida, circunstancial:[12] está directamente relacionado con tus condiciones y, en la mayoría de los casos, con tu trabajo. Cuando esas condiciones cambian, el burnout puede aliviarse. A la inversa, la ansiedad y la depresión no suelen disminuir del todo con un cambio de circunstancias. Es probable que una persona con depresión siga sintiéndose deprimida aunque reduzca su carga de trabajo, descanse lo suficiente o se tome unas vacaciones de emergencia.

---

[10] "Anxiety Disorders", National Institute of Mental Health, abril de 2023, https://www.nimh.nih.gov/health/topics/anxiety-disorders.

[11] "Depression", National Institute of Mental Health, abril de 2023, https://www.nimh.nih.gov/health/topics/depression.

[12] Arnold Bakker *et al.*, "Using Equity Theory to Examine the Difference Between Burnout and Depression", *Anxiety, Stress & Coping* 13, núm. 3 (abril de 2008): 247-268, https://www.tandfonline.com/doi/abs/10.1080/10615800008549265.

Existen indicadores internos y externos de que estás cayendo en burnout. Los indicadores internos son señales que podrías notar en ti mismo; los indicadores externos son señales que otros podrían notar en ti. Familiarizarte con ambos te ayudará a detectar y abordar el burnout en ti mismo o en los demás en el futuro.

Indicadores internos: experiencias que puedes tener como resultado del burnout[13]

- Agotamiento emocional (sentirte emocionalmente indispuesto como resultado de gastar cantidades excesivas de energía)
- Cinismo o pesimismo
- Desapego o disociación
- Sensación de agotamiento antes de empezar las tareas del día
- Ansiedad ante y por el trabajo (ansiedad dominical, pero todos los días)
- Pérdida de motivación[14]
- Deterioro de la concentración y la atención[15]
- Sensación de ineficacia[16]

---

[13] Christina Maslach y Michael P. Leiter, "Understanding the Burnout Experience: Recent Research and Its Implications for Psychiatry", *World Psychiatry* 15, núm. 2 (junio de 2016): 103-111, https://www.ncbi.nlm.nih.gov/pmc/articles/PMC4911781/; Christina Maslach y Susan E. Jackson, "The Measurement of Experienced Burnout", *Journal of Organizational Behavior* 2, núm. 2 (abril de 1982): 99-113, https://onlinelibrary.wiley.com/doi/10.1002/job.4030020205.

[14] Mataroria P. Lyndon *et al.*, "Burnout, Quality of Life, Motivation, and Academic Achievement Among Medical Students", *Perspectives on Medical Education* 6, núm. 2 (abril de 2017): 108-114, https://www.ncbi.nlm.nih.gov/pmc/articles/PMC5383573/.

[15] Hanna M. Gavelin *et al.*, "Cognitive Function in Clinical Burnout: A Systematic Review and Analysis", *Work and Stress* 36, núm. 1 (diciembre de 2021): 86-104, https://www.tandfonline.com/doi/full/10.1080/02678373.2021.2002972.

[16] Taru Feldt *et al.*, "The 9-Item Bergen Burnout Inventory: Factorial Validity Across Organizations and Measurements of Longitudinal Data", *Industrial Salud* 52, núm. 2 (marzo de 2014): 102-112, https://www.ncbi.nlm.nih.gov/pmc/articles/PMC4202758/.

Indicadores externos: comportamientos observables que puedes presentar como resultado del burnout

- Agotamiento físico[17]
- Insomnio[18]
- Olvidos[19]
- Aislamiento
- Escapismo[20] (utilizar distracciones como los medios de comunicación o los hobbies para evadirte de la realidad)
- Aumento de la irritabilidad
- Baja inmunitaria
- Procrastinación[21]
- Cambio en el consumo de alimentos/drogas/alcohol[22]
- Dolor físico persistente[23]

---

[17] Serge Brand et al., "Associations Between Satisfaction with Life, Burnout-Related Emotional and Physical Exhaustion, and Sleep Complaints", The World Journal of Biological Psychiatry 11, núm. 5 (marzo de 2010): 744-754, https://www.researchgate.net/publication/42439860_Associations_between_satisfaction_with_life_burnout-related_emotional_and_physical_exhaustion_and_sleep_com plaints.

[18] Brand, "Associations Between Satisfaction with Life".

[19] Gavelin, "Cognitive Function in Clinical Burnout".

[20] Michael P. Leiter, "Coping Patterns as Predictors of Burnout: The Function of Control and Escapist Coping Patterns", Journal of Organizational Behavior 12, núm. 2 (marzo de 1991): 123-144, https://onlinelibrary.wiley.com/doi/abs/10.1002/job.4030120205.

[21] Murat Balkis, "The Relationship Between Academic Procrastination and Students' Burnout", Hacettepe University Journal of Education 28, núm. 1 (agosto de 2013): 68-78, https://www.researchgate.net/publication/256627310_THE_RELATIONSHIP_BETWEEN_ACADEMIC_PROCRASTINATION_AND_STUDENTS'_BURNOUT.

[22] Michael R. Oreskovich et al., "Prevalence of Alcohol Use Disorders Among American Surgeons", JAMA Surgery 147, núm. 2 (febrero de 2012): 168-174, https://pubmed.ncbi.nlm.nih.gov/22351913/.

[23] Galit Armon et al., "Elevated Burnout Predicts the Onset of Musculoskeletal Pain Among Apparently Healthy Employees", Journal of Occupational Health Psychology 15, núm. 4 (octubre de 2010): 399-408, https://pubmed.ncbi.nlm.nih.gov/21058854/.

Estos son los signos del burnout tal como los sentimos o mostramos. Tendemos a caer en viejos hábitos, por lo que es probable que tus indicadores de burnout te resulten familiares. Pero quizá también muestres algunos signos que son menos clínicos y más personales. ¿Qué haces cuando te sientes agotado? Tal vez, cuando las cosas se ponen feas, recurres a una herramienta para calmarte: volver a ver una serie reconfortante, picar tu comida chatarra favorita, ignorar los mensajes de texto y las llamadas de los demás, aumentar las compras por internet o los pedidos de comida, quedarte despierto hasta más tarde o aislarte socialmente. Si pasas mucho tiempo con tu pareja, un familiar o un amigo, pregúntales qué observan en ti cuando empiezas a estar agotado. A lo largo de este libro te ofreceré herramientas para combatir el burnout, pero no sirven de nada si no eres capaz de detectar cuándo las necesitas.

Cuando empiezo a caer en el burnout, mi tarjeta de crédito es la primera en saberlo. Empiezo a pedir la mayoría de las comidas y a comprar cosas que no necesito como medio de obtener dopamina para sentirme bien. En pocas palabras, me convierto en una glotona de recompensas a corto plazo. Duermo hasta que suena por tercera vez el despertador, me salto los entrenamientos, me escapo a mis hobbies y me quedo despierta hasta muy tarde. Si estoy muy, muy mal, me paso horas sentada bajo el chorro de la regadera. Mi marido sabe que si me siento en la ducha, es una situación de alerta.

Por el contrario, cuando siento que mi vida está bajo mi control y no estoy agotada, actúo desde un lugar de recompensa a largo plazo. Me levanto temprano para no tener prisa antes de que empiece el día, espero con impaciencia la hora de hacer ejercicio, me voy a dormir a una hora razonable y puedo disfrutar de mis hobbies como complemento de mis responsabilidades diarias, en lugar de como un escape adictivo de ellas. (También me mantengo de pie en la regadera). Reconocer estos signos menos clínicos del burnout ha traído a muchos clientes a mi puerta. No hace falta esperar a estar en el hospital, a que te receten ansiolíticos o a tener ataques de pánico (lo digo por experiencia propia) para pasar a la acción. Sean cuales sean tus signos de burnout, son válidos (ahora mismo) y hoy es un momento razonable para hacer un cambio.

Hacer frente al caos

Una mujer llamada Jessica concertó una cita conmigo después de que su pareja le señalara que tal vez no era buena idea que recibiera todos los días productos comprados en línea. El exigente trabajo de Jessica la dejaba exhausta, así que, en un intento de aliviarse y animarse un poco, había caído en la trampa de la terapia de compras. Comprar cosas por internet la alegraba y le daba algo que esperar durante una semana estresante. Sentía que merecía darse un capricho con el dinero que ganaba en su exigente trabajo.

Jessica estuvo a punto de no llamarme porque no creía que comprar por internet fuera un signo de burnout. ¿Por qué no iba a poder comprarse cosas bonitas con su propio dinero? Pero lo preocupante no eran las *cosas*, sino el momento en que las compraba. Su historial de compras en internet tendía a aumentar durante las temporadas de mucho trabajo. Le expliqué que los indicadores de burnout pueden empezar como síntomas físicos y mentales comúnmente reconocidos (burnout, ansiedad, insomnio), pero también pueden manifestarse como señales más personales y menos obvias (compras por internet, abandono de hobbies, concederse caprichos). De hecho, varios de mis clientes en situación de agotamiento han luchado contra una adicción a las compras, y con razón: las compras compulsivas,[24] al igual que el consumo excesivo de sustancias como el alcohol o las drogas, se conectan a nuestros circuitos de recompensa y nos

---

[24] Thomas J. Moore, Joseph Glenmullen y Donald R. Mattison, "Reports of Pathological Gambling, Hypersexuality, and Compulsive Shopping Associated with Dopamine Receptor Agonist Drugs", *JAMA Internal Medicine* 174, núm. 12 (octubre de 2013): 1930-1933, https://jamanetwork.com/journals/jamainternalmedicine/fulllarticle/1916909.

proporcionan un subidón de dopamina placentera, que resulta tentadora cuando uno se siente constantemente al límite y agotado.

Jessica estaba pasando por el clásico ciclo de burnout.

Trabajaba hasta la extenuación, empezaba a mostrar sus signos personales de burnout, llegaba a un punto de quiebre y hacía un cambio (normalmente estableciendo algunos límites en el trabajo), y entonces, una vez que se sentía más tranquila, empezaba a acumular más trabajo de nuevo.

Repetía este ciclo una y otra vez, como si fuera alérgica a la paz. Se dice que la locura consiste en hacer lo mismo repetidamente y esperar un resultado diferente. Jessica sabía que este patrón de trabajo la extenuaba, pero por una razón u otra, justificaba volver a caer en él. "Las cosas se calmarán cuando termine este proyecto", se decía a sí misma. "Se acercan las revisiones de fin de año". "Si no lo hago yo, tendrá que hacerlo mi equipo, y no quiero que se agoten". "¿Y si esta oportunidad no vuelve a presentarse? Tengo que aprovecharla".

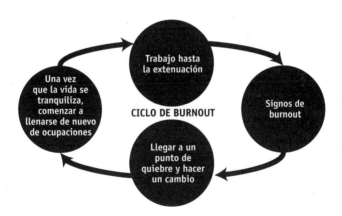

¿Te resulta familiar? Justificar el burnout con pensamientos de esta naturaleza no es infrecuente entre los miembros del A. C. (Club de los Agotados Constantes). En cuanto hay una nueva demanda, más espacio en su plato, o una oportunidad de demostrar su valía, los miembros del A. C. se lanzan de nuevo al fuego.

Conócete a ti mismo

Cada uno tenemos nuestros propios patrones de burnout. Para tener una mejor idea de cuáles pueden ser los tuyos y cómo puedes interrumpirlos, echemos un vistazo a los tres componentes principales:

- Condiciones o comportamientos que conducen al burnout
- Señales de que te estás agotando
- Tu respuesta a las condiciones o comportamientos que conducen al burnout

¿Qué aspecto tiene esto en el caso de Jessica? Tras un examen más detallado, descubrimos que los **comportamientos** que la llevaban al burnout eran no decir que no cuando estaba al límite de su capacidad y tratar de dejar el trabajo (en pocas palabras, revisar de forma compulsiva su correo electrónico después de las horas de trabajo y los fines de semana).

Las **señales** que le indicaban que estaba agotada eran las compras compulsivas, la ansiedad casi constante (cuando normalmente era una persona tranquila y feliz) y el retraimiento social.

Para determinar la **respuesta** de Jessica a su burnout, examinamos su próxima carga de trabajo e identificamos las tareas que podían simplificarse, eliminarse o detenerse por el momento. Se comprometió a decir no a cualquier trabajo no esencial durante el resto del trimestre para poder recuperarse. También comunicó a su equipo que había adquirido el mal hábito de estar conectada en todo momento, y que a partir de ahora solo estaría disponible en horario laboral (lo que, para ser francos, probablemente también supuso un alivio para ellos). Esta aclaración de expectativas ayudó a reducir la ansiedad de Jessica por estar disponible y trabajar las 24 horas del día. A su vez, la disminución de su ansiedad redujo las conductas que utilizaba para lidiar con ella (compras por internet y aislamiento social).

Nuestro objetivo es siempre llegar a la raíz del burnout, no solo corregir sus *señales*. Jessica podría haber dejado de comprar por internet y volver a pasar tiempo con sus amigos, pero eso no habría resuelto su burnout. Nuestros signos de burnout no son el problema fundamental; son indicios de que estamos haciendo frente a un problema.

Considera las condiciones y los comportamientos que desencadenan este ciclo en ti:

¿Qué *condiciones* tienden a desencadenar el burnout? ¿Ciertas temporadas de trabajo? ¿Ciertos tipos de proyectos o plazos? ¿Pasar demasiado tiempo con ciertas personas estresantes? Esta es una forma elegante de averiguar "¿Es el problema algo que puedo abordar?". En el caso de Jessica, sabía que era responsable de la mayoría de los comportamientos que la estaban llevando al burnout, lo que significaba que ella misma tenía el poder de cambiar esos comportamientos.

¿Qué *comportamientos* tienden a conducirte hacia el burnout? Tal vez no establezcas límites en el trabajo o con personas exigentes en tu vida, o tal vez te enfrentes a circunstancias que históricamente te han causado estrés o te estés presionando.

¿Cuáles son las *señales* de que estás entrando en el burnout? Tal vez aceptaste trabajo extra porque no sabías cómo decir que no (comportamiento) y la *señal* de que deberías haber dicho que no es que ahora tienes que saltarte la comida durante la próxima semana para terminar tu trabajo a tiempo.

¿Cómo podrías *responder* para interrumpir tu comportamiento de burnout? Por ejemplo, puedes memorizar una frase para rechazar un trabajo para el que no tienes tiempo en el futuro: "¿Puedo revisar mi calendario y decirte si tengo capacidad para ello?", seguida de: "Por desgracia, en este momento no dispongo del ancho de banda necesario para hacerlo sin comprometer otras cosas", o "Puedo ayudarte con eso, pero lo más pronto que podré devolvértelo será mañana por la mañana. ¿Te parece bien?".

A diferencia de Beyoncé, tú no te despertaste así

La mayoría de nosotros nos extenuamos por accidente. Ocurre de forma gradual. ¿Sabes que dicen que si metes una rana en agua hirviendo saltará, pero si la dejas en una olla con agua tibia y luego la pones a hervir no notará que la están cociendo viva? El burnout es muy parecido. Si sacas a alguien de un lugar de trabajo equilibrado y lo dejas caer en circunstancias en extremo estresantes que requieren un comportamiento poco saludable para soportarlo, el burnout llamará de inmediato su atención. Pero si se desliza hacia el burnout de forma gradual, es posible que no se dé cuenta de los hábitos poco saludables que ha adquirido por el camino. Antes de que se dé cuenta, sus condiciones son tan malas que ni siquiera registra las señales de alarma que alertarían a otra persona.

Depende de ti conocer tu línea de base (en otras palabras, la temperatura del agua que es habitable para ti) y mantenerla. Tu línea de base es cómo te comportas cuando estás equilibrado. Es tu homeostasis. Durante una temporada tranquila y manejable, ¿cómo pasas el tiempo? Tu línea de base debería ser lo bastante sostenible como para que pudieras aparecer 100 días seguidos sin experimentar burnout.

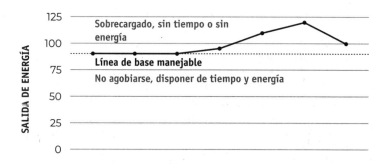

Muchos tenemos el problema de que ignoramos los comportamientos y signos de burnout hasta que son "bastante malos". Puede que nos demos cuenta de que estamos cansados, ocupados y decaídos, pero hasta que las cosas no empiezan a desmoronarse a nuestro alrededor (o dentro de nosotros), no tenemos en cuenta los síntomas. Justificamos el hecho de trabajar mucho más allá de un nivel de referencia manejable mientras llevamos a cabo un proyecto más o hasta que obtengamos el siguiente aumento o ascenso. Nos decimos a nosotros mismos que es una fase temporal y asumimos que tenemos suficiente combustible para seguir adelante hasta que nos toque la lotería. O incluso podemos afirmar: "Yo soy así", creyendo que este estado de caos es nuestro punto de equilibrio o nuestra suerte personal en la vida, lo cual no suele ser cierto, pero es fácil creerlo.

Por lo general somos como somos porque nos ha funcionado antes. Los hábitos que repites son probablemente hábitos que una vez te sirvieron. Cuando yo estaba extenuada, sé que ignoraba las campanas de alarma porque apenas podía oírlas por encima de los vítores. Me iba tan bien que pensaba que el burnout era solo el precio que tenía que pagar por el éxito. Durante mucho tiempo valió la pena ignorar los signos de burnout... hasta que dejó de merecer la pena. El burnout empieza poco a poco, hasta que un día pasas de ser infeliz a sentirte peligrosamente mal.

Lo que acabó convenciendo a Jessica para establecer una línea de base más razonable en el trabajo fue darse cuenta de que cuando empezaba a hacer y mantener cambios saludables no ocurría nada malo. Podía mantener los límites que evitaban que se agotara, su rendimiento no caía en picada y sus compañeros no la odiaban. ¿Fue necesario experimentar? Por supuesto. Averiguar cuándo podía tomarse descansos y durante cuánto tiempo, encontrar formas de redirigir a las personas que seguían buscando su atención fuera de las horas laborales, cuantificar el trabajo que tenía entre manos para ser más consciente de su gestión del tiempo... todos estos cambios requerían empezar en alguna parte y luego perfeccionar la solución hasta que fuera adecuada para ella y sus circunstancias. Pero ¿merecía la pena un poco de incomodidad para recuperar su tiempo y energía fuera del trabajo? Por supuesto que sí.

Jessica estaba luchando contra el burnout por sobrecarga, uno de los tres tipos de burnout. Cada tipo de agotamiento tiene su propio conjunto de factores estresantes, señales y soluciones. Si hubiera estado luchando con otro tipo, habríamos examinado su ciclo de burnout utilizando el mismo método, pero con una estrategia diferente para manejarlo. Aunque algunas de las herramientas que comparto pueden adaptarse a cualquier tipo de burnout, un enfoque personalizado es el más eficaz, y eso empieza por diagnosticar tu tipo particular de burnout.

Capítulo dos

Los tres tipos de burnout
(y sí, puedes tener tres de tres)

La primera clienta con la que trabajé que me hizo darme cuenta de que había más de un tipo de burnout fue Lisa.

—¿Cómo está tu carga de trabajo? —le pregunté.

—¡Adecuada! —respondió.

Hacía el trabajo de cada día en ocho horas.

—¿Cómo te sientes en el trabajo?

—Me gusta mi trabajo —respondió.

—¿Qué dirías que te está causando el burnout?

—Bueno… otras personas —me dijo.

Explicó que, a pesar de que su carga de trabajo era razonable, se sentía agotada por la gente de su vida cotidiana. Su jefe era volátil, así que Lisa se sentía como si caminara sobre cascarones, siempre leyendo la habitación para saber cómo maniobrar a su alrededor. Su escritorio estaba en una zona muy transitada y tenía una sonrisa amable, lo que significaba que casi todas las personas que pasaban la interrumpían para charlar. Por último, reconoció que parecía atraer a la gente necesitada y que a menudo recibía visitas inesperadas y llamadas emotivas de amigos o familiares en mitad del día. Como una persona complaciente que no sabía cómo rechazar a nadie sin una inmensa culpa, Lisa sufría en silencio.

Aunque estamos acostumbrados a que la sobrecarga de trabajo sea la principal culpable del burnout, Lisa no es la única que sufre *burnout social* como resultado de las exigencias inmanejables de otras personas. En lugar de dedicar recursos como tiempo y energía a sus responsabilidades profesionales, los malgastaba en las relaciones difíciles de su vida. Su comportamiento, por lo general alegre, se estaba volviendo resentido y retraído; estaba emocionalmente fatigada, cada vez más ansiosa y tenía problemas para dormir. Para hacer frente a estos factores estresantes, Lisa recurrió a apagar el teléfono por las tardes y a decir que trabajaba hasta tarde para poder tener un par de horas tranquila sin recibir llamadas, mensajes de texto ni correos electrónicos de nadie. En el trabajo, buscaba cualquier excusa para evitar a su imprevisible jefe y recurría a ponerse los auriculares constantemente para fingir que llamaba por teléfono si pasaba alguien con quien no tenía energía para charlar. (Nada hace a la gente tan desesperadamente creativa como el burnout. No hay más que preguntárselo a una madre con varios hijos que quiere cinco minutos para ella sola). Este burnout relacionado con las personas era diferente del burnout profesional que veía con más frecuencia, pero no dejaba de ser burnout.

Al final, después de decenas de llamadas con clientes como Lisa, salieron a la superficie tres categorías principales de burnout:

Burnout por sobrecarga	Burnout social	Burnout por aburrimiento
El agotamiento como consecuencia de un alto volumen de responsabilidades, un horario reducido y muy poco tiempo de inactividad	Agotamiento como consecuencia de exigencias interpersonales que superan tus recursos sociales disponibles	Burnout como consecuencia de la falta crónica de compromiso y desinterés en los elementos de tu vida

El **burnout por sobrecarga** se aplica a las personas que tienen mucho más que hacer de lo que pueden hacer. A menudo se describe como intentar "beber de una manguera de incendios". Como vimos con Jessica, el burnout puede ser autoinfligido, pero a menudo los que sufren de burnout por sobrecarga tienen trabajos que pueden llegar a ser fácilmente abrumadores. El **burnout social** afecta a personas, como Lisa, cuya batería está, por lo regular, baja porque no respetan sus límites sociales. Estas personas se convierten en la persona en la que todo el mundo confía, se desahoga o pide favores porque son agradables y fiables. El **burnout por aburrimiento** acosa a las personas que se sienten poco inspiradas y desconectadas de su vida durante un periodo prolongado. ¿Recuerdas la idea de desalineación de la que hablé? Esta sensación de falta de sentido es una característica común del burnout por aburrimiento.

Se puede sufrir más de un tipo de burnout a la vez. Alrededor de 50% de mis clientes sufren una combinación de burnout por sobrecarga y burnout social, y es posible recuperarse de uno mientras se sigue luchando con el otro. Reconocer estos tres tipos de burnout permite una comprensión más completa de lo que puede estar causándote angustia para que puedas llegar a la raíz del problema. Una vez que tengas claros los diferentes rostros del burnout, estarás mejor equipado para evaluar tus necesidades, cuellos de botella y puntos ciegos a la hora de aliviar el agotamiento.

Burnout por sobrecarga: beber de una manguera de incendios

Cuando se compró uno de esos soportes para llevar el teléfono colgado al cuello, Mandy aceptó que estaba agotada. Oficialmente estaba tan ocupada que no se molestaba en dejar el teléfono a un lado ni en guardarlo en el bolsillo. ¿Para qué guardarlo si enseguida iba a tener que sacarlo? Trabajaba en un equipo de relaciones públicas que gestionaba los medios de comunicación de sus clientes, y su agencia se comportaba como si cada proyecto fuera una cuestión de vida o muerte.

Todo lo que hacía el equipo de Mandy se ajustaba a los plazos de sus clientes (clientes que a menudo no diferenciaban los fines de semana de los días hábiles). Su trabajo era de cara al público, por lo que no había espacio para errores y cada detalle se examinaba con lupa. Cada hora de vigilia —y, seamos sinceros, también muchas horas de sueño—, Mandy se veía inundada de correspondencia de personas impacientes que pagaban una suma considerable por los servicios de su empresa. A estas exigencias se unía una sensación interna de que siempre estaba atrasada. Como en el mito griego de Hidra, si cortaba la cabeza de una tarea, dos más volvían a crecer en su lugar. Mandy reconocía que el trabajo no era tan importante en el gran esquema de la vida, pero que la presión y las expectativas del día a día la habían llevado a tomar ansiolíticos.

Sufría burnout por sobrecarga: la sensación de estar aplastada por el peso de tu lista de tareas pendientes y sentir que tu vida está fuera de tu control, agravada por el hecho de que, en el proceso, descuidas tus necesidades y te fatigas cada vez más.

Lo mismo podría decirse de una madre que se queda en casa y se ahoga bajo la carga mental y emocional que supone el cuidado de los hijos, o de un estudiante de medicina con 30 horas de clase que memorizar para el día siguiente. Es fácil sucumbir al burnout por sobrecarga en nuestro ajetreado mundo, y nadie nos enseña cómo salir de él.

Cuando caigo en el burnout por sobrecarga, los pensamientos acelerados me acosan a todas horas, incluso a mitad de la noche. Con los ojos desorbitados, me doy la vuelta una docena de veces para tomar el celular de la mesita de noche y añadir otro elemento a mi lista titulada "mierdas que hacer mañana". Es una lista que guardo en mi aplicación de notas y a la que añado cosas entre las 11 de la noche y las seis de la mañana, cuando debería estar durmiendo. No basta con correr de una tarea a otra durante el día; la sensación de tener demasiado que hacer sin tiempo suficiente me hace dormir mal, despertarme con pánico y convencerme de que no puedo dejar el teléfono para dar un paseo de 20 minutos porque, *¿y si surge algo importante?* No siempre son los días ajetreados los que te atrapan; a menudo es la incapacidad de desprenderte de las responsabilidades durante el tiempo que se supone que es tu tiempo de ocio o de recarga.

El burnout por sobrecarga es el resultado de tener demasiados asuntos pendientes durante mucho tiempo. Es, como diría Greg McKeown, autor de *Essentialism* (Esencialismo), "hacer más hoy de lo que puedes recuperar mañana" una y otra vez. Tanto si estás trabajando en un proyecto enorme en el trabajo, como si es la semana de los exámenes finales o te has comprometido con demasiadas actividades extraescolares, estás vaciando el depósito de forma regular y arruinando la capacidad de tu maquinaria para recuperarte del desgaste. Con el calendario que conlleva el burnout por sobrecarga, hay poco margen para el error humano. Sentir que no podemos correr más de cinco minutos, meter la pata o recuperar el aliento exacerba nuestra sensación de que la vida es una emergencia de alto riesgo y, para mantener el orden, debemos tomarnos muy en serio a nosotros mismos.

Tomarnos en serio a menudo significa buscar tomar el control para que las cosas salgan según lo planeado. Aunque cierto control puede ser bueno —necesitamos autonomía y libertad para trazar nuestro rumbo—, querer mantener el control total todo el tiempo es una receta para la decepción y el estrés. **Cuanto más creas que la vida es una *experiencia* y no una *actuación*, menos estrés y decepción sentirás.** Si crees que la vida es una actuación, te preguntarás qué estará pensando ese público imaginario, te reprocharás por cada paso en falso y tomarás decisiones basándote en lo que *parece* y no en lo que se *siente*. Si lo único que haces es actuar, lo más probable es que tu experiencia se resienta.

Víctimas de la sobrecarga

El burnout por sobrecarga asola a las personas que se preguntan: "¿Cuánto puedo hacer?", en lugar de preguntarse: "¿Cuánto puedo hacer bien?" o "¿Cuánto puedo hacer sin dejar de tener tiempo para hacer lo que me hace sentir bien cada día?". Si no nos hemos derrumbado, ni hemos tenido un susto de salud, ni nos han llamado a rendir cuentas por nuestro comportamiento, seguimos adelante.

¿Por qué? ¿Cómo hemos avanzado en tantas áreas como sociedad y, sin embargo, parece que ningún esfuerzo humano es suficiente para mantener todas las pelotas en el aire? ¿No debería ser ya más fácil vivir nuestra vida?

Si alguna vez te has preguntado cómo no hemos conseguido que las cosas universales sean más fáciles (como me ocurre a mí cada vez que participo en el enredo que es la temporada de impuestos en Estados Unidos), no estás solo. En 1930 el economista John Maynard Keynes escribió un ensayo titulado "Posibilidades económicas para nuestros nietos", en el que preveía que el avance industrial, tecnológico y social haría que sus nietos no trabajaran más de 15 horas a la semana.[1] Evidentemente, no es así. Las responsabilidades laborales no han disminuido y las obligaciones sociales han aumentado. Una encuesta de 2018 del Pew Research Center reveló que 55% de las personas sin hijos (o con hijos adultos) están "demasiado ocupadas para disfrutar de su vida".[2] Para los padres con hijos menores, esa cifra saltó a 75%. Además de sentirnos demasiado ocupados para disfrutar de nuestra propia vida, el grado de culpabilidad que sentimos por no "hacerlo todo" se ha visto exacerbado por una cultura de compartir nuestro éxito en las redes sociales. **No solo vivimos nuestra vida, sino que la representamos públicamente.** Incluso cuando nos sentimos orgullosos de nosotros mismos después de un día productivo, tomamos nuestro teléfono y vemos a alguien haciendo algo que nosotros no hicimos y nos sentimos mal por ello.

Somos animales de costumbres. La mayoría de las personas que experimentan burnout lo sufren más de una vez en su vida debido a que se encuentran una y otra vez en circunstancias que exacerban

---

[1] John Maynard Keynes, "Economic Possibilities for Our Grandchildren", en *Essays in Persuasion* (Nueva York: W.W. Norton, 1963).

[2] Patrick Van Kessel, "How Americans Feel About the Satisfactions and Stresses of Modern Life", Pew Research Center, febrero, https://www.pewresearch.org/short-reads/2020/02/05/how-americans-feel-about-the-satisfactions-and-stresses-of-modern-life/.

el burnout (gravitando hacia trabajos estresantes, industrias duras y personas difíciles) o volviendo a las viejas costumbres. Quienes son propensos al burnout por sobrecarga suelen tener la mala costumbre de dejarse arrastrar por estas cosas a pesar de la evidencia pasada de que hacerlo les agota. Por estas razones, quienes sufren este tipo de agotamiento terminan beneficiándose más de los pilares de la gestión del burnout: mentalidad, administración del tiempo, límites y manejo del estrés. Necesitan evaluar los patrones que los están llevando al burnout por sobrecarga, ser honestos sobre lo que tienen en su plato, crear límites para mantener el equilibrio cuando su plato vuelva a desbordarse y manejar el estrés de tener un volumen de trabajo alto o bajo. Al igual que hay dolores de crecimiento, también hay dolores de contracción cuando reduces la carga a la que te has acostumbrado. Pasar de una carga de trabajo pesada y de mucho estrés a una más ligera y a un ritmo más tranquilo puede ser también inquietante.

Volver a priorizar los logros

¿Cómo saber si tiendes a agotarte por sobrecarga? He aquí algunos indicadores comunes:

- La mayor parte del tiempo te describes como una persona ocupada.
- Otras personas te describirían bajo los mismos términos.
- Cuando la gente te pide cosas a ti y a tu ya compacta agenda, te sientes resentido.
- Sientes que tienes muy poco margen de error en tus días y que los errores te cuestan más caros porque tienes poco tiempo libre para solucionarlos.
- A menudo piensas que *el día no te alcanza*.
- Con frecuencia crees que te vendría bien un ayudante o clonarte.
- Sientes ansiedad al empezar la semana laboral porque sabes que cuando empiece las tensiones se sucederán hasta el siguiente fin de semana.

- Sientes culpa y miedo cuando no "aprovechas todas las oportunidades".
- Te dices a ti mismo: "Esto es solo una temporada alta", a pesar de que has tenido temporadas altas durante los últimos años.

Si continúas extenuándote con estos patrones, te garantizo que no escucharás más que elogios. Justo cuando pienses en abandonar por burnout, alguien te dirá un oportuno: "No sabemos qué haríamos sin ti". Para quien da prioridad a los logros puede ser muy difícil hacer cambios de comportamiento que parezcan que pueden cortar el flujo de los logros y los elogios. Te aseguro que el pozo no se seca. Suponiendo que seas un gran trabajador, las oportunidades seguirán presentándose y tu capacidad para establecer prioridades de forma cuidadosa te mantendrá a flote.

Es probable que des prioridad a los logros de forma automática. Si quieres dar prioridad a otra cosa, como la paz o la libertad, tienes que comprometerte plenamente con ello incluso cuando parezca y se sienta diferente o incómodo. Una vez trabajé con una mujer increíble que quería tomarse sus descansos para comer, pero le preocupaba que su jefe la considerara menos ambiciosa si lo hacía. Puede parecer que hay una docena de factores en juego en una situación como esta, pero en realidad se reducía a *¿preferirías comer o contar con la aprobación de Gerald?* En otras palabras, ¿preferirías mejorar la percepción que tienen de ti o mejorar el equilibrio entre tu vida laboral y personal?

Presentarle las opciones de esta forma tan clara le ayudó a tomar la decisión de dar prioridad a la comida frente a la aprobación de Gerald. Aunque le resultó difícil, reconoció que el efecto positivo que la pausa para comer tenía en su estado de ánimo, su rendimiento y su sensación general de equilibrio era mayor que la aprobación ocasional de Gerald. No es fácil, pero el cambio a nuevas prioridades se hace elección a elección.

La mayoría de la gente tiene un Gerald en su vida, alguien de quien quieres —casi necesitas— una bendición para sentir que estás haciendo un buen trabajo. ¿Confías en que tienes un buen desempeño durante las horas que pasas en el trabajo y que tus resultados hablan por sí mismos? ¿Por qué tienes la sensación de que los proyectos que te exigen demasiado (trabajar antes de que empiece la "jornada laboral", durante la comida, tarde por la noche o los fines de semana) son los que hablan más alto? Entiendo que las personas que van "más allá" a menudo parecen las que más se preocupan, las más trabajadoras y en las que puedes confiar. Pero si recibes estas peticiones *todo el tiempo*, no se trata de casos especiales, sino de una nueva descripción del trabajo.

Una decisión a la vez puede remodelar al triunfador que llevas dentro, convencido de que el rendimiento es lo más importante, aunque te cueste todo lo demás. Veamos algunas formas de empezar a reducir el burnout por sobrecarga. ¿Qué pasos puedes dar que te frenen sin comprometer todo por lo que has trabajado tan duro?

1) **Crea claridad.** ¿A qué quieres dar prioridad dentro de tres años? En función de esa respuesta, ¿en qué deberías centrarte ahora? Cuando tienes clara la dirección que quieres tomar, puedes evitar muchos desvíos en el camino. Cargarse de tareas que no están alineadas con tus objetivos es como aceptar un pago en dinero del Monopoly cuando no tienes previsto jugar el juego en el futuro. Lo que quieres es un pago que puedas canjear más adelante porque piensas seguir en ese terreno. Echa un vistazo crítico a las cosas que tienes en tu plato y decide qué se queda y qué se va en función de la dirección que te gustaría que tomara tu vida.

2) **Siéntete cómodo con los límites.** Este trabajo no puede hacerse sin ser capaz de poner límites a lo que no es esencial. Por suerte para ti, hay un capítulo entero sobre límites en el que aprenderás a determinar tus límites, establecerlos y no sentir un nudo de culpabilidad en el estómago por hacerlo.

3) **Demuéstrate amor puro y duro.** Tú eres quien conduce este vehículo. No solo eres responsable de recortar el exceso de tu agenda y establecer límites, sino también de no decirte a ti mismo que te estás quedando atrás por no decir que sí a todo. La persona que está en el asiento del conductor ha aprendido a conducir así; te llevará algún tiempo y adaptación acostumbrarte a pensar y hacer las cosas de otra manera.

4) Recuerda que el pozo no se secará. **Deja de pensar que el éxito, las oportunidades y los logros son recursos escasos que desaparecerán si no los aprovechas lo antes posible.** Cuando creas que hay muchas oportunidades de éxito, podrás tomar decisiones más meditadas sobre lo que aceptas, te presionarás menos para serlo todo de una vez y dejarás de compararte con otros que se encuentran en distintas fases de su propio éxito.

Burnout social: ser todo para todos

Puede que esto te suene familiar: has tenido un largo día de trabajo y por fin te estás acomodando en el sofá para relajarte cuando una llamada entrante parpadea en tu teléfono. Te quedas mirándola, debatiéndote entre si es una emergencia o si te vas a pasar 40 minutos fingiendo estar animado, con lo que agotarás el último 5% de energía que te queda para todo el día. Si no contestas, te sientes culpable; si contestas, te sientes culpable. Esta situación es emblemática de la principal lucha de la gente contra el desgaste social. Eligen el burnout personal y el resentimiento en lugar de establecer expectativas claras o dar prioridad a sus necesidades.

El burnout social se produce porque las relaciones son un intercambio en el que entregamos recursos limitados (tiempo, energía, atención) que son bastante difíciles de defender. Como aprendió Lisa, las exigencias sociales aparentemente pequeñas aquí y allá pueden agotarte de forma acumulativa. Y como "persona sociable", se sentía desolada por no poder ser tal cual lo que todo el mundo quería, gestionar las experiencias de los demás y, al mismo tiempo, mantenerse a flote. Aunque hay muchos estudios que demuestran que socializar puede ser energizante y beneficioso —al fin y al cabo los humanos somos criaturas sociales—, requiere energía. Algunas investigaciones demuestran que, aunque nos sintamos bien interactuando en el momento, un par de horas más tarde puede aparecer la fatiga mental,[3] en parte debido al esfuerzo que supone centrar nuestra atención en los demás.

Si las relaciones siempre han sido primordiales para ti y, de repente, tienes que volver a darles prioridad, puede sentirse como un fracaso personal y como una amenaza para tu salud social. Sin embargo, si sabes que te cuesta gestionar las demandas sociales, debes ser sincero contigo mismo y con los demás. No es un reflejo de lo mucho que te importa, sino una cuestión de ser humano con recursos limitados. Por el momento reconoce que no das abasto y que debes ser más selectivo a la hora de distribuir tus recursos relacionales.

El burnout social es muy común en las personas complacientes, que se sienten culpables por decir que no incluso cuando no tienen nada más que dar. También es frecuente en personas que se sienten responsables de los sentimientos y las experiencias de los demás (como los pacifistas, las personas muy sensibles o las que tienen mucha empatía), así como en quienes tienen un miedo intenso a caer mal. **Mientras que el burnout por sobrecarga pesa sobre su calendario, el burnout social pesa sobre su espíritu.**

Trabajar contra ti mismo

A menudo, nuestro miedo a herir a los demás —o a que no nos quieran por expresar nuestras necesidades— se alimenta de una imaginación hiperactiva. Una de las formas más comunes y dañinas de trabajar contra nosotros mismos es contar historias. *Si no acepto ir*

---

[3] En Sointu Leikas, "Sociable Behavior Is Related to Later Fatigue: Moment-to-Moment Patterns of Behavior and Tiredness", *Heliyon* 6, núm. 5 (mayo de 2020): e04033, https://pubmed.ncbi.nlm.nih.gov/32490243/.

a esa reunión, pensarán que no me importan. ¿Dejarán de invitarme si digo que no? El *storytelling* es nuestra tendencia a predecir cómo puede resultar una interacción o cómo puede responder una persona antes incluso de haber intentado mantener la conversación. En un esfuerzo por no dar problemas, contar historias es una forma de ensayar las dificultades antes de experimentarlas. Conjurar una historia —por lo general estresante— disminuye la probabilidad de que hagamos las cosas como deberíamos por miedo a lo que *pueda* salir mal.

Tal vez tengas un amigo o familiar que hace caso omiso de tu disponibilidad expresa. Suelen llamarte cuando les conviene y luego se enojan cuando no estás libre. Sabes que necesitas tener una conversación para aclarar las expectativas con ellos, pero la evitas porque te imaginas que se pondrán a la defensiva o se sentirán heridos, y no quieres hacerles sentir mal ni arruinar la relación. Esta práctica de contar historias te impide llevar a cabo una simple acción por tu cuenta, como enviarles un mensaje de texto: "Hola :) No quiero que pienses que te estoy ignorando, así que solo quería recordarte que no puedo responder a las llamadas antes de las 7:00 pm de lunes a viernes ni los domingos. Te quiero. Me encantaría hablar contigo el sábado". Puedes hacerte un flaco favor contando historias, o puedes hacer algo que te parezca más difícil: asume lo mejor. Asume que leerán el texto y lo entenderán. (Y aunque tengas pruebas de lo contrario por experiencia previa, no puedes pasarte la vida cuidando y consintiendo a la gente; no es realista).

Cuando contamos historias tendemos a hacer suposiciones catastrofistas ("¡Dejará de hablarme!". "¡Se sentirá tan herido que cuestionará cuánto me importa como amigo!". "Hablará mal de mí con nuestros amigos comunes, y entonces ¡me odiarán!"). Permitimos que estas sospechas del peor escenario sustituyan a la realidad sin la garantía de que vayan a ser el resultado. Podemos pasarnos la vida intentando no pisar callos inexistentes. Lisa estaba convencida de que si ponía algún límite social, pondría en peligro sus relaciones. Dudaba si dejar de rondar alrededor de la actitud de su volátil jefe o establecer expectativas claras con amigos y familiares porque se sentía responsable de sus emociones. Dicho de otro modo: no tuvo en cuenta que se trataba de personas adultas, razonables y con capacidad de recuperación suficiente para manejar sus propias experiencias. En cambio, creía que era su deber mitigar el golpe entre ellos y el mundo, que era más valiosa cuando se comportaba como un amortiguador entre las personas y la realidad. Esto le creó un sentido de sí misma exagerado que la llevó a sobreestimar la necesidad de su intervención y a subestimar la capacidad de los demás.

No eres responsable de todo el mundo

Aprendemos desde muy pequeños que las personas complacientes son bien recibidas. Muchas personas crecieron en entornos que iban un paso más allá y les enseñaron, con palabras o acciones, que si no eran un canasto comunitario de recursos para quienes les rodeaban, el amor y la conexión se verían restringidos. Con el tiempo, anteponer las necesidades de los demás a las tuyas puede hacer que tu experiencia cotidiana —y, con el tiempo, tu vida— te parezca agotadora y fuera de tu control.

La toma de conciencia a la que llegó finalmente Lisa hizo que dejara de intentar controlar los arrebatos suscitados por el volátil temperamento de su gerente y a establecer expectativas más claras con sus amigos y familiares al darse cuenta de que su calidad de vida no podía depender de las necesidades y los sentimientos de los demás. Creer que era responsable de las necesidades y sentimientos de los demás la hacía sentirse víctima de su propia vida. No hay un día mágico en el que la gente deje de necesitar y sentir cosas y en el que te sientas cómodo dándote prioridad a ti mismo. Tienes que darte permiso —¡ahora mismo!— para establecer límites razonables que te protejan y te preserven. Debes desarrollar la confianza de que tú, más que nadie, conoces tus necesidades y las defenderás a pesar de lo que digan los demás. Tienes que poner un límite a lo que puedes dar, confiar en que es una cantidad razonable y luego decidir cómo reforzar ese límite en el futuro.

¿Cómo puedes saber si sufres desgaste social? Veamos algunos indicadores comunes:

- Te conocen como el amigo, familiar o colega "fiable" y "desinteresado".
- Siempre tienes cosas que hacer que no harías si alguien no te lo pidiera.
- Te obligas a hacer cosas antes de haber intentado decir que no.
- Justificas las decisiones pensando: *yo querría que alguien hiciera esto por mí, así que debería decir que sí,* aunque tengas un historial de no pedir cosas a cambio.
- Cuando la gente te invita a cosas y tu primera respuesta es un *Ash* interno.
- Sueñas con no tener compromisos sociales y desaparecer durante un tiempo.

Si estas señales te resultan familiares, ¡estás de suerte! Los capítulos de este libro sobre mentalidad, cuidado personal y límites te serán súper útiles. Estas áreas de la gestión del burnout te ayudarán a confiar en que tú eres tu prioridad; te ayudarán a identificar exactamente lo que necesitas, y, por último, te ayudarán a proteger esas necesidades. Te sorprenderás por la frecuencia con que el burnout social nos impide cuidar de nosotros mismos (o quizá no, porque conoces esta lucha demasiado bien).

He pasado muchos fines de semana sin tener nada en la alacena y renunciando a ir a hacer la compra de los domingos porque alguien me invitaba a algo. Dudaba si responder que sí, pero sabía que pagaría el precio más tarde, cuando tuviera que cenar solo cereal esa semana. Hay un momento para dar prioridad a las demandas sociales, pero no es cuando ya estás agotada y no tienes cubiertas las necesidades básicas de tu cuerpo. Porque, irónicamente, nuestras necesidades básicas suelen ser lo primero que desaparece cuando estamos ocupados.

¿Quién tiene tiempo de preparar una comida cuando se acerca una fecha límite? ¿Por qué voy a dormir si las 10 de la noche es el único momento que tengo para navegar por el celular sin pensar y sentir un poco de alegría? ¿Por qué iba a faltar a la fiesta de cumpleaños de mi amiga solo porque coincide con el único día libre que tengo en un mes? Cuando una persona sufre desgaste social, suele despriorizar sus propias necesidades. En un estudio reciente realizado en Finlandia, las mujeres con los niveles más altos de burnout también eran las menos propensas a consumir alimentos sanos y ricos en nutrientes.[4] (Además, las investigaciones revelan que las personas que muestran signos de burnout duermen menos y peor (y, en un giro cruel, dormir mal, por supuesto, conlleva un mayor riesgo de burnout).[5]

Dar prioridad a tu calendario social cuando las necesidades básicas de supervivencia están insatisfechas es poner el carro delante de los bueyes, y exacerbará tu burnout. La jerarquía de necesidades de Maslow refuerza que las necesidades sociales son secundarias a las fisiológicas.[6]

Todos hemos oído a los asistentes de vuelo decirnos que nos pongamos nuestra propia mascarilla de oxígeno antes de ayudar a los demás. El burnout social es común en personas que luchan sinceramente por justificar la prioridad que se dan a sí mismas, en especial cuando es a costa de ayudar a los demás.

---

[4] Markus A Penttinen et al., "The Associations Between Healthy Diet and Burnout Symptoms Among Finnish Municipal Employees", Nutrients 13, núm. 7 (julio de 2021): 2393, https://www.ncbi.nlm.nih.gov/pmc/articles/PMC8308766/.

[5] Jennifer R. Brubaker y Elizabeth A. Beverly, "Burnout, Perceived Stress, Sleep Quality, and Smartphone Use: A Survey of Osteopathic Medical Students", The Journal of the American Osteopathic Association 120, núm. 1 (enero de 2020): 6-17, https://pubmed.ncbi.nlm.nih.gov/31904778/.

[6] Douglas T. Kenrick et al., "Renovating the Pyramid of Needs: Contemporary Extensions Built upon Ancient Foundations", Perspectives on Psychological Science 5, núm. 3 (agosto de 2011): 292-314, https://www.ncbi.nlm.nih.gov/pmc/articles/PMC3161123/.

FOMO: una muerte ocupada

El burnout social no es común solo en quienes asisten por culpa; también lo es en quienes experimentan FOMO, o *fear of missing out*, es decir, el miedo a perderse algo. Como miembro de lo que mi madre llama el club FOBI (*fear of being included* o miedo a ser incluido), la gente que quiere ir a todo y se apunta a todo me asombra. El FOMO se ha impuesto como una bonita forma de describirse a uno mismo, cuando en realidad el efecto de la presión interna por estar en todas partes puede ser bastante perjudicial.

Lo creas o no, los científicos han estudiado el FOMO[7] y han identificado dos partes en él: en primer lugar está el sentimiento de exclusión, la sensación de que todo el mundo está haciendo algo divertido sin ti. También puedes sentirte condenado al ostracismo[8] (aunque en realidad no te rechacen). La segunda parte del FOMO es la compulsión a hacer todo lo posible por mantener esas relaciones

---

[7] Mayank Gupta y Aditya Sharma, "Fear of Missing Out: A Brief Overview of Origin, Theoretical Underpinnings and Relationship with Mental Health", *World Journal of Clinical Cases* 9, núm. 19 (julio de 2021): 4881-4889, https://www.ncbi.nlm.nih.gov/pmc/articles/PMC8283615/.

[8] Kipling D. Williams, "Ostracism", *Annual Review of Psychology* 58 (enero de 2007): 425-452, https://www.annualreviews.org/doi/abs/10.1146/annurev.psych.58.110405.085641.

para no sentirte excluido. Es posible que renuncies a dormir para asistir a un concierto con amigos o que te pongas a ver una serie después de un día maratónico en el trabajo porque todo el mundo en la oficina está hablando de ella.

Si este es tu caso, no seas tan duro contigo mismo: la evolución te ha jugado una mala pasada. Los neurocientíficos han descubierto que los seres humanos estamos programados para formar parte del "grupo" porque garantiza la seguridad y la supervivencia (la unión hace la fuerza y todo eso). Por eso, cuando te sientes fuera de onda con tu grupo de iguales, los sentimientos de rechazo[9] surgen como una señal para servir a esos lazos.

El problema es que, en nuestro mundo conectado, es fácil sentir FOMO con cada clic y cada vez que deslizas la pantalla y eso pasa factura. Si crees que por no ir a esa comida con amigos o a ese evento de *networking* te quedarás fuera o perderás oportunidades profesionales, es posible que percibas los riesgos sociales como mayores de lo que en verdad son. Acuérdate de todas las veces que no has ido y no ha pasado nada malo. No dejes que un vago sentimiento de FOMO anule tu necesidad de tiempo personal.

Sé más exigente

Lo ideal es que te conozcas a ti mismo lo suficiente como para saber qué tipos de relaciones sociales son más importantes para ti, de modo que puedas ser selectivo con tu tiempo y energía. ¿Prefieres los cafés individuales o en pequeños grupos a las fiestas gigantes en las que apenas puedes hablar con nadie? ¿Les sacas más partido a los eventos de *networking* presenciales que a los virtuales? ¿Apareces con más alegría en las reuniones familiares cuando vas solo una vez al mes en lugar de todos los fines de semana? Tú te conoces. Sabes cuándo esas luces internas empiezan a parpadear en rojo, indicando

---

[9] Williams, "Ostracism".

que no quieres hacer algo. Lo más probable es que hayas aprendido a ignorarlas o a darles explicaciones.

Una vez que reconozcas tus preferencias, siéntete cómodo expresando aquello para lo que estás disponible. Creo que todos hemos repasado ansiosamente el borrador de un mensaje de texto o de un correo electrónico antes de pulsar enviar para asegurarnos de que se lee como queremos. Ser capaz de expresarte con claridad es una de las habilidades más valiosas que puedes tener. Te ayuda a establecer expectativas en las relaciones para que no haya tensiones y evita que pierdas el tiempo por timidez o falta de comunicación. Aunque pueda parecer que comunicar tus verdaderas necesidades puede poner en peligro las relaciones, lo más probable es que las salve. He aquí una forma de iniciar una conversación que ha salvado a muchos de mis amigos durante ciclos de burnout:

> Como antecedente, te cuento esto porque te quiero y no quiero estar distante sin explicaciones. Estoy pasando por una temporada ocupada y lo mejor que puedo mostrar en esta relación es un 4 sobre 10 en el futuro previsible. No puedo prometer que responderé a mensajes o llamadas —aunque haré todo lo posible— y es probable que solo pueda quedar una vez cada varios meses. Esto es todo lo que me queda en el tanque después de ocuparme de todo lo demás. Espero pronto tener mis pies debajo de mí de nuevo, pero hasta entonces, ¿puedes aceptar mi 4 sobre 10?

El burnout social es a menudo el resultado de sentir que tienes que mostrar un 10/10 en todas tus relaciones todo el tiempo. Lo más probable es que ya hayas establecido una buena relación con esas personas, y ellas entenderán si necesitas retirarte en temporadas de mucho trabajo. Si no... digamos que *te encantará* el capítulo sobre los límites. No somos víctimas de las relaciones de nuestra vida. Nosotros decidimos *cómo* estar en ellas, y no hay mejor momento para tener claro cómo aparecer que cuando se está experimentando el burnout social.

He aquí un par de maneras de empezar a reducir el burnout social:

1) **Empieza a preguntarte: "Si esto pudiera salir como yo quisiera, ¿cómo saldría?".** ¿Cómo serían tus relaciones? ¿A qué darías prioridad? ¿Qué dejarías de hacer? Si creciste creyendo que tu experiencia deseada es secundaria a la de los demás, este cambio requerirá práctica. Vamos a conseguir que vuelvas a tomar las riendas, aunque eso signifique tener un momento de miedo en el que te des cuenta de que tienes que cambiar tu forma de estar en las relaciones. Habrá algunos ajustes para todos los implicados, pero las personas adecuadas estarán encantadas de darte el espacio necesario para volver a atornillar tu cabeza, y estarán encantadas de reunirse contigo cuando salgas del otro lado.

2) **Evalúa tu calendario.** Si estás pensando: *Estoy agotado socialmente, pero no sé cómo empezar a dejar de hacer cosas; parece que todo es obligatorio*, echa un buen vistazo a tu calendario. Subraya todas las cosas que más te agotan y aclara por qué esas interacciones minan tu energía. ¿Es la persona en sí? ¿La duración? ¿El largo viaje? ¿La frecuencia? ¿Los temas que surgen cuando están juntos? Entonces empieza a hacer los ajustes necesarios para acercarte a una experiencia duradera.

   Bonus: Destaca también los elementos sociales de tu calendario que más te llenan. Explica por qué te resultan tan agradables. ¿La compañía? ¿El lugar? ¿La actividad? Cuanto más claro tengas lo que llena tu batería social en lugar de agotarla, mejor te irá a la hora de priorizar los compromisos sociales en el futuro.

3) **Deja de castigarte porque puedes hacer que las cosas salgan lo mejor posible.** Odio cuando la gente dice: "Siempre te diviertes una vez que estás ahí", como argumento para conseguir que hagas algo o vayas a algún sitio. Divertirme una vez que estoy haciendo algo es un reflejo de mi capacidad para sacar lo mejor de mis circunstancias, no la confirmación de que necesitaba estar ahí en primer lugar.

Burnout por aburrimiento: más que "desconectado"

"Últimamente tienes muchas citas", fue la forma educada que tuvo mi jefe de señalarme que había estado utilizando todas las excusas posibles para faltar al trabajo durante un par de horas en las últimas semanas. Y tenía razón: programaba todas las citas con el médico y el dentista que se me ocurrían para variar un poco mi agenda. Como seguidora de las normas y deseosa de ser considerada trabajadora y dedicada, este comportamiento me resultaba extraño. Pero la mera idea de sentarme en mi escritorio y completar tareas mundanas se había convertido en algo doloroso. Iyanla Vanzant, conferencista inspiradora, dijo: "Cuando llegue el momento de hacer un cambio o de crecer, el universo te hará sentir tan incómodo que al final no tendrás elección".[10] Había empezado a tener la sensación de que mi papel se me había quedado pequeño y, sin prisa pero sin pausa, sentía que los muros se cerraban. Oficialmente, me estaba sintiendo tan incómoda que era necesario un cambio.

Nuestro cerebro necesita novedad y variedad para mantenerse activo.[11] Desde el momento en que nacemos, aprendemos mejor sobre el mundo a partir de estímulos nuevos y desconocidos. En un estudio realizado en 2015 en Johns Hopkins,[12] los bebés eran más propensos a recordar los atributos de un objeto que les sorprendía y desconcertaba en comparación con un objeto que se comportaba de la manera que esperaban. Una de las razones por las que gravitamos

---

[10] Twitter, 21 de agosto de 2013, 7:00 a.m., https://twitter.com/IyanlaVanzant/status/370153411678715905.

[11] Leyla Bagheri y Marina Milyavskaya, "Novelty-Variety as a Candidate Basic Psychological Need: New Evidence Across Three Studies", *Motivation and Emotion* 44 (octubre de 2018): 32-53, https://link.springer.com/article/10.1007/s11031-019-09807-4.

[12] Aimee E. Stahl y Lisa Feigenson, "Observing the Unexpected Enhances Infants' Learning and Exploration", *Science* 348, núm. 6230 (abril de 2015): 91-94, https://www.science.org/doi/10.1126/science..aaa3799?url_ver=Z39.88-003&rfr_id=ori:rid:crossref.org&rfr_dat=cr_pub%20%200pubmed.

una y otra vez hacia las cosas que son frescas y sorprendentes: una parte de nuestro cerebro llamada hipocampo libera un golpe de dopamina que nos hace sentir bien cuando nos enfrentamos a cosas nuevas.[13] (Esta es otra de las razones por las que puede ser tan difícil dejar el celular por la noche. Por su diseño, las redes sociales son como una máquina tragamonedas de dopamina. ¿Qué verás si sigues desplazándote? ¿Algo divertido? ¿Un producto por el que sientes curiosidad? ¿Sobre qué? ¿Noticias que sigues? ¿Gente que te gusta? La dopamina es un motivador silencioso pero insistente).

La novedad y la variedad no solo nos benefician, sino que su ausencia nos perjudica. Los estudios han demostrado que la repetición conduce a niveles más bajos de compromiso con la tarea y de pensamiento crítico.[14] Esta es una de las razones por las que el burnout por aburrimiento devastó a tanta gente durante la pandemia,[15] cuando nuestros horarios ofrecían muy poca novedad o variedad: ya no podíamos salir a tomar un café con un amigo o interrumpir la jornada laboral con una visita al gimnasio. Incluso los que disfrutaban de su trabajo diario se preguntaban qué les faltaba.

Necesitamos sentirnos comprometidos con lo que hacemos, o corremos el riesgo de pasar al piloto automático como medio de soportar lo repetitivo de nuestra vida. "Piloto automático" es el sentido de "simplemente seguir los movimientos". ¿Alguna vez has conducido hasta tu casa y al llegar te has dado cuenta de que no recuerdas nada del trayecto? Lo has hecho cientos de veces; lo más probable es que hayas puesto el piloto automático mentalmente y te

---

[13] Daniela Fenker y Harmut Schütze, "Learning by Surprise", *Scientific American*, 17 de diciembre de 2008, https://www.scientificamerican.com/article/learning-by-surprise/.

[14] Natália Lelis-Torres *et al.*, "Task Engagement and Mental Workload Involved in Variation and Repetition of a Motor Skill", *Scientific Reports* 7 (11 de mayo de 2021): 14764, https://www.nature.com/articles/s41598-017-15343-3.

[15] Sylvie Droit-Volet *et al.*, "Time and Covid-19 Stress in the Lockdown Situation. Time-Free, Dying of Boredom and Sadness", *PLoS One* 15, núm. 8 (agosto de 2020): 0236465, https://journals.plos.org/plosone./article?id=10.1371/journal.pone.0236465.

hayas limitado a seguir la rutina. Por el contrario, cuando conduces por una ruta nueva, estás alerta, miras a tu alrededor y te aseguras de seguir las indicaciones. La novedad y la variedad nos obligan a prestar atención. Cuando no prestamos atención, nos perdemos gran parte de nuestra vida. Cierta repetición y previsibilidad nos permiten tener una sensación de seguridad, pero demasiada previsibilidad provoca desinterés y puede conducir al malestar y el descontento.

Interpretar el aburrimiento

El burnout por aburrimiento[16] es la experiencia de estar mentalmente agotado, desmotivado y sin inspiración durante un largo periodo de tiempo. Puede ser diferente para cada persona, pero aquí tienes algunos indicadores comunes:

- Te sientes ajeno a la vida cotidiana.
- No recuerdas la última vez que hiciste algo "divertido".
- Sientes envidia o confusión cuando ves a otras personas que están comprometidas y entusiasmadas con su vida.
- Sientes frustración y resentimiento hacia las responsabilidades cuando te levantas por la mañana.
- Te cuesta empezar el día.
- Sabes que no estás contento en tu trabajo, estudios o función, pero te falta energía para hacer cambios.
- Falta de confianza en ti mismo y en la dirección de tu vida.
- Nunca sientes que "haces lo suficiente".

Hay momentos en la vida en los que hay que cumplir compromisos difíciles o aburridos. Los estudios suelen durar un tiempo determinado. Ganar años de experiencia en determinados sectores lleva el tiempo necesario. Mientras esas experiencias se ajusten en última

---

[16] James Danckert *et al.*, "Boredom: What Is It Good For?" en *The Function of Emotions*, ed. Heather C. Lench (Cham, Suiza: Springer, 2018), pp. 93-119, https://link.springer.com/chapter/10.1007/978-3-319-77619-4_6.

instancia a tus objetivos, sigue teniendo sentido dedicarte a ellas. Además, la promesa de un gran cambio al final puede ayudarte a superar el tedio.

Sin embargo, si estas tareas o experiencias son en su mayoría desagradables o poco atractivas y no están alineadas con tus objetivos a largo plazo puede que necesites evaluar tu situación. Si tu trabajo está acabando con tu espíritu, si tu afición ya no te proporciona la misma alegría o relajación que antes, puede que haya llegado el momento de cambiar las cosas. A lo largo de este libro profundizaré en diferentes formas de hacer que tus circunstancias actuales funcionen, así como en la manera de saber cuándo es el momento de alejarte de algo que ya no te sirve. Tenlo en cuenta: esto no quiere decir que debas dejar algo en el momento en que te aburra. Más bien, sé siempre consciente de cuándo puedes introducir novedad o variedad en una actividad repetitiva.

Un objeto en reposo permanece en reposo

A menudo el burnout por aburrimiento es difícil de combatir debido a semanas o meses (¡o años!) de inercia. En realidad el aburrimiento en periodos cortos puede ser útil: nos dice que preferiríamos estar haciendo otra cosa, así que (idealmente) cambiamos las cosas y nos ocupamos de una actividad más estimulante. Pero cuando estamos agotados debido a una falta crónica de compromiso es posible que no tengamos el impulso necesario para ponernos en marcha de nuevo. Es como intentar dar un paseo corriendo, cuando en realidad tienes el impulso de trotar.

Un sentimiento devastador pero cierto que he oído a muchos directivos es: "Si quieres que algo se haga, dáselo a una persona ocupada". Las investigaciones demuestran que las personas ocupadas están más motivadas[17] para completar las tareas y, de hecho, las

---

[17] Keith Wilcox *et al.*, "How Being Busy Can Increase Motivation and Reduce Task Completion Time", *Journal of Personality and Social Psychology* 110, núm. 3 (marzo de 2016): 371-384, https://pubmed.ncbi.nlm.nih.gov/26963764/.

hacen más rápido que sus homólogos menos programados, posiblemente porque las personas ocupadas tienen tantos plazos que compiten entre sí que están más motivadas para cumplirlos a toda prisa y no quedarse atrás. Cuando uno ya está ocupado, añadir una cosa más a la mezcla parece menos difícil que si tiene todo el día libre y necesita reunir la energía para ir a la oficina de correos. La oficina de correos es solo una cosa, pero la resistencia es mucho mayor cuando es lo único que te obliga a levantarte del sofá.

Los pilares más benéficos de la gestión del burnout para los que sufren de desgaste por aburrimiento son la mentalidad, el cuidado personal (que también incluye el diseño del estilo de vida para ayudar a establecer objetivos y crear impulso) y la administración del tiempo. Mantenerte comprometido es fundamental para restablecer cómo vas a emplear tu tiempo y energía.

Desafío positivo versus desafío negativo

Nos conviene mantenernos positivamente desafiados para que nos veamos obligados a sentarnos derechitos y preocuparnos por lo que se vislumbra en el horizonte. Por eso es tan importante fijar objetivos preguntándonos: ¿hacia dónde voy? El desafío positivo es una combinación equilibrada de crecimiento fuera de nuestra zona de confort y construcción hacia las cosas que queremos.[18] Es adoptar una "mentalidad de crecimiento", creer que mejoraremos a través del esfuerzo, y estar motivados por algo que nos produce satisfacción personal y disfrute (frente a estar motivados por el miedo al castigo). Por el contrario, el reto negativo consiste en hacer cosas fuera de nuestra zona de confort que nos hacen sentirnos injustamente incómodos y que no se ajustan a nada de lo que esperamos conseguir. Mientras que el reto positivo ofrece valor, el negativo nos agota.

---

[18] Betsy Ng, "The Neuroscience of Growth Mindset and Intrinsic Motivation", *Brain Sciences* 8, núm. 2 (enero de 2018): 20, https://www.ncbi.nlm.nih.gov/pmc/articles/PMC5836039/.

En su libro *First, Break All the Rules*, un análisis de una encuesta Gallup a 80 mil directivos, los autores Marcus Buckingham y Curt Coffman deducen que un factor importante en la satisfacción del empleado es conseguir desarrollarse en áreas que le interesan.[19] Revolucionario, lo sé. Ningún trabajo es perfecto, y no siempre se llega a trabajar en la zona dorada del reto positivo, pero es esencial pensar en el reto positivo cuando se evalúan las circunstancias.

En mi caso, hace varios años tuve un gran jefe que se dio cuenta de que mi puesto se me había quedado pequeño. Me recomendó que me especializara en algo para poder crecer con la empresa. Pero yo sabía que las oportunidades de especialización disponibles no coincidían con mis intereses. Empecé a pensar en dejar la empresa por algo nuevo. Casualmente, una antigua compañera estaba dejando su cargo de formación y desarrollo y se ofreció a decirle a su jefe que yo estaba interesada en su puesto. Me presenté, hice la entrevista, conseguí el empleo y me metí de lleno en el nuevo trabajo.

En mi nuevo puesto, de repente me encontré como un pez pequeño en un estanque grande, en lugar de como un pez grande en un estanque pequeño, y me encantó. Tenía una cantidad intimidante de espacio para crecer, pero podía sentirme del todo comprometida y evolucionando porque estaba trabajando fuera de mi zona de confort y creciendo en mis intereses.

Si te parece que estás sufriendo burnout por aburrimiento, te animo a que:

1) **Lleves un registro de cómo pasas cada hora del día durante dos días.** Destaca en verde las actividades que te motivan y se ajustan a tus objetivos a largo plazo. Subraya en rojo lo que te agota, lo que recibes sin dar nada a cambio y lo que no está en consonancia con tus objetivos a largo plazo.

---

[19] Marcus Buckingham y Curt Coffman, *First, Break All the Rules: What the World's Greatest Managers Do Differently* (Nueva York: Simon and Schuster, 1999).

* Nótese que a veces el rojo engendra verde. El objetivo a largo plazo de ser farmacéutico, por ejemplo, requiere muchos días rojos de estudio a pesar de ser un objetivo verde a largo plazo. Aquí es cuando es esencial recordar que el rojo es temporal, que es valioso para ti y que, en última instancia, se alinea con tus intereses.

2) **Decide cómo quieres que sean los próximos meses y cómo podrían comprometerte más activamente.** ¿Puedes detener o reducir al mínimo el tiempo que pasas ahora en las zonas rojas y sustituirlo por uno de los elementos verdes? ¿Puedes empezar a trabajar para sustituir un elemento rojo? Sé creativo sobre cómo podrías cambiar tu compromiso diario con las áreas rojas o verdes.

3) **Si estás dispuesto a llegar al extremo, deshazte de la forma en que haces las cosas en la actualidad y empieza de cero.** Durante un mes levántate a una nueva hora, compra solo alimentos que no hayas comprado antes, haz todo tu trabajo a horas distintas de las que lo haces por lo general, encuentra un nuevo pasatiempo, ve un nuevo programa, camina por una nueva ruta, lee distintos tipos de libros. Despierta tu cerebro. Elimina los factores repetitivos de tu vida sobre los que tienes control y sacúdete para ver dónde aterrizas cuando se asiente el polvo. Aunque solo sea un ejercicio para romper tu rutina, puede que te ayude a aprender algo sobre ti mismo o a apreciar un poco más tu rutina original.

Con tu nueva conciencia de los tres tipos de burnout, es más probable que te des cuenta de cuándo tienes la tentación de comprometerte en exceso, complacer a la gente o desvincularte, la trinidad maldita del burnout. A partir de aquí puedes empezar a desentrañar qué creencias y actitudes pueden estar conduciéndote a este tipo de comportamientos. Es hora de sumergirte en el primer pilar de la gestión del burnout: la mentalidad.

PARTE II

Los cinco pilares del manejo del burnout

Capítulo tres

Mentalidad
¿Soy yo? ¿Soy yo el drama?

Mandy llegó a nuestra primera reunión cinco minutos antes de lo previsto y con un bloc de notas preparado, así que no me sorprendió que más tarde se describiera a sí misma como una "obsesa del control". Había crecido presionándose para sacar buenas calificaciones, se había abierto camino en la universidad y había montado su propio negocio a los 20 años. Sobre el papel, había conseguido todo lo que esperaba conseguir en su carrera. Sus ingresos de seis cifras eran estables, su trabajo le satisfacía y tenía los indicadores tradicionales de éxito que siempre había deseado (la casa, el coche, un gran número de seguidores en redes sociales). A pesar de todo, se sentía increíblemente agotada. Trabajaba las 24 horas del día, siempre pensando en su negocio, sin permitirse nunca descansar. Por fuera tenía su vida resuelta, pero entre bastidores se estaba hundiendo. El problema de Mandy era que, aunque sabía que lo estaba haciendo bien, conservaba el miedo al fracaso y la adicción al trabajo que la habían llevado tan lejos. Creía que su éxito era el resultado de un exceso de trabajo, y creer esto significaba que sin importar el éxito que tuviera no se sentiría cómoda reduciendo el trabajo por miedo a perderlo todo.

Muchos individuos que obtienen resultados con cantidades insostenibles de esfuerzo luchan por reducir la producción incluso después de haberse consolidado lo bastante como para levantar el pie del acelerador. Mandy había interiorizado creencias y hábitos que le llevaría tiempo desaprender para poder mostrarse diferente en su vida, para poder liberarse del estrés que ya no le servía y que, en cambio, la estaba acercando al borde del burnout. Exigirse mucho a sí misma y trabajar muy duro para alcanzar sus objetivos le había permitido llevar un estilo de vida cómodo hasta entonces, por lo que era comprensible que se sintiera ansiosa por cambiar de comportamiento.

Mandy se consumía por la sobrecarga a pesar de que su vida tenía potencial para estar tranquila y con un nivel manejable. Le resultaba incómodo sentirse satisfecha si no había hecho *todo* lo que se le ocurría. La satisfacción le parecía complacencia. Pronto me di cuenta de que el burnout de Mandy no era una cuestión de administración del tiempo, límites o manejo del estrés, sino de mentalidad.

Siempre estás equilibrando dos experiencias: la interna y la externa.

EXPERIENCIA EXTERNA

Experiencia visible y tangible

EXPERIENCIA INTERNA

Experiencia mental, emocional

Tu experiencia interna no es visible: son tus pensamientos y sentimientos, y cómo los gestionas. Tu experiencia externa es visible: es cómo manejas los elementos tangibles de tu vida. Por ejemplo, si te pones nervioso antes de hablar en una reunión, tu experiencia interna puede ser recordarte que tienes que respirar o tranquilizarte, y tu experiencia externa es la organización de tu discurso. Todo lo que ven los demás son los elementos externos, tangibles; sin embargo, también estás gestionando tu experiencia interna.

Aunque Mandy disponía de sistemas externos eficaces para gestionar su carga de trabajo y sus responsabilidades personales, siempre se sentía tensa cuando pensaba en lo que tenía que hacer. Nada de lo que hacía le parecía suficiente: siempre había más potencial sin explotar, más proyectos en los que avanzar, más personas a las que ayudar. A pesar de alcanzar todos sus objetivos tangibles como empresaria, gestionaba sus pensamientos y sentimientos como si todo el tiempo se estuviera quedando atrás. Alguien con acceso a su monólogo interior y a sus emociones podría confundirla con alguien cuya vida era un desastre y que tenía que trabajar demasiado o arriesgarse a perder su negocio. Como hemos comprobado, ese no era el caso.

Muchas personas que están extenuadas controlan muy bien su experiencia externa; pueden encajar todo lo que necesitan en su día a día, no tienen cosas pendientes que hacer y priorizan bien; desde fuera, parece que "tienen las cosas claras". Pero la gestión de su experiencia interna es otra cosa. Todos sabemos que es posible "tener las cosas claras" por fuera y sentir que estamos completamente fuera de control por dentro: inundados de pensamientos acelerados y críticos, rumiando errores, imponiéndonos una cadena incesante de expectativas. No es tan fácil calibrar la experiencia interna de alguien desde fuera. Cuando algunos amigos míos han dado conferencias, se han bajado del escenario y han gemido: "¡Ha ido fatal!", aunque el público pensara que habían hecho un trabajo fantástico. Externamente, hicieron presentaciones claras y respondieron a todas las preguntas a fondo y con tacto. Internamente, se reprochaban todo lo que no habían dicho a la perfección. No importaba cuánto los elogiaran; la satisfacción y la paz que sentían al final del día dependían más de su experiencia interna que de la percepción externa de su experiencia.

La mentalidad puede describirse como muchas cosas —pensamientos, actitudes, respuestas aprendidas—, pero cuando se trata de la gestión del burnout **tu mentalidad es la forma en que gestionas tu experiencia interna.** Pensar en cómo te hablas, te motivas y te manejas a ti mismo puede ayudarte a identificar si te vendría bien un ajuste de tu mentalidad. Si te autoimpulsas con críticas y la creencia de que nunca haces lo suficiente, adoptar una voz interior más amable y optimista marcará la diferencia entre disfrutar o temer la misma experiencia externa.

Supongamos que dos personas —llamémoslas Katie y Erin— van a un spa y se someten a tratamientos idénticos. Katie pasa el día concentrada en disfrutar de la experiencia. Piensa: "Qué bien. Me alegro de estar haciendo algo por mí. Mi cuerpo me lo agradecerá", y se va sintiéndose fresca y relajada. Erin pasa el tiempo en el spa rumiando todas las cosas que "debería" estar haciendo, sintiéndose culpable por tomarse su tiempo para sí misma y, en general, no estar presente. Erin se va sintiéndose tan tensa como cuando llegó. Externamente, Katie y Erin vivieron experiencias idénticas. Internamente, tuvieron experiencias del todo diferentes debido a cómo se gestionaron a sí mismas.

Tu mentalidad es la lente a través de la cual ves el mundo. Si te juzgas a ti mismo, vives con miedo a lo que piensen los demás, te preocupas sin cesar por los factores estresantes, te exiges unos niveles inalcanzables o nunca estás satisfecho, es más probable que te agotes y que lo hagas con frecuencia. Afortunadamente, la neuroplasticidad de nuestro cerebro[1] —su capacidad para cambiar las neuronas y las conexiones neuronales en respuesta a estímulos (personas, lugares, experiencias, sustancias)— nos permite reconfigurar nuestros pensamientos, creencias y comportamientos. Del mismo modo que aprendiste tu actual estilo de gestión interna, puedes dominar un nuevo modo de funcionamiento, más amable y esperanzador. Podemos aprender a ser más optimistas, aunque no hayamos nacido con el vaso medio lleno, dice la doctora Hilary Tindle, autora de *Up: How Positive Outlook Can Transform Our Health and Aging* (Arriba: Cómo la perspectiva positiva puede transformar nuestra salud y envejecimiento). Sin embargo, ese cambio de actitud requiere práctica. La maquinaria de creación de hábitos de nuestro cerebro tiene

---

[1] Richard J. Davidson y Bruce S. McEwen, "Social Influences on Neuroplasticity: Stress and Interventions to Promote Well-Being", *Nature Neuroscience* 15, núm. 5 (abril de 2012): 689-695, https://www.ncbi.nlm.nih.gov/pmc/articles/PMC3491815/.

las mismas oportunidades: puede dejar pistas para pensamientos y comportamientos positivos o llevarnos por un camino más oscuro. Pero con intención, podemos entrenar a nuestro cerebro para que esté ávido de cosas que sean buenas para nosotros, señala Tindle. Cada vez que eliges un pensamiento optimista o una respuesta de autocompasión estás entrenando a tu cerebro para la felicidad.[2] ¿La recompensa de crear hábitos más felices? Las personas optimistas no solo tienen menores tasas de burnout,[3] sino también niveles más bajos de hormonas del estrés,[4] mejor funcionamiento inmunitario[5] y menor riesgo de diabetes[6] y derrame cerebral.[7] El impacto de la mentalidad no se limita a la mente, sino que también se filtra en el cuerpo.

La experiencia interna de la mayoría de las personas es una mezcolanza de la forma en que les hablaron sus padres y sus primeras influencias (como profesores, familiares y entrenadores), las personas con las que pasan más tiempo, su comportamiento individual (rasgos hereditarios como la extroversión o la consciencia y otras características de la personalidad que le son propias), su sistema de creencias y los mensajes que reciben de la cultura en general.

---

[2] Rick Hanson, *Hardwiring Happiness: The New Brain Science of Contentment, Calm, and Confidence* (Nueva York: Harmony, 2013).

[3] James B. Fowler *et al.*, "The Correlation of Burnout and Optimism Among Medical Residents", *Cureus* 12, núm. 2 (febrero de 2020), https://pubmed.ncbi.nlm.nih.gov/32181095/.

[4] Joelle Jobin, Carsten Wrosch y Michael F. Scheier, "Associations Between Dispositional Optimism and Diurnal Cortisol in a Community Sample: When Stress Is Perceived as Higher Than Normal", *Health Psychology* 33, núm. 4 (abril de 2014), https://www.ncbi.nlm.nih.gov/pmc/articles/PMC4151978/.

[5] Suzanne C. Segerstrom y Sandra E. Sephton, "Optimistic Expectancies and Cell-Mediated Immunity: The Role of Positive Affect", *Psychological Science* 21, núm. 3 (marzo de 2010): 448-455, https://pubmed.ncbi.nlm.nih.gov/20424083/.

[6] Sara Puig-Perez *et al.*, "Optimism Moderates Psychophysiological Responses to Stress in Older People with Type 2 Diabetes", *Psychophysiology* 54, núm. 4 (diciembre de 2016): 536-543, https://onlinelibrary.wiley.com/doi/10.1111/psyp.12806.

[7] Hilary Tindle, *Up: How Positive Outlook Can Transform our Health and Aging* (Nueva York: Avery, 2013), pp. 6-10.

A menudo se habla de estos factores como naturaleza y crianza. Se nace con un comportamiento general. Los expertos creen que entre una cuarta parte y la mitad de nuestra actitud es genética,[8] pero la forma en que nos gestionamos internamente es en gran parte aprendida y está bajo nuestro control. Piensa en cómo te hablas a ti mismo cuando cometes un error, cómo afrontas los retos, cómo te apoyas durante un largo día. Todos estos son comportamientos aprendidos que conforman tu experiencia interna.

Si te cuesta conceptualizar tu mentalidad de esta manera, imagina que tus pensamientos son otra persona que está atada a tu cadera 24 horas al día, siete días a la semana. ¿Qué sientes por esa persona?

¿Te critica y es grosera contigo?
¿Es amable, comprensiva y te apoya?
¿Se avergüenza de ti?
¿Cree en ti y te anima a asumir riesgos?
¿Te infunde miedo?
¿Te da el empujón que necesitas para dar lo mejor de ti mismo?

Si la persona atada a tu cadera (es decir, tu mentalidad) es un matón que es duro contigo cada vez que cometes un error, entonces eso va a influir en la forma en que te enfrentas a diversos retos en tu vida. Como tu mentalidad es interna, a menudo pasas por alto hasta qué punto influye en el burnout. Es más fácil intentar controlar estrategias que parecen más tangibles, como la administración del tiempo o el cuidado personal. Por desgracia, tus prácticas en torno al cuidado personal carecen de sentido si tu voz interior sabotea cualquier cosa buena que estés haciendo. Tu mentalidad tiene el poder de comprometer cualquier esfuerzo externo que puedas hacer, por eso es primordial corregirla primero. Tu objetivo es adquirir el hábito de

---

[8] Thomas J. Bouchard, Jr., "Genes, Environment and Personality", *Science* 264, núm. 5166 (junio de 1994): 1700-1701, https://www.science.org/doi/10.1126/science.8209250.

escuchar los pensamientos que crean tu experiencia interna y cambiarlos para ayudarte.

Supongamos que té olvidas de hacer algo en el trabajo. Tu reacción inicial, instintiva y arraigada, es el autorreproche. Te sientes avergonzado y piensas: *¡Rayos! ¿Cómo pude permitirlo? La gente va a pensar que soy un incompetente.* Todos hemos experimentado este tipo de vergüenza cuando sentimos que deberíamos haberlo sabido mejor. Este tipo de autovergüenza puede secuestrar nuestro sistema nervioso y desencadenar la liberación de hormonas del estrés, poniéndonos en un estado de ansiedad. Pero una respuesta negativa no cambia lo que ha ocurrido; solo nos hace sentir peor en nuestro camino para recuperarnos de ello. Y no solo eso, sino que cuando intentamos corregir el rumbo, puede que no estemos mentalmente tan ágiles. Una investigación de Sian Leah Beilock[9] descubrió que rendimos peor en ejercicios como las matemáticas y las tareas de memoria cuando nuestra ansiedad está en el asiento del conductor.

En lugar de eso, intenta sustituir esa respuesta inicial por un recordatorio de que es probable que lo que está en juego no sea tan importante como parece en ese momento: *No es para tanto, simplemente lo corregiré. Voy a trabajar el resto de mi vida; cometer errores es inevitable.* Una respuesta calmada y razonable produce el mismo resultado que una respuesta de castigo —corregir el error—, pero lo hace sin el chorro de críticas y estrés. Una autoconversación más suave y amable también nos lleva a un estado de ánimo más optimista que nos da más margen para corregir el error y alcanzar el objetivo fijado.[10]

[9] Gerardo Ramirez *et al.*, "Math Anxiety, Working Memory, and Math Achievement in Early Elementary School", *Journal of Cognition and Development* 14, núm. 2 (mayo de 2013): 187-202, https://psycnet.apa.org/record/2013-16742-002; Andrew Mattarella-Micke *et al.*, "Choke or Thrive? The Relation Between Salivary Cortisol and Math Performance Depends on Individual Differences in Working Memory and Math Anxiety", *Emotion* 11, núm. 4 (agosto de 2011): 1000-1005, https://pubmed.ncbi.nlm.nih.gov/21707166/.

[10] Christina N. Armenta, Megan M. Fritz y Sonja Lyubomirsky, "Functions of Positive Emotions: Gratitude as a Motivator of Self Improvement and Positive

Si aprendimos a ser duros con nosotros mismos en la infancia, en un entorno académico implacable o en una empresa u organización demasiado exigente, podemos desaprender el pensamiento crítico y adoptar un enfoque diferente. Y ya que estamos en ello: no nos castiguemos por esperar mucho de nosotros mismos. **Ser como somos nos ha traído hasta aquí, pero no va a funcionar si queremos llegar más lejos.**

Las tres mentalidades del burnout

Una de las principales razones por las que soy propensa al burnout es porque soy una persona con grandes logros. Mi tendencia a alcanzar grandes logros me ha saboteado durante mucho tiempo. Aunque en general se alaba el hecho de tener un alto rendimiento, puede ser una mentalidad muy poco generosa. Antes de adoptar una mentalidad más amable, yo era mi crítica más severa: siempre me preocupaba ser floja (desde entonces he aprendido que las personas verdaderamente perezosas no se preocupan de si lo son) y no estar a la altura de mi potencial. Como resultado, acumulé una buena cantidad de éxitos con bastante rapidez y, en el proceso, sacrifiqué toda mi paz.

Las tres mentalidades que con mayor frecuencia conducen al burnout son una mentalidad de grandes logros, una mentalidad de complacer a la gente y una mentalidad de autovictimización. Cada una de estas mentalidades tiende a conducir a las personas hacia comportamientos que las agotarán con el tiempo. En términos generales, las personas con una mentalidad de grandes logros se sobrecargan en aras del "logro", las que tienen una mentalidad complaciente con la gente luchan por justificar y establecer límites, y las que tienen una mentalidad autovictimizadora se sienten indefensas

Change", *Emotion Review* 9, núm. 3 (julio de 2016), https://journals.sagepub.com/doi/10.1177/1754073916669596.

ante sus circunstancias. Puedes tener problemas con más de una de estas mentalidades a la vez (genial, lo sé), aunque cada una se gestionará de forma diferente. Familiarízate con cada una de ellas para que puedas reconocer las creencias que inducen al burnout que puedes haber interiorizado.

Las personas con una **mentalidad de alto rendimiento** suelen creer que su valía depende de sus logros. Tienden a sentirse más valiosas cuando rinden bien y van camino de alcanzar el éxito tradicional (elogios, dinero, un puesto de trabajo impresionante, una casa grande, estatus social, poder, influencia). Estos individuos tienen el potencial de llegar a la extenuación porque sus impulsores internos están al máximo. Se comparan con el 10% de las personas que conocen y se exigen a sí mismas unos niveles de exigencia en extremo elevados en cuanto a lo que "deberían ser" en su vida. Las personas con mentalidad de alto rendimiento pueden haber crecido en hogares que valoraban el rendimiento y la ambición como indicadores de que merecían amor y conexión. El cuadro de honor significaba helado, pero no tenerlo significaba un sermón. Los alumnos de alto rendimiento tienden a orientarse hacia el sistema y la planificación,[11] y pueden encontrar difícil el aprendizaje colaborativo y en equipo.[12] Como resultado de la creencia de que deben esforzarse por conseguir más, mejor y siempre, su comportamiento puede tender a un rendimiento insostenible y a la insatisfacción con el lugar en el que se encuentran, a pesar de que técnicamente lo estén haciendo bien.

Aunque una mentalidad de alto rendimiento tiende a acelerar el burnout de una persona, a primera vista su motivación intrínseca

[11] "Characteristics of High and Low Achievers", Perspectives and Resources, Iris Center, Peabody College Vanderbilt University, https://iris.peabody.vanderbilt.edu/module/ss1/cresource/q1/p01/.

[12] Hye-Jung Lee, Hyekyung Kim y Hyunjung Byun, "Are High Achievers Successful in Collaborative Learning? An Explorative Study of College Students' Learning Approaches in Team Project-Based Learning", *Innovations in Education and Teaching International* 54, núm. 5 (noviembre de 2015): 418-427, https://eric.ed.gov/?id=EJ1157285.

para sobresalir sin importar el reto es admirable. Las personas que dan prioridad a los logros suelen ser nuestros médicos más destacados, atletas olímpicos e innovadores. El problema surge cuando esta mentalidad compromete otras áreas de la vida, las cuales necesitan cultivarse y crecer tanto como la vida profesional.

Todos los días hablo con personas de éxito (con las que muchos matarían por intercambiarse) que dicen cosas como: "No sé quién soy fuera de mi trabajo". Se quedan en su escritorio hasta el anochecer, reciben elogios constantes por sus contribuciones y parecen satisfechas ante la gente que trabaja con ellas. Pero entonces la verdad sale a la luz: "Nunca veo a mis hijos", "Nunca veo a mi pareja", "No estoy contento con mi salud", "Recuerdo cuando iba a jugar basquetbol después del trabajo, entonces era mucho más feliz", "No tengo hobbies", "Aunque trabajara menos, no sé qué haría con mi tiempo". Cuando vemos a los triunfadores en acción, asumimos que lo tienen todo. En realidad suelen tener una sola cosa. **Si el costo del logro es todo lo demás en tu vida, entonces el precio es demasiado alto.** A mis amigos de grandes logros les tengo un mensaje: si estar tranquilo, sentir satisfacción personal y descansar sin sentir culpa te parece atractivo, entonces tendrás que dejar de lado algunas de las tendencias de alto rendimiento.

El cambio más beneficioso —y difícil— que puede hacer un triunfador es identificar y dar prioridad a valores diferentes a los logros. Saber lo que le satisface y aumenta su autoestima fuera del trabajo reduce la tendencia de un triunfador a formar su identidad en torno a su trabajo y a sus logros. Lo que le satisface no tiene por qué ser "productivo" ni merecer elogios de nadie. No hace falta que elijas un hobby que no aporta valor ni alegría a tu vida. Yo solía obligarme a terminar todos los libros que empezaba aunque no me interesaran. En retrospectiva, este comportamiento era una pérdida colosal de tiempo. (Quiero decir... ¿has leído alguna vez *Crimen y castigo*? El castigo es que tiene 500 páginas). Dejé de leer por un extraño sentido del deber y empecé a leer por placer (creo que ya he leído todas las novelas de hockey del mercado, lo que no me ha aportado ningún capital social, pero sí una inmensa alegría). Al incluir la lectura en mi vida de un modo que no era necesariamente "productivo" ni detonador de elogios, conseguí disfrutar de ella.

Si te limitaras a experimentar tu vida para ti mismo en lugar de hacerlo para los demás, ¿qué harías más? Quizá te gustaría pasar más tiempo de calidad con tus seres queridos, dedicarte a intereses o hobbies que no estén relacionados con el desarrollo profesional o personal, o tal vez quieras tener la libertad de hacer lo que se te antoje en cada momento en lugar de vivir de forma tan rígida. Inténtalo, un pequeño cambio cada vez: deja a un lado ese libro que no te está gustando, apúntate a esa clase de arte a la que le has estado echando el ojo o tómate el día libre en el trabajo para no hacer nada en particular. Piensa en cómo te *sientes* en lugar de cómo te ven los demás.

Tener una **mentalidad complaciente** es común en personas que aprendieron desde una edad temprana que cuando están disponibles y son complacientes reciben amor y conexión, y cuando no se adaptan a las experiencias de los que les rodean pueden ser condenadas al ostracismo o sentirse inseguras. De adultos, los complacientes se encuentran a menudo en relaciones que les afirman que *cuanto más generoso y menos conflictivo sea, más le gustaré a la gente.* Esto no siempre es un rasgo negativo; de hecho, estamos hechos con cierto grado de conformidad social para poder llevarnos bien en grupos. Mostramos este comportamiento cooperativo desde que somos pequeños.[13] Pero el problema surge cuando perdemos de vista nuestras propias necesidades. Una mentalidad complaciente insiste en hacer felices a los demás por encima de respetarnos a nosotros mismos y nuestros límites. Sentirnos decepcionados con

---

[13] Daniel B. M. Haun, Yvonne Rekers y Michael Tomasello, "Children Conform to the Behavior of Peers; Other Great Apes Stick with What They Know", *Psychological Science* 25, núm. 12 (octubre de 2014), https://journals.sagepub.com/doi/10.1177/0956797614553235.

nosotros mismos es más soportable que decepcionar a los demás, así que llegamos al extremo del agotamiento en un intento por no defraudar a nadie, sin importar las consecuencias (como perder horas de sueño, tiempo de inactividad u oportunidades que nos gustaría aprovechar). De hecho, no estar de acuerdo con alguien puede ser tan desagradable para quienes buscan complacer a los demás que los escáneres cerebrales por resonancia magnética pueden detectar cambios neuronales que reflejan el estrés mental y el malestar resultantes. Dar prioridad a las necesidades de los demás no es solo un inconveniente para los complacientes: la tensión causada por no ser sinceros sobre su propia experiencia puede provocar una respuesta de estrés físico y dificultad para regular las emociones tras la incidencia. Complacer a los demás no solo te perjudica a nivel social, sino también físicamente.

En particular, las mujeres a menudo se resisten a defender sus necesidades, por miedo a parecer "difíciles", ya sea cuando dicen que no les gusta un restaurante concreto que le gusta a su pareja o cuando le hacen saber a alguien en el trabajo que no creen que su idea vaya a funcionar o que en realidad no tienen tiempo para (o no quieren) dirigir el programa de prácticas de la empresa. A las mujeres se les educa para ser dóciles, cariñosas y complacientes, y para anticiparse a las necesidades de los demás antes de atreverse a satisfacer las propias. Este tipo de socialización es perjudicial por muchas razones, entre ellas porque normaliza en las mujeres una mentalidad de complacer a los demás. Las cosas mejoran paso a paso con cada generación, pero los viejos hábitos son difíciles de erradicar.

En su libro *Indomable*, Glennon Doyle escribe: "Cada vez que te dan a elegir entre decepcionar a otra persona o decepcionarte a ti mismo, tu deber es decepcionar a esa otra persona. Tu trabajo, a lo largo de toda tu vida, es decepcionar a tanta gente como sea necesario para evitar decepcionarte a ti mismo".[14] Este consejo puede

---

[14] Glennon Doyle, *Untamed* (Nueva York: Random House, 2020), p. 173.

asustar y oponerse a los instintos de los complacientes. Pero debes creer que tus relaciones pueden sobrevivir si tienes tus propios pensamientos, opiniones y obligaciones. Las personas que tienen una mentalidad complaciente tienden a esforzarse por romper sus hábitos de complacer a la gente porque no han adquirido suficiente práctica en no complacer a la gente y en ver que la mayoría de las veces todo sale bien. **Ganamos confianza a través de la evidencia y la experiencia.**

Para ganar confianza en que podemos ser más complacientes, necesitamos tener experiencias positivas de no complacer a la gente. Si cada vez que te has dado prioridad a ti mismo sobre los demás en el pasado, te has encontrado con ira o decepción, entonces has aprendido que no darles gusto a los demás es igual a ira y decepción. **No puedes curarte en el entorno que te enfermó.** Lo más probable es que las personas que te enseñaron a complacer a los demás no serán las personas a las que les encante que dejes de hacerlo. Para combatir la creencia de que priorizarte tiene consecuencias sociales negativas, identifica a algunas personas *diferentes y razonables* con las que practicar el *no* agradar a la gente.

Tomemos, por ejemplo, el caso de mi clienta Trish, una profesora cuya naturaleza complaciente la hacía maravillosa en su trabajo, pero vulnerable a las relaciones desequilibradas. Tenía una amiga, Molly, que podría describirse como codependiente en los días buenos, y una aferrada de primera categoría y experta culpabilizadora en los días malos. Trish mantenía esta amistad por costumbre y culpa. Molly la *necesitaba*, y cada vez que Trish ponía límites, Molly se sentía en verdad rechazada y le hacía saber a Trish su molestia. Para practicar el no agradar a la gente en un entorno menos volátil, Trish decidió decirle a un puñado de sus amigos más ecuánimes que no estaba disponible cuando la llamaban o la invitaban a tomar un café para ver cómo respondían. Para Trish era importante intentar poner límites y obtener respuestas razonables. En todos los casos, sus amigos se mostraron complacientes y comprensivos. Su confianza en no complacer a la gente crecía con cada respuesta que recibía del tipo *¡No* *te preocupes, lo reagendamos!* Ahora, segura de que no tenía motivos para sentirse culpable, empezó a utilizar los mismos límites con Molly, su amiga más necesitada. Molly no estaba contenta, pero Trish sí. El sentimiento de culpabilidad disminuyó y, con el tiempo, se fueron distanciando a medida que el estira y afloja se volvía mutuamente insatisfactorio.

Cuando dejas de complacer a la gente muy pronto te das cuenta de que ser una persona con opiniones o necesidades no disminuye tu moralidad; simplemente forma parte del ser humano. La mayoría de la gente entiende la necesidad de priorizarse a veces. Y las personas que prefieren que actúes como un tapete te lo harán saber, así que podrás prepararte para interactuar con ellas o, mejor aún, evitarlas por completo.

Si toda tu vida has tenido una mentalidad complaciente, tu primer paso es empezar a preguntarte: *¿Qué pienso realmente? ¿Cómo me siento realmente? ¿Cuál me gustaría que fuera el resultado de esta situación?* Empieza a defender tus necesidades.

Tal vez tu cuñado te pida que recojas a sus hijos del colegio, un desvío que te obligaría a reprogramar la cita con el médico que ya ha tenido que cambiar dos veces. Es la pesadilla de cualquier complaciente. Tu voz interior te grita: *¡Hace falta un pueblo! Él lo haría por ti; ¡tienes que ayudarle!* Pero tu parte autoprotectora dice: *Es una petición de última hora y la gente razonable sabe que a veces las peticiones de última hora no pueden atenderse. Tienes que mantener tus propios compromisos.* Tus necesidades no siempre están por encima de las de los demás. Por supuesto, habrá momentos en los que decidas que tus necesidades pueden o deben pasar a un segundo plano. Lo que hay que tener en cuenta es la rapidez y la frecuencia con la que descartas tu plan original en cuanto otra persona te pide algo. En un momento dado, este comportamiento pasa de desinteresado a imprudente, porque no estás cuidando de ti mismo.

La última mentalidad de burnout es una **mentalidad de autovictimización**. Una mentalidad autovictimizadora es una combinación de sentimiento de impotencia durante un largo tiempo y escepticismo sobre la posibilidad de encontrar satisfacción a largo plazo. Cuando las cosas no han salido como querías en el pasado puedes perder la esperanza en tus proyectos actuales y futuros y sentir que no tienes poder para cambiar nada. También puedes tener tendencia a ver los factores externos como barreras[15] y creer que la mala suerte es inevitable. Para ver si tienes esta mentalidad, pregúntate: *Cuando alguien me hace una sugerencia, ¿mi instinto es hacer buscar el negrito del arroz en la solución en lugar de aceptarla?*

Supongamos que una amiga insiste en que quiere salir por la noche con su marido, pero cada sugerencia que le haces sobre a dónde ir la recibe con resistencia. "¿Por qué no contratas una niñera? *Es caro y no me fío de nadie con mis hijos.* "¿Podrías esperar a que se duerman, pedir comida y hacer un picnic en casa?". *Podrían despertarse y eso apenas cuenta como cita.* "Podrías pedirle a la familia que los cuide una mañana e ir a tomar café o desayunar juntos". *No quiero agobiar a nadie, supongo que esta es mi realidad ahora.* ¿Oyes lo insistente que es esta persona en que es víctima de sus circunstancias? Sus respuestas eran válidas a su manera, pero en lugar de plantear soluciones adicionales, se centra únicamente en los problemas.

Escuchar nuestros pensamientos y reconocer cuándo podemos estar proyectando indefensión erróneamente es el primer paso para corregir este comportamiento. No es raro que parezca que las personas con una mentalidad autovictimizadora quieren ser infelices y buscan problemas porque son muy escépticas respecto a la felicidad. Pero una mentalidad autovictimizadora es un patrón aprendido como cualquier otra cosa, y no es una razón para castigarte. Más bien, es una razón para ser honesto con uno mismo sobre si en realidad se han agotado todas las opciones. Nada está tan condenado

---

[15] Scott Barry Kaufman, "Unraveling the Mindset of Victimhood", *Scientific American*, 29 de junio, 220, https://www.scientificamerican.com/article/unraveling-the-mindset-of-victimhood/.

que no podamos ser ingeniosos o creativos a la hora de afrontarlo. Cuando ocurre algo "malo" —te quedas atorado en el tráfico o a tu compañero de trabajo le dan el ascenso que querías—, tu primera respuesta no debe ser: *claro, esto siempre me pasa a mí*. Muy pocas cosas tienen que ver con nosotros o requieren una respuesta emocional. Más bien, nada más estamos ahí cuando suceden las cosas malas. No somos una víctima en la situación; simplemente estamos en la situación.

Las personas con una mentalidad autovictimizadora a menudo llegan al agotamiento porque están experimentando emociones negativas desproporcionadas en respuesta a cualquier inconveniente, y las consecuencias pueden ser física y emocionalmente dañinas. Que alguien sea grosero en una tienda es solo que alguien es grosero en una tienda, no un ataque en tu contra. Alguien que se apresura al hablar contigo por teléfono es alguien que tiene prisa, no alguien que odia hablar contigo. Alguien que no reconoce todo el trabajo duro que has hecho es solo alguien que no fue lo bastante considerado como para notarlo, no alguien que está empeñado en menospreciarte. Una vez más, estas situaciones no ocurren por tu culpa, sino que eres tú quien las recibe. Puedes pasar un día miserable recordando el factor estresante y creyendo que era personal, o puedes despersonalizarlo y volver a centrarte en otras cosas.

Necesitas adoptar una mentalidad orientada a las soluciones, no a los problemas. O, como diría mi padre: "Ten una actitud de 'puedo hacerlo', no de 'no puedo hacerlo' ". Tener una actitud de "puedo hacerlo" —un enfoque positivo y reflexivo de la resolución de problemas— no solo da lugar a un mejor resultado, sino a una mejor experiencia para ti. A los 30 segundos de hablar con alguien se puede saber si tiene una actitud positiva o negativa. Una persona orientada a las soluciones dice cosas como: "Déjame ver qué puedo hacer" o "¿Cuáles son nuestras opciones? Explorémoslas". Son ingeniosas, persistentes y optimistas. Una persona que no puede hacer nada y que está orientada a los problemas lo más probable es que comience hablando del problema e insistirá en él:

"Mira, el problema es que…" o un "Eso no va a funcionar" sin pasar a intentar algo nuevo, algo que de hecho podría funcionar. Hacen agujeros en las soluciones antes de empezar, y da la impresión de que ni siquiera quieren que las cosas avancen.

Esto no quiere decir que no haya que reconocer la realidad de los problemas serios o mostrar una positividad ciega todo el tiempo. La vida es dura. Abundan las desventajas. Hay desigualdades. No todo sale como queremos aunque nos esforcemos. Pero… ante la mayoría de los retos cotidianos, tú *eliges* cómo responder, y cuando eliges con una actitud positiva estás permitiendo el mejor resultado posible dada la situación. De nuevo, una mentalidad autovictimizadora no es más que un patrón que la gente ha aprendido porque parece que les beneficia en algún nivel: adoptar una mentalidad autovictimizadora puede hacer que una persona se sienta segura[16] porque, si no sale bien, no se sentirá decepcionada, ya que sus expectativas son muy bajas. Ahora, si estás pensando en este momento que soy la peor entre las peores, esta sección de mentalidad victimista no es un ataque personal, es una oportunidad para reflexionar sobre si esto puede sonar familiar y, si es así, decidir qué cambios puedes hacer en el futuro para evitar sentirte como una víctima.

Tanto si te estás agotado como resultado de tener una mentalidad de alto rendimiento, de complacer a la gente o de autovictimizarte, puedes cambiar tu mentalidad y tu realidad. Puedes recablear tus respuestas automáticas. Solo tienes una vida. Nadie te la va a arreglar. ¿Qué quieres cambiar?

La mentalidad influye

Además de las tres mentalidades que más a menudo conducen al burnout, hay varias influencias en la mentalidad que pueden interferir en tu camino hacia el equilibrio. Las cosas que afectan a tu

---

[16] Kaufman, "Unraveling the Mindset of Victimhood".

mentalidad suelen ser aprendidas de otros o son patrones en los que caíste y de los que no has salido. Conocer estas influencias te ayudará a reconocer cuándo pueden estar guiándote hacia el burnout y cómo puedes tomar decisiones más meditadas en el futuro.

Conformarse a la cultura

Me sentía confundida cuando hablaba con mi cliente Charles, que trabajaba como consultor de tecnologías de la información en Nueva York.

—Parece que estás cómodo con tu carga de trabajo —le dije—, entonces ¿por qué te quedas hasta tarde en la oficina?

Sacudiendo la cabeza, respondió:

—Todo el mundo se queda hasta tarde. Si salgo a tiempo pensarán que no trabajo tanto.

—¿Y eso no debería reflejar que eres lo bastante eficiente como para terminar tu trabajo a tiempo? —le pregunté.

Con una risita triste confirmó:

—Sorprendentemente, no.

Era tiempo para desentrañar cómo la cultura de la empresa de Charles estaba afectando a su mentalidad y le provocaba un burnout.

La cultura de la empresa —la identidad, los valores, las expectativas y las tradiciones que determinan "cómo se hacen las cosas"— es un potente motor del comportamiento de los empleados. Charles había acudido a mí interesado en la administración del tiempo, pero tras unas cuantas conversaciones quedó claro que las tendencias que le llevaban al burnout tenían su origen en su mentalidad. Trabajaba muchas horas para encajar en la cultura desequilibrada de la empresa, y esas largas horas eran a costa de su propio equilibrio entre vida laboral y personal. Por mucho que aumentara su productividad durante las horas de trabajo, seguía sin sentirse cómodo saliendo de la oficina a su hora. Cada tarde, cuando daban las cinco, se convertía en una competencia silenciosa para ver quién se atrevía a irse a casa antes. Cuando la primera persona se levantaba, se producía un momento colectivo de juicio, y luego un suspiro de alivio porque alguien había roto la barrera, sacrificándose para que otras personas pudieran empezar a salir. En los días buenos, el precinto lo rompía a las cinco y cuarto alguien que solía anunciar que *tenía* que irse a recoger a su hijo o acudir a una cita, como si fuera una vergüenza tener una vida fuera de su cubículo. Charles se acuerda de un duelo silencioso que duró hasta las nueve de la noche durante una temporada alta. Y a las nueve de la noche salió el *primero*.

Charles no quería comprometer su reputación y su posición en el trabajo por salir a tiempo. Pero —y hablaremos de esto más a fondo en el capítulo sobre los límites— a menudo las cosas que nos preocupa comprometer ya están siendo amenazadas de otra manera. La salud mental de Charles y su futuro en la empresa ya se estaban viendo comprometidos por su burnout.

Sus opciones eran aceptar que tenía que empezar a salir a su hora, sin importar la percepción, o sentirse lo suficientemente frustrado como para abandonar la empresa por completo. Decidió ser el primero en irse todos los días y hacerse famoso por ello. Cambió de mentalidad y, en lugar de pensar en ello como algo vergonzoso, pensó en la gratitud que probablemente sentirían los demás por tener "permiso" para irse a casa antes con regularidad. De hecho, algunos compañeros le agradecieron que lo hiciera. Por desgracia, también recibió la peor evaluación de su rendimiento que había conseguido hasta el momento en la siguiente evaluación trimestral. Sabía que seguía rindiendo bien y que esto no era más que un intento por parte de su jefe de frenar su nuevo hábito. Pero ser el empleado perfecto ya no le importaba más que su calidad de vida. La evaluación del rendimiento no afectaba a su sueldo, así que siguió saliendo del trabajo a las cinco de la tarde. Estaba mucho menos molesto y mentalmente menos fatigado después de comprometerse a ser el tipo que sale a su hora. Duró en su puesto un año más antes de comunicarme que le hacía ilusión trasladarse a otra empresa que se había puesto en contacto con él, una con la que había tenido tiempo para hablar porque ya no pasaba tantas horas inútiles en el trabajo. ¿La pregunta más importante que había hecho al final de su entrevista con la nueva empresa? "¿A qué hora sale la gente de la oficina?".

La cultura de una empresa la determinan las personas. Solo hace falta un par de manzanas podridas en posiciones de poder con mensajes tóxicos para influir en toda una organización. Si trabajas en un entorno con una cultura nociva, comentarios como estos pueden resultarte familiares:

"Nos damos cuenta de quién se queda hasta tarde…".

"Es la norma del sector. Hazlo realidad".

"Cuando aceptaste este trabajo, pensé que entendías que requeriría algunos sacrificios…".

Declaraciones de esta naturaleza comunican, en esencia, que el empleado con menos límites gana. Ni siquiera está claro lo que gana. Claro, a veces es un ascenso (y seamos sinceros, no con la frecuencia suficiente para justificar los sacrificios). Pero la mayoría de las veces se trata de una nota un poquito más alta en una evaluación de rendimiento, un elogio que no tiene tanto impacto en el alcance de su carrera o una estrella dorada imaginaria de validación que resulta gratificante pero que desaparece tan rápido como llegó, dejándolo con ganas de más.

Los empleados de la empresa participan en este juego social, en el que todos se responsabilizan mutuamente a través de presiones sociales matizadas, como mirar de reojo a la gente cuando se toma su descanso completo para comer o utiliza sus días de vacaciones. Esta presión, a su vez, crea una cultura de crítica, desconfianza y priorización del trabajo sobre la vida. Cuando un empleado se somete a esta presión suele surgir el deseo de imponer esta cultura también a los demás. Así es como se extienden los comportamientos y actitudes perjudiciales hasta infectar a todo un grupo y hacer que teman priorizarse a sí mismos por encima de su trabajo.

Cuando en la cultura de una empresa el trabajo es la máxima prioridad, es fácil olvidar que **un empleo no es más que un intercambio de servicios por dinero**. Al fin y al cabo estás prestando un servicio que vale X cantidad. La gente no trabaja por la bondad de su corazón; todos tenemos que pagar para tener un techo y comida en el refrigerador. Nuestra relación con el trabajo ha evolucionado tanto que es fácil olvidar que se trata de un intercambio. Parece un pequeño ecosistema, un minimundo al que pertenecemos con sus propias reglas, relaciones y cultura.

La cultura empresarial no se consideró importante hasta la década de 1980, cuando la investigación empezó a revelar que la cultura tiene un poderoso impacto en los resultados y el éxito de una organización.[17] En aquella época, "cultura" solía significar reducción del consumo de tabaco, discriminación flagrante y acoso sexual en el trabajo.[18] Pero a lo largo de la década de 2000 la cultura de empresa se amplió para abarcar todo, desde el replanteamiento de la distribución de las oficinas hasta la promoción del igualitarismo y la diversidad, pasando por la mejora de las prestaciones.

Es lógico que tengamos una relación íntima con nuestro trabajo, organización y compañeros. Pasamos casi un tercio de nuestra vida en el trabajo, por lo que sería imposible no establecer una relación simbiótica con él. Sin embargo, la evolución de la cultura del trabajo en la última década —expectativas más altas, más horas de trabajo, la infiltración del trabajo en nuestros hogares y dispositivos personales— nos ha llevado a olvidar que, al final del día, trabajamos porque firmamos un contrato para hacer A, B y C por X cantidad de dinero. **Las expectativas se vuelven confusas cuando nuestro contrato dice una cosa y la cultura dice otra.**

Un contrato puede especificar que lo que se espera de ti son 40 horas de trabajo de lunes a viernes, de nueve de la mañana a cinco de

---

[17] Ralph H. Kilmann, Mary J. Saxton y Roy Serpa, "Issues in Understanding and Changing Culture", *California Management Review* 28, núm. 2 (invierno de 1986): 87-94, https://kilmanndiagnostics.com/wp-content/uploads/2018/04/Kilmann_Issues-Culture.pdf.

[18] Áine Cain, "The Progression of Office Culture from the 50s to Today", Insider.com, octubre de 2018, https://www.businessinsider.com/office-culture-then-and-now-2018-5.

la tarde. Cuando todo el mundo llega una hora antes, se va una hora más tarde y trabaja hasta la hora de comer, cumplir lo acordado por contrato puede parecer como remar contra la corriente. También puede resultar un poco vergonzoso. Incluso se pueden denunciar ante tu superior tus intentos sensatos de mantener un equilibrio entre la vida laboral y personal. Así que, en lugar de luchar contra la cultura, los empleados siguen la corriente y se encuentran cada vez más lejos de lo que firmaron.

En Estados Unidos la falta de leyes que protejan a los empleados no hace sino reforzar esta difuminación de los límites entre nuestro trabajo y nuestra vida personal. Para ser una nación desarrollada que se enorgullece de su industria, tenemos leyes bastante débiles que protegen a las personas que hacen funcionar esas industrias. En 2021 Portugal aprobó una ley laboral que prohíbe a los empresarios ponerse en contacto con los empleados fuera del horario laboral.[19] En Gran Bretaña una nueva madre trabajadora puede tomarse hasta 52 semanas de baja, 39 de las cuales se pagan en torno al 90%.[20] Los australianos tienen derecho a un mínimo de cuatro semanas de tiempo libre remunerado.[21] En comparación, Estados Unidos no ofrece ningún permiso remunerado obligatorio para las nuevas madres,[22] ni tiempo libre remunerado obligatorio para los empleados,[23]

---

[19] "Portugal: A New Law on Remote Work Prohibits Contact with Employees After Working Hours", *Industrial Relations and Labour Law Newsletter*, International Organisation of Employers, diciembre de 2021, https://industrialrelationsnews.ioe-emp.org/industrial-relations-and-labour-law-december-2021/news/article/portugal-a-new-law-on-remote-work-prohibits-contact-with-employees-after-working-hours.

[20] "Statutory Maternity Pay and Leave: Employer Guide", www.gov.uk/employers-maternity-pay-leave.

[21] "Annual Leave", Australian Government, Fair Work Ombudsman, https://www.fairwork.gov.au/leave/annual-leave.

[22] "Family and Medical Leave (FMLA)", U.S. Department of Labor, https://www.dol.gov/general/topic/benefits-leave/fmla.

[23] "Vacation Leave", U.S. Department of Labor, https://www.dol.gov/general/topic/workhours/vacation_leave.

y en muchos sectores no hay protección para los empleados con empleadores que no respetan los límites.[24] Lo ideal sería que trabajáramos para organizaciones que se esfuerzan por competir con los mejores, no por cumplir lo mínimo y decirnos que somos unos desagradecidos por querer más. Si no tenemos ese empleador soñado, necesitamos métodos alternativos para protegernos del burnout laboral.

Para combatir los aspectos negativos de la cultura empresarial, busca formas de recordar que tu trabajo es un intercambio de servicios por dinero. Al fin y al cabo cubres una necesidad de la empresa. Si dejaras tu puesto (y con franqueza, en el caso de que literalmente murieras), tu vacante se publicaría en el plazo de un mes. Eso no quiere decir que no hagas un trabajo importante o que tus compañeros no te valoren, pero es un *negocio* y ya se las arreglará para funcionar sin ti. Algunas empresas adoran a las personas que pierden de vista esta relación transaccional. Utilizan frases como "somos una familia" y "tienes que ganarte tu sitio en este sector" para justificar que se te pida más de lo que se acordó al principio. Asumimos y normalizamos esta cultura porque vemos que otros lo hacen y porque puede que incluso nos lo creamos: sienta *bien* pertenecer a algo que admiramos y que coincide con nuestros objetivos profesionales (y si tenemos suerte, puede que incluso con nuestros valores). No es malo amar tu trabajo y querer dar el cien por ciento. Pero es tu responsabilidad —no de tu jefe ni de tu equipo— tomar decisiones meditadas sobre la relación que quieres tener con tu trabajo.

Con frecuencia no nos damos cuenta de que nos han engatusado en nuestras creencias y comportamientos. Piensa en tu mentalidad y tus expectativas cuando empezaste en tu trabajo actual. Si de repente te encontraras en tu situación actual, ¿te alarmarías? ¿Notarías un par de cosas que no te parecen del todo correctas o justas? Puede que esas expectativas o interacciones no te llamen la atención

---

[24] "Employee Overtime: Hours, Pay and Who Is Covered", OSHA Education Center, https://www.oshaeducationcenter.com/articles/employee-overtime/.

porque te parecen "normales". Pero la cultura y las creencias compartidas no tienen por qué ser ruidosas y públicas para influir en la mentalidad de una persona.

Es fácil que los pensamientos, creencias y comportamientos aprendidos se sientan como el *statu quo*, así que tenemos que ser lo bastante agudos como para darnos cuenta de cuándo algo parece normal pero no lo es, y lo suficientemente empoderados como para saber que podemos hacer algo al respecto.

Creencias limitantes: colorear dentro de las líneas inexistentes

Las creencias limitantes son exactamente lo que parecen: creencias que nos limitan. A menudo son líneas arbitrarias que hemos trazado en la arena y de acuerdo con las cuales vivimos. Solemos mantener estas creencias porque nos las han reforzado con tanta frecuencia que las percibimos como verdades. ¿Cuántas veces la gente te ha compartido sus opiniones como si fueran hechos?

Encontrar un nuevo empleo es súper difícil, dice la persona que trabaja en un campo distinto al tuyo, con una red completamente diferente y que no ha solicitado un empleo en 10 años.

Tienes que quedarte en esta empresa al menos un año, dice la persona que no tiene que presentarse en ese trabajo todos los días.

Si pones límites en el trabajo, pensarán que no trabajas duro, dice la persona que todo el tiempo cubre horas extras, se queja sin parar y, en general, parece sentirse miserable.

Con toda franqueza, mucha gente habla con las patas. **Nadie conoce tu vida como tú, nadie conoce tus límites mejor que tú, y la verdad de nadie es más cierta que la tuya solo porque la diga con más convicción.**

Tendemos a interiorizar mensajes repetidos —de amigos, colegas, medios de comunicación— como verdades, sobre todo si esos mensajes se ven reforzados por nuestro temor natural a tomar el camino de mayor resistencia. Si quieres tener una oportunidad de luchar contra el burnout tendrás que reexaminar algunas de tus creencias para asegurarte de que no te mantienen donde estás.

La tendencia a vivir de acuerdo con nuestras creencias incluso cuando ya no son ciertas (¡o nunca lo fueron!) se ha ilustrado en diversos experimentos. Los investigadores han descubierto que a veces podemos desarrollar una indefensión aprendida: nos adaptamos a un conjunto inicial de condiciones[25] y, aunque estas cambien, seguimos actuando como si las condiciones originales siguieran existiendo. He aquí un ejemplo común que demuestra este fenómeno: un investigador mete pulgas en un frasco. Las pulgas saltan casi de inmediato. A continuación, el investigador tapa el frasco y las pulgas siguen saltando y golpeando la tapa. Cuando el investigador retira la tapa, las pulgas siguen saltando, pero solo hasta la altura de la tapa que ya no está. Aunque la tapa ya no esté, las pulgas siguen limitándose a la altura del lugar donde antes estaba.

No quiero decir que no tengamos más capacidad de acción que unas pulgas en un frasco, pero tenemos tendencia a filtrar nuestro presente y nuestro futuro a través de nuestro pasado. Por un lado, eso es inteligente, ¿no? Si aprendes que comer demasiado queso te da dolor de estómago, no comes tanto la próxima vez que te lo ofrecen. (O tal vez sí. Tu relación con el queso es solo cosa tuya). Nuestra aversión a los sentimientos desagradables fuertes no es solo práctica, sino que apoya nuestro deseo biológico de evitar el dolor. Los estudios demuestran que los sentimientos y recuerdos adversos permanecen en nuestra memoria a largo plazo más tiempo que los acontecimientos neutros o positivos.[26] El problema surge cuando

[25] J. Bruce Overmier y Martin F. Seligman, "Effects of Inescapable Shock upon Subsequent Escape and Avoidance Responding", *Journal of Comparative and Physiological Psychology* 63, núm. 1 (1967): 28-33, https://psycnet.apa.org/record/1967-04314-001.

[26] K. N. Ochsner, "Are Affective Events Richly Recollected or Simply Familiar? The Experience and Process of Recognizing Feelings Past", *Journal of Experimental Psychology: General* 129, núm. 2 (junio de 2000): 242-261, https://pubmed.ncbi.nlm.nih.gov/10868336/; L. Cahill y J. L. Mc-Gaugh, "A Novel Demonstration of Enhanced Memory Associated with Emotional Arousal", *Consciousness*

nuestras experiencias pasadas engendran creencias que quizá ya no sean válidas o aplicables. Hay que golpear la tapa de todos los frascos con los que nos encontremos para asegurarnos de que no estamos arrastrando limitaciones pasadas a una realidad en la que no existen.

Muchas de las personas en estado de agotamiento con las que he trabajado se sienten culpables por no estar disponibles después de las horas de trabajo, no siempre porque sea una exigencia en sus puestos actuales, pero a menudo porque era una expectativa en cargos anteriores. Mantienen sus teléfonos o computadoras portátiles cerca durante la cena por si reciben algún mensaje. Consultan el correo electrónico incluso antes de levantarse por la mañana. Aprendieron estos comportamientos para adaptarse a las antiguas expectativas, pero no pudieron deshacerse de ellos ni siquiera cuando las expectativas cambiaron. Fue necesario reconocer y romper estas creencias limitantes para sentirse cómodos con los nuevos comportamientos que redujeron su burnout.

En tu propia vida, ¿qué límites puedes haber tenido en el pasado que arrastres innecesariamente? La mayoría son del tipo de: *No puedo_____ porque _____. O No soy suficiente para _____ . O Tengo que _____ . No puedo mudarme fuera del estado _____. No tengo experiencia suficiente para montar mi propio negocio _____. Debo tener al menos X cantidad de dinero ahorrada antes de poder dejar mi trabajo.* En buena onda, ¿quién lo dice? ¿Quién pone las reglas en tu vida? Saber de dónde vienen tus límites puede ayudarte a deshacerte de muchos de ellos.

Muchos de nosotros no cuestionamos nuestros límites de una temporada a otra. Creemos que algo que alguien nos dijo hace cinco años es cierto hoy, aunque no seamos los mismos que hace cinco años (¡y es muy posible que se equivocaran!). Te reto a que lo cuestiones todo cuando empieces a desmontar la jaula mental de creencias que

and Cognition 4, núm. 4 (diciembre de 1995): 410-421, https://pubmed.ncbi.nlm. nih.gov/8750416/.

te impide hacer cambios. No eres tan indefenso como tu situación más indefensa. **Si asumes el futuro con base en el pasado, nunca te superarás a ti mismo.**

Tal vez hayas intentado saltar del frasco y te golpeaste con la tapa. Es razonable sentir el agotamiento y la derrota asociados al burnout cuando uno se siente atrapado durante el tiempo suficiente. Cuando nos sentimos atrapados nuestra vida puede empezar a sentirse fuera de nuestro control. Para recuperar el control tenemos que analizar con detenimiento cómo nos gestionamos y qué debemos hacer de forma diferente. Si lo que estás haciendo no funciona, haz algo diferente. Nada cambia si nada cambia.

Mentalidad de todo o nada

Solía *odiar* las clases de spinning. ¿Por qué? Los instructores actuaban como si estuviéramos entrenando para la Tour de Francia, y yo experimentaba una ira desenfrenada cada vez que me decían que subiera la resistencia cuando ya me estaba muriendo. Un día en clase me enojé tanto que dejé de seguir las instrucciones. Al son de palabrotas en mi cabeza, aumenté el mando de la resistencia solo hasta un punto que me desafiara, pero que no me dejara agotada. Como yo tenía una mentalidad de todo o nada, me sentí como si estuviera haciendo trampa. Casi no cuento esa clase como un entrenamiento porque no hice lo que me habían ordenado al cien por ciento, a pesar de que seguía chorreando sudor. Mi mentalidad de todo o nada me hizo creer que, como no lo hice a la perfección, de alguna manera mis esfuerzos eran nulos. Para sentirme realizada tenía que mirarme al espejo después y reconocer que mis resultados eran aproximadamente los mismos, mientras que mi experiencia era cien veces mejor. Al esforzarme todo lo que podía —y ni un milímetro más— sin enojarme, volví a disfrutar de mis entrenamientos y no me iba más molesta de lo que había llegado.

Cuando fui consciente de que estaba luchando con una mentalidad de todo o nada, me di cuenta de que esta mentalidad se estaba filtrando en otras áreas de mi vida. Como dice el refrán, "como haces una cosa es como haces todas las cosas", y vaya si era cierto en mi caso. Ya fuera en mi vida personal, social o profesional, sentía que tenía que dar el cien por ciento o no contaba: comida casera en lugar de comida comprada en la tienda, un regalo personalizado en lugar de una tarjeta regalo, quedarme durante toda la hora feliz cuando podría haberme ido a los 20 minutos. Me había convencido a mí misma de que todo lo que no fuera el cien por ciento decía algo terrible de mí. Cuando me di cuenta de esto, di un paso atrás y me pregunté: *¿En qué situaciones me esfuerzo demasiado para alcanzar el cien por ciento en lugar de elegir comprometerme, digamos, al 90% o al 70% y obtener aproximadamente los mismos resultados?* ¿Has tenido alguna vez la experiencia de redactar y volver a redactar un correo electrónico una docena de veces solo para que la persona te responda: *"OK. —Enviado desde iPhone"*?

Te das cuenta de que podrías haberte ahorrado mucho tiempo y muchas vueltas si te hubieras limitado a enviar el borrador inicial de ese correo electrónico. ¿Alguna vez has hecho una receta por primera vez, midiéndolo todo con exactitud, y luego, a la décima vez que la haces, ya estás echando ingredientes a ojo de buen cubero? La sigues correctamente en un 90% y confías en que el 10% restante no hará ni deshará la receta. Podemos dar nuestra energía con moderación. No hace falta volcarse en todo, basta con hacerlo lo suficientemente bien. Esperar constantemente el cien por ciento de uno mismo es lo que conduce al burnout. **Podemos reducir nuestras posibilidades de burnout a largo plazo haciendo las cosas razonablemente en lugar de perfectamente.**

Después de años reduciendo mi 100% a un razonable 80%, este enfoque es ahora memoria muscular para mí. De hecho, cuando alguien me preguntó en una sesión de formación que impartí hace poco: "¿Puedes volver a venir e impartir una formación sobre [otro tema]?", en lugar de dejarme llevar por el pánico y comprometerme de cualquier manera, respondí: "Estaré encantada de consultar con tu equipo de formación sobre el tema, pero por desgracia no podré crearlo yo misma". En respuesta, la persona que había hecho la petición dijo: "Guau, ese fue un gran límite". Lo que ese equipo vio en acción fue el beneficio de no tener una mentalidad de todo o nada: yo sabía que había muchas opciones entre aceptar exactamente lo que me pedían y decirles que no, así que solo tenía que encontrar qué era lo que satisfacía su necesidad sin extenderme demasiado, y tenía una frase límite preparada (encontrarás más en el capítulo sobre límites).

Cuando a la gente se le pide que haga algo o que esté en algún sitio, a menudo piensa que tiene que presentarse al 100% o al 0%. De lo que no se dan cuenta es de que ocupar esa zona intermedia a veces reporta los mayores beneficios en relación con el esfuerzo. Que algo no sea perfecto no significa que no sea bueno. Muchas personas con mentalidad de alto rendimiento creen que "un trabajo que vale la pena hacer, vale la pena hacerlo bien". En lugar de eso, te animo a que te digas que "hecho es mejor que perfecto". **Que algo no quede como pensabas no significa que no valga la pena hacerlo.**

¿En qué áreas podrías estar sobrecargado porque tienes una mentalidad de todo o nada en lugar de ejercitar la moderación? No ralentizarás tu carrera si reduces tu ética de trabajo al 80%. De hecho, es probable que tu 80% rivalice con el 100% de los demás si estás acostumbrado a esforzarte al máximo. No tienes que ver a tus amigos cada vez que te lo pidan; puedes verlos una vez al mes. No tienes que dejar los carbohidratos y hacer ejercicio a diario; puedes limitarte a beber suficiente agua y dormir lo suficiente. No tienes que limpiar a fondo toda la casa todos los días; puedes limitarte a limpiar las zonas más importantes para que parezca ordenada. No tienes que comprometerte a una reunión familiar de todo un día, puedes hacer una visita de una hora de duración, de gran calidad, y luego volver a lo que hay que hacer.

Date el permiso para hacer las cosas lo suficientemente bien. Hay muchas áreas de tu vida que podrían satisfacerse con solo el 30%. En serio. Si llevas galletas compradas en la tienda en lugar de galletas caseras con glaseado, ¿eres un miembro menos valioso de tu club de lectura? No. ¿Eres el menos valioso del equipo porque aceptas levantar acta de la reunión una vez a la semana pero no quieres hacer esta tarea todas las veces? No, ¡eso es razonable!

Busca formas de hacer las cosas más razonables para no sentirte constantemente abrumado. A medida que adoptes esta mentalidad de "suficientemente bueno", todo te parecerá menos desalentador. Permítete cambiar según la cantidad de energía que tengas. Las distintas épocas de tu vida te exigirán que te entregues a valores, objetivos e intereses diferentes. Hablemos de cómo puedes identificar dónde quieres dar más o menos.

Valores temporales: ¿podemos cambiar? Sí

Paul, un ingeniero de software que vive en San Francisco, estaba frustrado porque sus valores habían cambiado y su trabajo no. No lo dijo con esas palabras, pero después de desentrañar el origen de su insatisfacción me di cuenta de que su problema era un desajuste entre sus prioridades y lo que su trabajo le ofrecía. Cuando empezó a trabajar en una start-up quería estatus y dinero. Conseguía esos objetivos con creces. Valía la pena trabajar 12 horas al día porque podía decirle a todo el mundo que trabajaba en una start-up y ganaba un sueldo del que se sentía orgulloso. Ahora, cinco años después, un serio burnout y unos 10 mil dólares en Uber Eats después, sus prioridades eran la libertad, la conexión y la calma. Ansiaba libertad para hacer lo que quisiera con su propio tiempo, energía para volver a conectar con la gente y una vida tranquila en lugar de tener que apagar fuegos sin cesar. Lo que le funcionaba entonces no le funcionaba ahora. Sus valores habían cambiado, pero su trabajo no.

Los "valores temporales" son los valores que tienes, las prioridades que fijas o los objetivos que estableces para la temporada en la que te encuentras. Reconociendo la temporada en la que estás, puedes priorizar mejor. Piensa en tus valores temporales como una especie de filtro a través del cual pasas las cosas en tu vida. ¿Lo que estás priorizando coincide con tus valores actuales? *No* valores anticuados que tenías hace unos años. *No* los valores que te inculcaron tus padres. *No* los valores de la cultura en la que vives. Tus valores *actuales*.

En el caso de Paul, necesitaba aceptar que ese trabajo ya no se alineaba con sus valores y con lo que le haría feliz. Cuando luchamos por incluir en nuestra vida cosas que no se alinean con nosotros, comprometemos nuestra paz interior. Si quieres vivir en un lugar tranquilo, pero en lugar de ello vives en un ajetreado centro de la ciudad, si quieres tener unas pocas amistades íntimas, pero en lugar de ello tienes un gran grupo de amigos distantes, no te sentirás satisfecho. Suena obvio, ¿verdad? Seguro que en algún momento valoraste vivir en el centro de la ciudad o tener un grupo grande de amigos, pero esas cosas te vinieron bien en una época pasada de tu vida y *ahora* no te vienen bien.

Margaret fue la primera clienta con la que trabajé que era ama de casa. Por fin todos sus hijos estaban en edad escolar, y ella estaba descubriendo cómo aparecer en su vida después de haber tenido que ocuparse constantemente de al menos un niño en casa durante los últimos ocho años. Su principal valor mientras tenía a los niños en casa era "mantener la cordura". Ahora, con horas disponibles de nuevo en su día a día y energía mental de sobra, sus valores pudieron cambiar a "hacer cosas bonitas" y "crear recuerdos". En esta temporada, quería dedicar su energía a planificar cosas bonitas que ella y su familia pudieran disfrutar: una guerra de globos de agua en el patio después del colegio; un baño largo y sin interrupciones en mitad del día; poner un mantel y dejar los espaguetis en la mesa para que los niños pudieran comerlos como animales. Cosas que, en su anterior etapa de la vida, no eran prioritarias porque habrían comprometido su anterior valor de "mantener la cordura" (sé de buena fuente que limpiar los espaguetis del suelo del comedor no aporta cordura).

La gente suele agotarse cuando intenta "hacerlo todo" porque sobreestima cuántos valores puede mantener a la vez. Cuando salgas de tu ajetreada temporada puedes ir a la noche de trivia con tus amigos en el bar del centro. Si llevas un mes desplomándote sobre la cama cada noche, no es el momento de intentar volver a aprender a tocar la guitarra. En el caso de Margaret, pudo dar prioridad a hacer buenas cosas ahora que había salido de su temporada de supervivencia. Hay tantas cosas en el mundo que cambian según la temporada —el clima, los productos, las tendencias— que ¿por qué la gente se comporta como si nuestros valores, prioridades y objetivos estuvieran estancados?

¿Qué podrías estar tratando de encajar en esta temporada que con toda honestidad no es una prioridad en este momento? Anota tus valores actuales a lápiz y reescríbelos durante la siguiente temporada de tu vida. Uno de los mayores errores que cometemos es planificar con demasiada permanencia. Esta concepción errónea da un toque rígido y temeroso a una vida que, de otro modo, podría ser divertida y tener espacio para la exploración y el error.

Es difícil admitir que nuestros valores de un periodo anterior de nuestra vida han cambiado. Cuando reconoces un cambio de prioridades tienes que asegurarte de que no estás desechando un viejo objetivo o sueño; simplemente estás dando prioridad a otra cosa que quieres o necesitas más en este momento. ¿Te molestará dejar de lado el objetivo de tejer una cobijita para tu sobrina? Sin duda. Nadie quiere sentir que renuncia a algo, sin importar si es porque no tiene tiempo o energía para ello en este momento. Sé que es duro, pero tienes que cuidarte para poder atender mejor tus prioridades actuales.

En esta época de la vida ¿tus valores y prioridades son el crecimiento, el dinero, la conexión, la influencia, la creatividad o el descanso? ¿De qué manera el cambio de tus prioridades modifica tu comportamiento en la vida diaria? Me gusta hacer cada trimestre una "auditoría de valores de temporada". ¿En qué me voy a centrar en los próximos tres meses? ¿Qué podría necesitar una pausa en los próximos tres meses para poder centrarme en esas cosas cómodamente? Una buena comprobación visceral es preguntarse: **¿Podría un extraño observar cómo paso las horas de mi día y ver a qué le doy prioridad?**

Solía incluir en mi día a día tantas responsabilidades como me era posible. Todas mis tareas eran iguales y todo mi tiempo era juego limpio. Tenía una idea distorsionada de lo que era una buena vida gracias a las redes sociales, y daba prioridad a todo tipo de tonterías que en realidad no me importaban. *Debería preparar buenas cenas cada noche*, me decía a mí misma. Resulta que soy igual de feliz con las comidas congeladas de Costco y Trader Joe's. *Debería dar un largo paseo cada día*. En realidad me siento refrescada si salgo fuera un rato. *Debería tener más hobbies*. Desde entonces he aceptado que me basta con una afición, siempre que me haga feliz.

Si no tienes claro qué es lo que más valoras, puedes encontrarte con una de las peores combinaciones que existen: estar ocupado e insatisfecho. Presta atención a lo que ocupa tu tiempo y energía cada día y haz cambios para que tu tiempo refleje tus valores. Siempre puedes volver a tus antiguas prioridades; no te sientas mal si esta no es la temporada para ellas. ¿Qué es importante para ti en este momento? ¿Cómo puedes priorizarlo para no acabar ocupado e insatisfecho?

Aplasta el gusanillo del ajetreo

Trabajé con April, directora de recursos humanos de una gran organización internacional, durante más de un año. Pude verla en sus meses más tranquilos y en los más ajetreados. En un momento dado, estaba preparando un enorme informe anual para presentarlo a su organización, dirigiendo a su equipo, haciendo su propio trabajo de mucho estrés, viviendo una temporada de mucho trabajo en su propio pequeño negocio, mudándose de casa y planeando la despedida de soltera de su hermana. Si alguien se pusiera en su lugar, no dudo que gritaría contra una almohada en menos de una hora. Estaba experimentando algo que yo llamo "El Asco". Es decir, cuando tu vida es tan objetivamente dura o abrumadora por una razón u otra que las cosas, con toda franqueza, apestan. No hay forma de endulzarlo, de forma objetiva es desagradable, la gente hace muecas cuando le describes tu situación. Apesta.

Cuando estás en El Asco, cada día es tan malo que lo único que te queda para darte un descanso es el "derecho a presumir" y el reconocimiento de los demás de que estás soportando El Asco. "He trabajado cien horas esta semana", "hoy no tengo ni cinco minutos entre reunión y reunión", "no he llegado a casa hasta las nueve de la noche", "¡llevo seis horas sin ir al baño!". Como en *El diablo viste a la moda*, es la glamurización de vivir una vida al borde de lo insoportable.

La mayoría de las personas se encuentran en El Asco por accidente, pero hay también quienes lo eligen. La siguiente pregunta natural es: "¿Quién escogería algo así?". Se convierte en una elección cuando puedes ver El Asco en el horizonte y no haces ningún cambio para evitarlo. Lo sabes, sabes que deberías moderarte y poner límites para no volver a caer en esa situación, pero no lo haces. Por alguna razón pensamos que encontrarnos en esta situación tiene mérito, y esa es una mentalidad que todos —sí, tú— deberíamos superar.

Hay una historia que me encanta sobre un hombre de negocios que se fue de vacaciones, se encontró con un lugareño en la playa descansando y le preguntó por qué no trabajaba para salir adelante. El lugareño le contestó: "¿Por qué?". Y el vacacionista respondió: "Para poder trabajar muy duro, construir algo y luego retirarte a una playa y relajarte". Yo solía ser el tipo de las vacaciones. Pensaba que el trabajo era virtuoso y el descanso una recompensa. ¿Cómo te permites descansar sin trabajar como enajenado como el resto de nosotros? Escuchar esta historia me dio perspectiva: no necesito alcanzar cierto éxito para estar en paz. No tengo que construir un imperio para merecer relajarme en una playa.

Hasta ese momento, estar siempre ocupada me hacía sentir valiosa. Hoy en día, estar ocupado todo el tiempo es una forma de señal de estatus:[27] *¡estás tan ocupado porque eres tan importante!* Y,

---

[27] Silvia Bellezza, Neeru Paharia y Anat Keinan, "Conspicuous Consumption of Time: When Busyness and Lack of Leisure Time Become a Status Symbol", *Journal*

trágicamente, en el mundo actual se ha descubierto que cuanto menos tiempo libre tienes, más ambicioso y competente pareces ante los demás.[28] Para cambiar lo que yo consideraba valioso necesitaba reformular mis creencias sobre lo que me hacía sentir que "lo había conseguido". En lugar de equiparar el ajetreo con el éxito, me comprometí a creer que la libertad y la paz eran más valiosas.

Por supuesto, esto me resultaba muy incómodo como persona con grandes logros, sobre todo cuando mis amigos alcanzaban éxitos más a menudo que yo. Antes los envidiaba por hacer más y conseguir más porque equiparaba la valía con la acción: cuanto más haces, más valioso eres. Me sentía incómoda haciendo menos hasta que creí que **mi valía no viene determinada por lo mucho que hago**.

Con este cambio de mentalidad reduje mis obligaciones y establecí los límites que necesitaría para proteger el tiempo libre que había ganado. Ya no deseaba ser la persona que corre de una responsabilidad a otra. La libertad y la paz eran mis objetivos, no el ajetreo y las alabanzas. Ahora, cuando hago exactamente lo que quiero con mi tiempo y alguien sumergido en El Asco me dice: "Guau, yo nunca podría hacer eso. Debe de ser bonito…". Le respondo: "¡*Es* bonito! Por eso lo hago". En lugar de defenderme porque tenemos valores diferentes, sigo disfrutando de lo que me gusta.

Valorar la libertad por encima del ajetreo y el estatus exige dar prioridad a tu paz por encima de los elogios de la sociedad. El mundo en el que vivimos nunca te aplaudirá tanto por echarte una siesta como por conseguir un ascenso. Eso no significa que la siesta no sea más satisfactoria para ti. **Mientras tu validación interna dependa de la validación externa, la paz te parecerá inalcanzable.** Quiero que estés seguro de quién eres y de lo que valoras sin retroalimentación externa.

---

of Consumer Research 44, núm. 1 (junio de 2017): 118-138, https://academic.oup.com/jcr/article-abstract/44/1/118/2736404?redirectedFrom=fulltext.

[28] Bellezza, "Conspicuous Consumption of Time".

El trabajo es lo que haces, no lo que eres

Todos tuvimos un compañero que se tomaba la escuela tan en serio que cuando no sacaba un 10 de calificación sufría un colapso mental, se sentía muy decepcionado consigo mismo y creía que era un fracasado. Todos (esperemos) estamos de acuerdo en que, en el gran esquema de la vida, las calificaciones no son la gran cosa y no significa que sean un fracaso o que hayan hecho algo mal.

Ahora bien, ¿cómo es que después de cometer un error en el trabajo no nos tranquilizamos de la misma manera? ¿Por qué mostramos tanta gracia a los demás y nos presionamos tanto a nosotros mismos? Piensa en una ocasión en la que un compañero cometió un error y tu primer instinto fue minimizar el incidente. Le ayudaste a superar el pánico y te aseguraste de que no se tomara a pecho el incidente. ¿Por qué supones que los demás no piensan lo mismo de los errores que tú cometes? ¿Por qué no te darían el mismo beneficio de la duda?

Muchas personas creen que su trabajo es un reflejo directo de quiénes son, cuando en realidad nuestro trabajo es el reflejo de una miríada de factores. El resultado de un proyecto depende de la experiencia, el alcance, las aportaciones de otros colegas, tu esfuerzo y, tal vez, una buena dosis de pura suerte. Muchos de nosotros vemos el resultado de un proyecto y pensamos que es un reflejo directo nuestro y que debemos tomarnos cualquier error o deficiencia como algo personal.

Nuestra sociedad necesita una despersonalización masiva del trabajo. Incluso si nuestro trabajo se siente como una llamada o vocación, sigue siendo demasiada presión para percibirlo como un reflejo de lo que somos y hacer caso omiso de otros muchos factores que están en juego. Tendemos a derivar nuestro valor e identidad a partir de lo que hacemos, y eso provoca que nos sintamos mal cuando tenemos un mal día en el trabajo. Por esta razón, tener una identidad fuera del trabajo puede contribuir a nuestro sentido del equilibrio.

Sin trabajo, ¿qué queda?

Las **áreas de identidad** son ámbitos distintos y únicos de tu vida que construyen quién eres como persona. A la pregunta "¿a qué te dedicas?" solemos responder con la descripción de nuestro trabajo. Pero además de lo que haces para ganarte la vida, ¿qué más haces? **¿Quién eres y qué da sentido a tu vida fuera del trabajo?** Claro que tu carrera y tus objetivos profesionales son un área, pero ¿cuáles son tus gustos, intereses o proyectos personales que te apasionan? ¿En qué consiste tu día a día? ¿Qué papeles desempeña en tus relaciones? Todo eso conforma quién eres como persona. Esto ofrece una imagen mucho más rica que lo que haces para ganar un sueldo.

Si el trabajo consume el 90% de tu tiempo, entonces sí, un mal día en el trabajo va a ser como si toda tu vida fuera una porquería. Supongamos que el trabajo es solo el 50% de tu vida (o el 50% de tu día despierto, suponiendo que duermes ocho horas, trabajas ocho horas y tienes las ocho horas restantes para el ocio). El resto del día consiste en relaciones enriquecedoras (el factor número uno que contribuye a la felicidad y a la salud, según el Estudio de Harvard sobre el Desarrollo Adulto),[29] pasatiempos que te gustan (está científicamente demostrado que las actividades de ocio —cualquiera que sea el hobby que te guste— aumentan tu cociente de felicidad),[30] un hogar en el que te sientas a gusto y objetivos personales en los que estés trabajando. Si este es el caso, un mal día en el trabajo no tiene más consecuencias que un día en el que no tuviste tiempo para dedicarte

---

[29] McKinsey & Company Author Talks, entrevista con Robert Waldinger, autor de *The Good Life: Lessons from the World's Longest Scientific Study of Happiness* (Nueva York: Simon and Schuster, 2023), https://www.mckinsey.com/featured-insights/mckinsey-on-books/author-talks-the-worlds-longest-study-of-adult-development-finds-the-key-to-happy-living. Véase también "Welcome to the Harvard Study of Adult Development", Massachusetts General Hospital and Harvard Medical School, https://www.adultdevelopmentstudy.org/.

[30] Sarah D. Pressman *et al.*, "Association of Enjoyable Leisure Activities with Psychological and Physical Well-Being", *Psychosomatic Medicine* 71, núm. 7 (septiembre de 2009): 725-732, https://pubmed.ncbi.nlm.nih.gov/19592515/.

a tu pasatiempo. Es como cuando la gente está por completo consumida por una relación y luego queda devastada cuando la relación termina. Si el 90% de tu vida giraba en torno a esa relación, tardas mucho más en volver a llenar ese espacio que ahora está vacío. Si sufres una ruptura pero mantienes muchas de tus áreas de identidad independientes, sigue siendo horrible, pero es más probable que tengas alternativas sanas en las que apoyarte y levantarte más rápido.

¿Quién eres fuera de tu trabajo? ¿Cuáles son tus pilares de identidad? Cuanto más importancia les des a esas cosas, menos peso tendrá el trabajo en tu vida.

¿Por qué tan serio?

Hace una década paseaba por el centro de Sacramento cuando vi un cartel en una tienda que decía: "Se supone que esto es divertido". Me paré en seco y me quedé con la boca abierta. ¿Se supone que esto es divertido? ¿Cuándo me lo iba a decir alguien? Hice un rápido inventario de mi vida y me sentí descorazonada: ¿Por qué no me divertía? ¿A qué edad pasamos de buscar diversión a limitarnos a sobrevivir?

Lo que me impedía disfrutar de la vida era mi mentalidad. Mi actitud era intensa, hacerlo todo como si alguien me estuviera vigilando. Siempre estaba pendiente de cómo me percibían, lo planeaba todo de forma compulsiva y trataba la mayoría de las cosas como si fueran emergencias de alto riesgo. Como resultado de tomarme tan en serio, me privaba todo el tiempo de disfrutar. ¿Conoces a la típica persona que camina a toda velocidad por Disneylandia con un mapa y una agenda organizada a la perfección, tan centrada en hacerlo bien que no disfruta? Esa era yo, intentando hacer la vida de la forma más productiva y perfecta posible.

Estaba predispuesta al burnout no solo porque tenía un alto rendimiento y le gustaba a la gente, sino porque hacía las cosas como si mi vida dependiera de ellas. Ahora, tras años recordándome a mí misma que la vida no es tan seria y que, de hecho, se supone que esto tiene que ser divertido, puedo actuar con un espíritu mucho más ligero, recuperarme de los errores con mayor rapidez (con menos angustia) y con mayor diversión. De hecho, la ciencia ha descubierto que la emoción de la diversión[31] (sí, es una emoción real) aumenta nuestra capacidad de aprendizaje, reduce los sentimientos negativos[32] y nos ayuda a aprovechar nuestro sistema afiliativo, que es el mecanismo natural de nuestro cuerpo para tranquilizarse.[33]

Sé que no estoy sola en esta lucha porque después de ver ese póster encontré un marcador e imprimí una calcomanía que decía: "Se supone que esto es divertido", y la guardé en mi computadora. A lo largo de los años se me acercaron innumerables personas que me dijeron que en verdad necesitaban ver esa calcomanía. Muchos de nosotros andamos agarrados a la vida con el puño cerrado para intentar controlarla. En lugar de eso, intenta aflojar el puño y experimentarla con la palma abierta.

EXPERIMENTAR LA VIDA   **CONTROLAR LA VIDA**

[31] David R. Herring *et al.*, "Coherent with Laughter: Subjective Experience, Behavior, and Physiological Responses During Amusement and Joy", *International Journal of Psychophysiology* 79, núm. 2 (octubre de 2010): 211-218, https://www.researchgate.net/publication/47633505_Coherent_with_laughter Subjective experience_behavior_and_physiological_responses_during_amusement_and_joy.

[32] Nicole R. Giuliani, Kateri McRae y James J. Gross, "The Up- and Down-Regulation of Amusement: Experiential, Behavioral, and Autonomic Consequences", *Emotion* 8, núm. 5 (octubre de 2008): 714-719, https://pubmed.ncbi.nlm.nih.gov/18837622/.

[33] Yan Wu *et al.*, "How Do Amusement, Anger and Fear Influence Heart Rate and Heart Rate Variability?" *Frontiers in Neuroscience* 13 (octubre de 2019), https://www.frontiersin.org/articles/10.3389/fnins.2019.01131/full.

A menudo somos los únicos responsables de convertir lo que podría haber sido un pequeño factor estresante en un gran factor estresante debido a la seriedad con la que nos tomamos a nosotros mismos y a los obstáculos que encontramos en nuestro camino. Muy pocas cosas merecen que les dediquemos tanta energía.

Cuando nos tomamos demasiado en serio, nos perdemos muchas cosas. Asumimos menos riesgos, dudamos en probar cosas nuevas y anticipamos castigos o juicios desproporcionados por fracasar o ser imperfectos. **Vivimos menos la vida cuando nos la tomamos demasiado en serio.** No hay una única forma correcta de hacer las cosas y no siempre se te percibe y juzga. No querrás mirar atrás cuando tengas 80 años y pensar: "Me privé de tanta alegría para nada".

El burnout tiene muchas caras. Experimentarás estas mentalidades en distintos momentos y de diferentes maneras. Cuanto más familiarizado estés con ellas, más fácil te resultará reconocerlas. Has tardado muchos años en adoptar tu mentalidad por defecto; te llevará tiempo detectarla y corregirla hasta que tengas una nueva mentalidad que opere de forma automática. Lo menos útil que puedes hacer es castigarte. Lo más útil que puedes hacer es intentarlo.

Un cambio en la gestión interna hará maravillas, pero se hace aún más fuerte cuando puedes reforzarlo con la gestión externa. Gran parte de este libro trata de la gestión externa en el entorno laboral, pero primero quiero hablar de la gestión externa en tu vida personal. Es hora de destruir y reconstruir tu definición de cuidado personal.

Capítulo cuatro
Cuidado personal
Redefiniendo el "autocuidado"

Durante nuestra primera llamada, Ella estaba tan abrumada que se echó a llorar. Tenía un trabajo de tiempo completo, dos hijos, una lista interminable de tareas personales y un marido con el que no se sentía capaz de compartir la carga, pues no quería agobiarlo. Al salir del trabajo se ocupaba de las mudanzas propias de la maternidad, y por las tardes pasaba de inmediato a ocuparse de las tareas domésticas. Los platos, la lavadora, el refrigerador, el jardín, en fin, siempre había más tareas que añadir a la lista. Cuando se le sugería que limpiar el refrigerador no era del todo necesario un lunes por la noche, por ejemplo, rechazaba la sugerencia. Simplemente no podía justificar tomarse un descanso a menos que hubiera desahogado todos sus pendientes.

Estaba agotada física, mental y emocionalmente. Cuando no estaba haciendo algo activamente, estaba anticipando todo lo que tenía que hacer. En el plano emocional, se sentía como un nervio expuesto, a un "tienes que relajarte" de un arrebato del que se arrepentiría poco después. Daba prioridad a hacer todo por todos en vez de tomarse el descanso que necesitaba, y eso le estaba pasando factura. En estos tiempos siempre hay más cosas que hacer: más cosas que limpiar, más cosas en las que trabajar, más cosas que mejorar. Como puedes imaginar, el patrón de Ella de no justificar el cuidado personal hasta que todo lo de su lista de tareas pendientes estuviera hecho —junto con la poco realista extensión de su lista de tareas pendientes— era una gran manera de no descansar jamás.

La primera vez que hablé con Ella, dejó caer la cabeza entre las manos y admitió: "Nunca se me ha dado bien descansar". Me explicó que desde que tenía uso de razón había sido una persona muy activa. Durante toda su infancia aprendió que descansar —hacer algo que te aporta paz o alegría— quedaba en último lugar. Era algo que había que ganarse, y demasiado descanso era indulgente. En la edad adulta le costaba justificar el hecho de quedarse quieta y dar prioridad al cuidado personal con regularidad. Cuando se tomaba un descanso le preocupaba no estar aprovechándolo lo mejor posible, tanto por desconocimiento de lo que la hacía sentirse descansada como por el deseo de "maximizar" su reposo. Si alguna vez te has preguntado cómo podrías "descansar de forma más productiva", es probable que te sientas identificado con su situación.

Antes de que pudiéramos identificar lo que la ayudaría a refrescarse e incorporar el cuidado personal a su horario, Ella necesitaba superar algo con lo que muchos de nosotros luchamos: la culpa por descansar. La **culpa del descanso** es una sensación de malestar, ansiedad y, en algunos casos, vergüenza —el doloroso sentimiento de no estar a la altura de nuestras expectativas o de las de los demás—[1] cuando descansamos o nos enfrentamos a un tiempo de inactividad. Este sentimiento, agravado por el efecto Zeigarnik[2] —la tendencia de nuestro cerebro a recordar las cosas que *no* hemos terminado con más frecuencia que las que *sí*—, puede aumentar la inquietud. Aunque la culpa puede ser beneficiosa en determinadas situaciones[3]

---

[1] June Price Tangney, Jeff Stuewig y Debra J. Mashek, "Moral Emotions and Moral Behavior", *Annual Review of Psychology* 58 (abril de 2011): 345-372, https://www.ncbi.nlm.nih.gov/pmc/articles/PMC3083636/.
[2] Colin M. MacLeod, "Zeigarnik and von Restorff: The Memory Effects and the Stories Behind Them", *Memory and Cognition* 48 (abril de 2020): 1073-1088, https://link.springer.com/article/10.3758/s13421-020-01033-5.
[3] June P. Tangney, Jeffrey Stuewig y Andres J. Martinez, "Two Faces of Shame: Understanding Shame and Guilt in the Prediction of Jail Inmates' Recidivism",

(nos alerta cuando podemos haber hecho daño a alguien y tenemos que enmendarlo), el problema es que a muchos nos consume cuando es injustificada.

Muchas experiencias pueden llevarte a tener una relación tensa con el descanso. Puede que hayas crecido en una casa donde el descanso se consideraba pereza; tal vez tenías que levantarte de un salto para parecer ocupado cuando alguien entraba en la habitación o te criticarían. Es posible que creas que si no estás haciendo algo útil todo el tiempo en una relación, podrías perder el amor o la conexión. O que pienses que no mereces descansar hasta haber hecho hasta la última cosa posible. O quizá creas que mientras tú descansas, alguien más ahí fuera está trabajando duro, y si tú no te esfuerzas más allá de tus límites, no llegarás tan lejos como ellos.

Ella necesitaba entenderlo como una práctica esencial que debía incorporar con regularidad, no como un capricho del que avergonzarse. Solo entonces podría reevaluar cómo estaba gastando su tiempo y energía para poder dar prioridad al cuidado personal. Controlaba su vida laboral y personal, pero se sobrecargaba sin cesar a costa de su serenidad. Al descubrir este mal hábito y gestionarse a sí misma y sus responsabilidades de forma diferente, pudo reducir el trabajo innecesario para dejar espacio al cuidado personal.

Tu percepción del descanso determina tu relación con él. Si lo percibes como un inconveniente, un capricho o una tarea que debes tachar, es probable que nunca puedas relajarte. Dar prioridad al descanso, si no es lo que estás acostumbrado a hacer, te resultará incómodo al principio. Algunas personas incluso me han dicho que les parece "irresponsable". No están acostumbradas a disponer de tiempo y energía para utilizarlos a su antojo. Es como si alguien acostumbrado a tener poco dinero de repente dispusiera de ingresos: de pronto tienen un recurso que siempre han percibido como difícil de conseguir y les preocupa gastarlo bien. Del mismo modo

Psychological Science 25, núm. 3 (marzo de 2014): 799-805, https://www.ncbi.nlm.nih.gov/pmc/articles/PMC4105017/.

que esa persona tendría que restablecer su relación con el dinero, Ella estaba restableciendo su relación con el tiempo y sintiéndose cómoda gastándolo.

Una vez que aceptó que el descanso era un uso tan productivo de su tiempo como cualquier otra cosa, empezó a leer libros por placer durante 20 minutos cada noche. Era todo el tiempo que podía estar quieta. Empezó a repartir su trabajo de forma más equitativa con su marido y a reducir las tareas personales que *no necesitaba* hacer después de una dura jornada. Al darse cuenta de que nada malo pasaba después de tomarse este tiempo para sí misma, aumentó su lectura nocturna a una hora. Poco a poco se acostumbró a dedicar tiempo a descansar en lugar de correr de un proyecto a otro. Necesitó un cambio de mentalidad, elecciones intencionadas y mucho ensayo y error para recuperar y reorientar su tiempo y su energía. La última vez que hablamos me dijo que había conseguido ver *Juego de tronos* con su marido y que le encantaba "volver a ser una persona".

Me identifico con la resistencia de Ella a descansar: desde niña he luchado contra la culpa del descanso. Crecí con algún tipo de actividad en el calendario cada tarde de la semana. Rara vez mi familia tenía un "día de flojera" (un día en el que no hacíamos nada), y cuando lo teníamos era literalmente etiquetado como un "día de flojera" porque los teníamos muy de vez en cuando. Para nosotros era una anomalía no hacer nada, mientras que otras personas crecen en hogares donde es una anomalía hacer algo. Esto distorsionó mi percepción de lo que debía hacer en un día. Pero, por supuesto, mis padres me educaron así como resultado de cómo ellos fueron educados.

Mi padre y sus siete hermanos son inmigrantes de primera generación que creció trabajando al lado de mi abuelo vendiendo tortillas y pan cada mañana antes del colegio y los fines de semana en Sacramento, California. Iban de puerta en puerta con pan de 10 centavos, paquetes de tortillas de 25 centavos y un conocimiento más profundo que el de la mayoría de los licenciados universitarios de cómo llevar un negocio. Como resultado, su ética de trabajo es inquebrantable y su capacidad para sentarse y no hacer nada es prácticamente inexistente.

Todos mis primos (y supongo que la mayoría de las personas que tienen un progenitor inmigrante) estarían de acuerdo: como hijo de inmigrante, heredas una sensación de inquietud intergeneracional. Eres consciente de que la gente ha trabajado muy duro para conseguir lo que tienes hoy. Solo el hecho de estar a una generación del trabajo agotador hace que sea difícil darse la vuelta y tomarse un día de salud mental en tu "cómodo empleo de oficina". Incluso los que no son de primera o segunda generación pueden tener una antigua creencia familiar de que ser un "trabajador duro" es lo más virtuoso que se puede ser, cueste lo que cueste. El discurso de "tienes que hacer algo por ti mismo" no conoce fronteras culturales ni barreras lingüísticas.

Es con este entendimiento que quiero reiterar que *todos necesitamos descansar*. Esta inquietud impulsada por la culpa —ya sea aprendida o heredada— te robará el descanso que necesitas, sin importar cuáles sean las circunstancias pasadas, presentes o futuras. Tú necesitas descansar, las personas que te precedieron lo necesitaron y las que vengan después de ti también lo necesitarán.

Luchando por tu tiempo

Piensa en el cuidado personal como el equivalente a echar gasolina en un viaje por carretera: nunca hay un momento conveniente para parar. Tienes que salirte de la autopista, sacrificar tiempo que podrías emplear en acercarte a tu destino y gastarte un dinero que te ha costado mucho ganar. Paramos a cargar gasolina porque si no el coche dejaría literalmente de funcionar. Las personas, sin embargo, somos más resistentes que los coches: podemos funcionar en vacío durante un tiempo, y nos castigamos con esta resistencia forzándonos demasiado.

El pilar del cuidado personal nos obliga a desviarnos de nuestro camino, a parar para recargarnos y a sacrificar el tiempo que podríamos dedicar "productivamente" a alguna otra cosa. Estamos condicionados a seguir contestando correos electrónicos, completar tareas domésticas y hacer lo que otros nos piden, incluso cuando nuestro cuerpo nos dice que estamos cansados. Es difícil dejar el trabajo antes de llegar a la bandeja de entrada cero, justificar una casa desordenada o decirle a la gente: "No, no puedo ir a tu fiesta de inauguración" sin otra razón que la de que preferirías pasar ese tiempo recuperándote.

Antes se nos daba mejor el cuidado personal. O, al menos, no teníamos que dedicarle tanto tiempo porque la vida era más lenta. Crecí en los noventa, lo que significa que soy de la última generación que no creció con smartphones. Pasaba la mayoría de las noches de la semana jugando en el callejón con los otros niños de mi barrio. Todos los padres del vecindario sacaban sillas de jardín y conversaban mientras montábamos en bicicleta e inventábamos juegos. Los únicos teléfonos eran fijos, las computadoras aún no eran omnipresentes y la televisión no era una biblioteca de opciones. No estábamos siempre disponibles, no intentábamos mantener vidas virtuales en las redes sociales y el entretenimiento nos consumía menos porque teníamos menos opciones. Suena pintoresco, ¿verdad?

Hoy en día el tiempo de inactividad no programado es tan raro como un teléfono de disco. En la última década los estadounidenses que trabajaban a jornada completa han visto cómo su tiempo de ocio disminuía a medida que aumentaban sus horas de trabajo.[4] Las razones de esta disminución del ocio van desde la equiparación de la vida ocupada con el éxito hasta la competitividad con los vecinos, pero el resultado es el mismo: somos una cultura inquieta. La gente empieza a meditar a diestra y siniestra, porque si no nos alejamos intencionadamente nunca tendremos un momento de paz y tranquilidad. Estamos rodeados de ruido —textos, podcasts, YouTube,

[4] "American Time Use Survey—2021 Results". U.S. Bureau of Labor Statistics, junio de 2022, https://www.bls.gov/news.release/pdf/atus.pdf; "American Time Use Survey—2012 Results", U.S. Bureau of Labor Statistics, junio de 2013, https://www.bls.gov/news.release/archives/atus_06202013.pdf.

Slacks, redes sociales, televisión en *streaming* ilimitado— que parece exigir nuestra atención en todo momento. Es fácil acomplejarse por el descanso y la priorización cuando parece que hay tanto que hacer. A nivel colectivo, pensamos que si bajamos el ritmo nos quedaremos atrás. Pero el descanso y el ocio no son enemigos del progreso. De hecho, en múltiples ocasiones se ha demostrado que los periodos constantes de recuperación mejoran la productividad, ya sea un fin de semana sin entrar en el correo electrónico del trabajo, una pausa para comer o una siesta energizante de 15 minutos.[5] Los estudios demuestran que las personas que duermen la siesta recuerdan mejor las cosas nuevas que las que no lo hacen:[6] las siestas despejan la bandeja de entrada del cerebro y permiten procesar nuevas experiencias.[7] Incluso cerrar los ojos puede aumentar el rendimiento de la memoria casi 43 % en comparación con no tomarse un descanso.[8] También está demostrado que dar un paseo al aire libre o tan solo mirar fotos de la naturaleza favorece la concentración.

Participar en actividades de ocio agradables contribuye a nuestro bienestar psicológico y físico, lo que nos ayuda a afrontar mejor nuestras responsabilidades. Un estudio publicado en la revista

[5] Charlotte Fritz *et al.*, "Embracing Work Breaks: Recovering from Work Stress", *Organizational Dynamics* 42, núm. 4 (octubre de 2013): 274-280, https://www.researchgate.net/publication/259095808_Embracing_work_breaksz_Recovering_from_work_stress.

[6] Sara C. Mednick *et al.*, "Comparing the Benefits of Caffeine, Naps and Placebo on Verbal, Motor and Perceptual Memory", *Behavioral Brain Research* 193, núm. 1 (noviembre de 2008): 70-86, https://pubmed.ncbi.nlm.nih.gov/18554731/.

[7] Victoria Jaggard, "Naps Clear Brain's Inbox, Improve Learning", *National Geographic*, 23 de febrero de 2010, https://www.nationalgeographic.com/science/article/100222-sleep-naps-brain-memories.

[8] Sara C. Mednick *et al.*, "Sleep and Rest Facilitate Implicit Memory in a Visual Search Task", *Vision Research* 49, núm. 21 (octubre de 2009): 2557-2565, https://www.ncbi.nlm.nih.gov/pmc/articles/PMC2764830/; Graelyn B. Humiston y Erin J. Wamsley, "A Brief Period of Eyes-Closed Rest Enhances Motor Skill Consolidation", *Neurobiology of Learning and Memory* 155 (noviembre de 2018): 1-6, https://pubmed.ncbi.nlm.nih.gov/29883710/.

Psychosomatic Medicine,[9] en el que participaron casi 14 mil mujeres, reveló que las que dedicaban más tiempo a actividades placenteras y reconstituyentes —pasatiempos, deportes, vida social, tiempo en la naturaleza— tenían niveles más bajos de cortisol (la principal hormona del estrés), menor tensión arterial, menor masa corporal y mayor satisfacción vital. También se ha descubierto que el ocio ayuda a prevenir la fatiga prolongada,[10] esa que se prolonga durante semanas y puede provocar enfermedades e incluso discapacidad. Programar de forma rutinaria algunas actividades de ocio pone fin a la agotadora fatiga y da luz verde a la recuperación. Ya sea descansar, socializar o hacer algo divertido y creativo, estas actividades activan las formas naturales en que el cuerpo y la mente se recuperan, desde la liberación de dopamina para sentirse bien hasta la calma del sistema nervioso y la neutralización de la respuesta al estrés. Y lo mejor de todo es que los beneficios de estas minivacaciones persisten durante horas.[11] Así que el alivio del estrés que obtienes con un paseo matutino por el parque o tomando un matcha al mediodía con un amigo se extenderá a la tarde y la noche.

Los beneficios son más importantes, según los estudios, si estás totalmente inmerso en la actividad (traducción: intenta no navegar por las redes sociales mientras hablas por teléfono con tu hermana, pensar en el trabajo mientras sales con tus amigos o reflexionar sobre esa cita horrible que tuviste mientras estás en clase de yoga). Las

---

[9] Sarah D. Pressman *et al.*, "Association of Enjoyable Leisure Activities with Psychological and Physical Well-Being", *Psychosomatic Medicine* 71, núm. 7 (septiembre de 2009): 725-732, https://pubmed.ncbi.nlm.nih.gov/19592515/.

[10] Gerhard W. Blasche, Anna Arlinghaus y Thomas Ernst Dorner, "Leisure Opportunities and Fatigue in Employees: A Large Cross-Sectional Study", *Leisure Sciences* 36, núm. 3 (mayo de 2014): 235-250, https://www.researchgate.net/publication/262582748_Leisure_Opportunities_and_Fatigue_in_Employees_A_Large_Cross-Sectional_Study.

[11] Matthew J. Zawadzki, Joshua M. Smyth y Heather J. Costigan, "Real-Time Associations Between Engaging in Leisure and Daily Health and Well-Being", *Annals of Behavioral Medicine* 49, núm. 4 (February 2015): 605-615, https://academic.oup.com/abm/article/49/4/605/4562699.

pausas de ocio también interrumpen la preocupación mental y la rumiación sobre un acontecimiento estresante (ya sabes, esa conversación difícil con un compañero de trabajo pasivo-agresivo que repites en tu cabeza), dándote la oportunidad de recargarte mentalmente. En resumen: te conviene reservar tiempo y energía para actividades que te diviertan, y deberías sentirte bien (y no culpable) por realizarlas. Así que olvídate de la idea de que el tiempo de inactividad es un desperdicio: es esencial para recargar el tanque.

¿Estamos atrasados o la portería sigue moviéndose?

Teniendo en cuenta todos estos beneficios, ¿por qué nos cuesta tanto relajarnos? Pues bien, nuestra resistencia al descanso se ve perpetuada por la "cultura del ajetreo". La cultura del ajetreo nos anima a trabajar más allá de nuestros límites. Nos enseña que siempre debemos esforzarnos y esforzarnos más de la cuenta, pues de lo contrario nuestro carácter y nuestra ética laboral no se verán bien reflejados.

Como la mayoría de la gente, me suscribí a la cultura del ajetreo durante muchos años. ¿Adónde me llevó? A la terapia. Incluso hace poco *Forbes* calificó la cultura del ajetreo como tóxica y peligrosa.[12] Los creadores de "30 Under 30" conocen los daños de la cultura del ajetreo y, al mismo tiempo, la celebran. (Sin ánimo de ofender a *Forbes*. Me encantaría que me tuvieran en cuenta para su lista *guiño exagerado*).

Estamos condicionados a creer que ser un mártir sobrecargado es mejor que ser una persona "egoísta" o "floja" que dice no a la gente y a las oportunidades. Cuando admitimos que estamos abrumados

---

[12] Julia Ball, "Hustle Culture Can Be Toxic—Here's How to Navigate it Successfully", *Forbes*, 21 de marzo de 2022, https://www.forbes.com/sites/forbesbusinesscouncil/2022/03/31/hustle-culture-can-be-toxic-heres-how-to-navigate-it-successfully/?sh=3407c65444e1.

o intentamos recortar gastos, a menudo recibimos respuestas como que *todo el mundo está cansado, aguántate, agradece esta oportunidad* y *podría ser peor.* Estos mensajes pueden ser bienintencionados, pero la culpa por el descanso, la cultura del ajetreo y la gratitud forzada nos obligan a descuidarnos en lugar de escuchar lo que nos piden el cuerpo y la mente: descanso.

Si eres culpable de descalificar tu necesidad de recuperación y tener pensamientos como *Quién soy yo para quejarme cuando otros lo tienen peor,* entonces quiero que tengas esto en mente: todo el mundo es difícil, y el dolor no es una competencia. No descalifiques tus necesidades ni tu experiencia. No tienes que convencer a nadie más que a ti mismo de que tus necesidades son importantes. (Y a veces tú eres la persona más difícil de convencer).

Tu nuevo mantra sobre el descanso debería ser: *El descanso no es un lujo; es una necesidad. Me doy prioridad a mí mismo y a mi calidad de vida. Yo soy el centro de mi vida; si no me cuido, se notará en todo lo que haga.*

Si tienes la sensación de que el mundo dejará de girar si demasiadas personas creen que merecen descansar, debes de saber que, en el pasado, la sociedad ha tenido una abundancia de ocio… ¡y las cosas iban bien! De hecho, Charles Darwin declaró que solo trabajaba unas cuatro horas al día.[13] ¿Sabes cuántas horas le sacaríamos a un tipo como Darwin hoy en día? Sería profesor, escribiría libros y artículos, presentaría un podcast y probablemente tendría su propio canal de YouTube. ¿A cuántos grandes hemos quemado en la historia moderna porque no les dimos el espacio adecuado para respirar?

Antes de la Revolución industrial el trabajo se realizaba por temporadas, en función de la demanda,[14] un marcado contraste con el trabajo constante que tenemos hoy en día, sobre todo en Estados Unidos, donde la proporción de personas que trabajan 49 o más

---

[13] William Waring Johnston, *The Ill Health of Charles Darwin: Its Nature and Its Relation to His Work* (Nueva York: Wiley, 1901), p. 153.

[14] James E. Thorold Rogers, *Six Centuries of Work and Wages: The History of English Labor* (Kitchener, Ontario: Batoche Books, 2001).

horas a la semana es mayor que en la mayoría de los países de Europa y Sudamérica, según la Organización Internacional del Trabajo.[15] Los trabajadores del siglo XXI no solo tenemos menos vacaciones y menos tiempo libre, sino que la gente ni siquiera se toma el tiempo libre remunerado que le corresponde. En 2018 se estima que en Estados Unidos 768 millones de días de vacaciones no se utilizaron.[16] La mayoría de las personas se sienten incómodas tomando descanso, incluso cuando el descanso no solo se debe, sino que se da.

Dicho lo anterior, es importante señalar que no todo el mundo dispone de los mismos recursos y tiempo para descansar. La brecha salarial en nuestro país nos pone en desventaja. En general, las mujeres —y en especial las mujeres negras y morenas— deben trabajar más horas para lograr la misma equidad financiera que sus homólogas blancas. En 2020 las mujeres que trabajan a tiempo completo ganarán 83 centavos por cada dólar que gane un hombre; las mujeres hispanas ganarán solo 57 centavos por cada dólar que ganen los hombres blancos,[17] y las mujeres negras ganarán 64 centavos. ¡En *2020*! Siempre ha habido un desequilibrio de oportunidades para el éxito y el descanso, lo que se traduce en una diferencia en la experiencia del descanso para todos los grupos. Sentir que tienes que trabajar el doble para llegar la mitad de lejos no crea las condiciones para priorizar el descanso. Podría decirse que los grupos que trabajan el doble son los que más necesitan descansar y los que experimentan demasiada presión para no hacerlo. Si no descansas

[15] "Statistics on Working Time", International Labour Organization, ILOSTAT, https://ilostat.ilo.org/topics/working-time/.

[16] "Study: A Record 768 Million U.S. Vacation Days Went Unused in '18, Opportunity Cost in the Billions", Ipsos/Oxford Economics/U.S. Travel Association study, 2019, https://www.ustravel.org/press/study-record-768-million-us-vacation-days-went-unused-18-opportunity-cost-billions.

[17] "Census Data Show Historic Investments in Social Safety Net Alleviated Poverty in 2020", Center for American Progress, septiembre de 2021, https://www.americanprogress.org/article/census-data-show-historic-investments-social-safety-net-alleviated-poverty-2020/.

ahora, tu cuerpo te *hará* descansar más tarde (y probablemente en un momento inoportuno y durante más tiempo del que te gustaría).

Puesto que el descanso ya no forma parte de nuestro calendario, debemos crearlo nosotros mismos. Tener una sensación de previsibilidad y control en cualquier ámbito de nuestra vida —incluido el cuidado personal— se ha relacionado con una mejor salud, una mayor satisfacción vital y menos síntomas depresivos. No basta con ocuparse del cuidado personal para controlar los daños, sino que debemos acostumbrarnos a crearnos un **descanso predecible** de forma proactiva.

Espacios de descanso predecible

Recuerda algún momento en el que realizabas algún tipo de actividad física, por ejemplo en una clase de gimnasia, en un equipo deportivo o incluso en clase de educación física. Hoy en día, cuando recibo una instrucción para, por ejemplo, correr durante dos minutos, mi pregunta inmediata es: *Bueno, ¿qué viene después? ¿Podré descansar después? ¿O el siguiente intervalo será aún más duro?* Eso determinará la intensidad de mi esfuerzo durante esos dos minutos.

Este instinto de autopreservación ante exigencias desconocidas no solo aplica en los entrenamientos. En mi trabajo y en mi vida personal trabajo más cuando sé que en un futuro próximo tendré un espacio de descanso que volver a cubrir. Nuestra necesidad de marcarnos un ritmo y conservar energía para no llegar a un nivel peligrosamente bajo de recursos es innata.[18]

Una empresaria de éxito a la que una vez asesoré atribuye gran parte de su éxito y de su paz diaria a su descanso vespertino para tomar un café con leche. Llueva o haga sol, en medio de una docena

[18] "Hardwired for Laziness? Tests Show the Human Brain Must Work Hard to Avoid Sloth", *ScienceDaily*, septiembre de 2018, https://www.sciencedaily.com/releases/2018/09/180918090849.htm.

de plazos o reuniones consecutivas, se toma 10 minutos para tomar un café con leche por la tarde. Es su momento de descanso. Todos los demás minutos de su día están ocupados, pero este tiempo de inactividad innegociable es su oportunidad de regalarse algo a sí misma. Anticiparse a este descanso físico y mental combate la posibilidad de sentirse abrumada cuando los tiempos se ponen difíciles. En cambio, puede centrarse en la luz al final del túnel, saber que se recuperará y seguirá adelante.

Es comprensible que muchos de nosotros no sepamos cómo enfocar el descanso y el autocuidado. El "cuidado personal" es tan ambiguo y amplio que puede resultar difícil saber por dónde empezar. Para facilitar las cosas, he creado un método simple de aplicar para el cuidado personal llamado pirámide del cuidado personal: un esquema sencillo para un concepto complejo.

Antes de tener este modelo, la forma en que practicaba el cuidado personal era caótica, incoherente y, por lo general, con sabor a chocolate. Una vez que comprendí los elementos del cuidado personal y lo sencillo que era incluirlos, sentí una sorprendente rabia. ¿Me estás diciendo que podría haber sido así de fácil todo el tiempo? ¿No tenía que remediar mis crisis de estrés con cualquier táctica autocalmante que pudiera reunir en el momento? ¿Sabes cuántas cobijas con peso tengo por no haberme dado cuenta antes?

Si utilizas la pirámide del cuidado personal, puedes practicar un cuidado personal sostenible que satisfaga tus necesidades, te ayude a recuperarte del burnout y te proporcione alegría, todo ello sin sentirte abrumado.

La pirámide del cuidado personal

La pirámide del cuidado personal se compone de tres elementos: productos no negociables, cuidado personal tridimensional y diseño del estilo de vida.

Diseño de estilo de vida
(Negocios, Salud, Personal, Social,
Estilo de vida)

Cuidado personal tridimensional
(mantenimiento, descanso, recarga)

No negociables
(esenciales)

PIRÁMIDE DEL CUIDADO PERSONAL

Examinaremos un nivel de cuidado personal a la vez. Cada nivel se basará en el anterior, hasta que te sientas cómodo incorporando a tu vida los rituales de toda la pirámide.

No negociables

Olvida todo lo que sabes: empezamos de cero. La primera capa de cuidado personal que tenemos que instituir antes de llegar a las lujosas campanas y silbatos son los no negociables. Los no negociables son elementos esenciales del cuidado personal diario.

No negociables
Esenciales

No son cosas que *te gustaría* hacer en un mundo perfecto; son cosas que *deben* estar presentes para que te sientas cuidado y rindas al máximo cada día. Algunas de las cosas no negociables más comunes son beber café, dormir un mínimo de horas, comer con cierta frecuencia, pasar tiempo a solas, mantener un espacio limpio, moverte y pasar tiempo al aire libre. Por supuesto, no dejarás de funcionar literalmente sin estas cosas, pero las sientes como un salvavidas. ¿Qué necesitas para ser funcional? Tal vez conozcas las dos o cuatro cosas que *en verdad* marcan la diferencia en tu día a día. ¿Eres una persona diferente si no duermes siete horas? ¿Tener hambre cambia por completo la trayectoria de tu día?

El café es uno de mis no negociables. Si también es uno de los tuyos, entenderás lo que quiero decir cuando digo que si me levanto por la mañana y no hay café en casa, caminaré cinco kilómetros cuesta arriba en la nieve para llegar a la cafetería más cercana. Si no tengo café, soy mucho peor persona y todo lo demás me resulta más difícil. Lo mismo me ocurre con pasar más de dos días sin hacer algún tipo de movimiento y tener al menos una hora de tiempo a solas para descomprimirme cada noche. Puedo dormir menos de ocho horas, no tengo hambre y no me importa que mi espacio no esté impecable. Para mí, eso son ventajas, no obligaciones. Sé que incluso si tengo reuniones consecutivas y un proyecto difícil en el que trabajar, siempre y cuando tenga café, movimiento y tiempo a solas en mi día a día, sentiré que tengo los pies en el suelo y el control de mi vida. Los no negociables no consisten en tener una lista de cosas que hacer; consisten en saber qué te motiva para que, sin importar lo que te depare la vida, tus necesidades básicas estén cubiertas.

¿Qué haces si tu horario de trabajo no te permite hacer las mismas cosas a la misma hora todos los días? Quizá trabajes en un campo como la salud, el manejo de catástrofes o la organización de eventos que no ofrece ese tipo de previsibilidad. En ese caso, piensa en tus no negociables como piedras de toque flexibles. No importa dónde encajen en tu día a día, siempre y cuando sepas cuáles son y los consigas en algún momento. Estos elementos son la gasolina que necesitas para mantener el coche en marcha.

Una vez que identifiques los no negociables, ¿cómo puedes hacer que se cumplan a diario? ¿Qué obstáculos debes prever? ¿Qué puedes hacer de antemano para reducir tu esfuerzo diario?

Por ejemplo, el café (y la proteína en polvo que añado a mi café) los encargo mediante una suscripción para no tener que pedirlos cuando se me acaban. ¿Es una carga tener que pedirlos cuando necesito más? No, pero me tranquiliza que lleguen a mi puerta y no tenga que buscar sustitutos durante un par de días entre envío y envío. También refuerzo mi necesidad de movimiento reservando clases de ejercicio con antelación. Si no asisto, me cobran una cuota. Esta penalización ha conseguido que arrastre mi cansado trasero a más clases de las que me gustaría admitir, y siempre me siento mejor después de arrastrarme hasta el gimnasio (por desgracia).

¿Cómo conseguimos que nuestros objetivos sean inevitables? Con una preparación que nos impulse hacia lo que queremos, en lugar de confiar demasiado en conceptos confusos como "motivación", "disciplina" y "fuerza de voluntad". No siempre tenemos que abrirnos paso a marchas forzadas a través de las cosas difíciles, sino que podemos hacerlas más fáciles y allanar el camino con una preparación meditada. Como dice la experta en fitness Autumn Calabrese: "Estar preparado no es la mitad de la batalla, es la batalla".[19] Si nos preparamos bien, aumentamos considerablemente nuestras posibilidades de alcanzar nuestros objetivos.

Identifica tus no negociables y sé sincero contigo mismo sobre los preparativos que podrías necesitar para hacerlos realidad. Si necesitas estar a solas por la noche, quizá debas hablar con tu familia o con tu compañero sobre esa expectativa en lugar de intentar escabullirte. Si necesitas dar paseos con regularidad pero vives en un lugar donde nieva cinco meses al año, coloca una caminadora frente al televisor. Si necesitas mantener limpio tu escritorio, instituye un "turno de cierre" todos los días después del trabajo, en el que limpies tu escritorio y lo prepares para el día siguiente. Piensa en tus necesidades y prepárate para ellas lo mejor posible.

Cuidado personal tridimensional

Después de establecer los aspectos no negociables, puedes trabajar en el cuidado personal tridimensional. Mucha gente sigue pensando

---

[19] Autumn Calabrese (@autumncalabrese), "Being prepared isn't half the battle, it is the battle", Instagram, 10 de marzo de 2019, https://www.instagram.com/p/Bu1WTlIAwUK/?hl=en.

que el cuidado personal es cualquier cosa que uno se hace a sí mismo, pero esa no es una forma suficiente de practicar el cuidado personal. Con frecuencia, este enfoque se traduce en una serie descoordinada de "pequeños caprichos", como la terapia de compras, el clásico baño de burbujas y una copa de vino, o pedir tu comida para llevar favorita (no lo sabrías por mi historial de pedidos de Uber Eats durante mis temporadas de mucho trabajo, pero te aseguro que la comida para llevar no es una forma sostenible de cuidado personal). Se trata de gustitos temporales que desaparecerán en cuanto termines de comer, te llegue el artículo por correo o explote la última burbuja. Para asegurarte de que practicas el cuidado personal de forma eficaz, piensa en tres categorías: **mantenimiento, descanso y recarga.**

Mantenimiento,
descanso, recarga
Cuidado personal tridimensional

Mantenimiento

Los elementos de mantenimiento son responsabilidades o tareas que contribuyen a cuidar de ti mismo. Te mantienen funcionando al nivel más básico: limpiar tu espacio, higiene personal, ir a la compra, hacer las tareas domésticas, pagar las facturas, ir al médico, cargar gasolina. Prácticamente todo lo que entra dentro del mantenimiento es lo que llamamos "tareas de adulto", no especialmente divertidas, pero esenciales para sentirte bien cuidado en el mundo de hoy.

Descanso

Piensa en el descanso como en las actividades genuinamente relajantes y tranquilizadoras que te aportan paz: dar un paseo, pasatiempos poco energéticos como leer o pintar, una siesta, ver una serie o película, jugar a un videojuego o escuchar un podcast. Estos pasatiempos no te exigen mucha energía y te permiten recargarte. Durante estos momentos de relajación, el cerebro puede entrar en un modo conocido como "red neuronal por defecto",[20] un estado de reposo asociado con el vagabundeo mental e incluso con el placer. En otras palabras, tu cerebro tiene toda una red preparada para ayudarte a desconectar. Las actividades de descanso no tienen por qué ser "productivas" o performativas; simplemente te ayudan a recargar.

Recarga

Recargar es tal cual lo que parece: cosas divertidas y gratificantes, como pasar tiempo de calidad con los amigos, la familia o la pareja; viajar; probar cosas fuera de tu zona de confort (¡como el paracaidismo! Aunque personalmente me niego a hacer paracaidismo, hay algo en saltar de un avión y confiar en que una cuerda y una tela te mantengan con vida que no me gusta nada), o ir a un concierto. Estos son los pasatiempos que tienden a iluminarnos, entusiasmarnos e ilusionarnos con nuestra vida, las cosas que hacen que valga la pena vivirla. Este tipo de actividades aprovechan la emoción del asombro, esa sensación que sentimos cuando algo supera o desafía nuestras expectativas, y que también tiene la capacidad de calmarnos y hacernos más sanos.[21]

---

[20] Michael D. Greicius *et al.*, "Functional Connectivity in the Resting Brain: A Network Analysis of the Default Mode Hypothesis", *Proceedings of the National Academy of Sciences of the United States of America* 100, núm. 1 (enero de 2003): 253-258, https://www.pnas.org/doi/10.1073/pnas.0135058100.

[21] Jennifer E. Stellar *et al.*, "Positive Affect and Markers of Inflammation: Discrete Positive Emotions Predict Lower Levels of Inflammatory Cytokines", *Emotion* 15, núm. 2 (abril de 2015): 129-133, https://pubmed.ncbi.nlm.nih.gov/25603133/.

Autocontrol y siestas

Realizar actividades en cada una de estas categorías, a lo largo de la semana, el fin de semana o durante el tiempo libre, es esencial para crear equilibrio. Lo ideal es repartir las actividades de cada categoría entre la semana laboral y el tiempo libre. Si sabes que los lunes son muy estresantes para ti, quizá no sea la noche en la que hagas todas tus tareas; una mejor opción podría ser algo de la categoría descanso. Si eres introvertido y tienes días de muchas reuniones, hacer una tarea de mantenimiento (como doblar la ropa mientras ves un programa que te gusta) puede ser una buena opción para ayudarte a desconectar del día. La forma de actuar en estas áreas depende de ti y de tu agenda; lo importante es que todas ellas estén presentes.

Muchas personas que no practican un cuidado personal tridimensional equilibrado se exceden sin querer en una categoría y descuidan las demás. Alguien puede pasarse todo el fin de semana limpiando el garaje (mantenimiento) y empezar la semana sintiéndose relajado o decepcionado por no haber hecho nada por sí mismo. Otra persona puede pasarse todo el fin de semana viendo series en Netflix (descanso) o saliendo con los amigos (recarga) y empezar la semana sintiéndose desprevenido, sin comida y con una montaña de ropa sucia. Estas categorías te ayudarán a planificar mejor tus responsabilidades y tu descanso.

Si eres de los que se rebelan contra la estructura y no te gusta que te digan qué hacer, piensa en estas categorías como si fueran ruedas de entrenamiento. Cuando se conviertan en algo natural para ti, podrás ser menos rígido a la hora de planificarlas. También puedes probar hacer listas de tareas o actividades para cada categoría y luego hacer lo que te apetezca en cada momento, para que sigas sintiendo que tienes libertad.

Esta estructura también puede ayudarte si tiendes a luchar con el autocontrol o la moderación frente al tiempo libre. ¿Sabes que la mayoría de los trabajadores aceptan que la semana entre Navidad y Año Nuevo es una semana libre? La gente duerme horas diferentes, se da el capricho de comer en Navidad, se queda en el sofá y justifica compras absurdas porque, de todos modos, la factura de la tarjeta de crédito se va a disparar por las fiestas. Los profesionales, acostumbrados a un horario rígido y ajetreado, pierden el conocimiento y vuelven a ser adolescentes impulsados por recompensas a corto plazo que intentan disfrutar de una libertad que por lo regular no tienen. Una de las razones por las que se produce esta semana sin ley es que el descanso se considera a menudo una recompensa que solo se nos concede en determinados intervalos (fines de semana, festivos y vacaciones).

Esta falta de autocontrol a la hora de descansar no es una consecuencia sorprendente de la cultura de atracones y restricciones en la que vivimos. Nos damos atracones de series de Netflix; nos limitamos a hacer dietas y luego nos volvemos locos en los "días libres". Trabajamos como locos durante la semana e intentamos descansar durante el fin de semana. La moderación no es para nosotros un modelo tan frecuente como lo es "trabajar duro, jugar duro", al menos no en Estados Unidos.

Durante mi tercer año de universidad estudié seis meses en España. Mi cerebro americano no podía entender cómo el país seguía en pie cuando todo estaba cerrado durante la hora de la siesta todas las tardes y cerrado por completo los domingos. Yo estaba acostumbrada a que todo estuviera abierto cuando uno quería. Por el contrario, no podía creer que todos los bares de los alrededores de mi edificio estuvieran llenos hasta las dos de la madrugada los días hábiles. Estaba acostumbrada a que de lunes a viernes todo estuviera reservado al trabajo y no al ocio. Este cambio cultural puso en tela de juicio todo lo que había aprendido sobre el trabajo y el descanso. Había tiempo para ambas cosas durante la semana y los fines de semana, pero yo no lo había visto así en mi propia vida.

No es todo o nada

Una vez trabajé con una mujer llamada Brooke que encendía la televisión después del trabajo y le costaba volver a apagarla hasta que tenía que irse a la cama. Poner programas sin sentido y navegar por su teléfono era su forma de descomprimirse. Pero en cuanto se encontraba descansando, no quería apagar la tele ni dejar el teléfono para hacer nada más demandante. Como es lógico, este comportamiento le impedía ocuparse de las cosas de la casa o tomar un libro que había dejado en la mesita de noche con la intención de leer. *Quería* dedicarse a un cuidado personal más completo por las tardes, pero le parecía que había mucho en juego, como si tuviera que elegir entre descansar, asumir responsabilidades o dedicarse a un interés un poco más exigente.

Como recordarás del capítulo sobre mentalidad, Brooke no luchaba necesariamente contra la falta de autocontrol, sino contra una mentalidad de todo o nada. Sentía que podía descansar y ver la tele o bien ocuparse de sus responsabilidades. Una vez que averiguó qué tipo de descanso y mantenimiento quería incluir cada semana y cuánto tiempo le llevaría (*spoiler*: mucho menos tiempo del que imaginaba), pudo escapar de su mentalidad de todo o nada.

Ahora, cuando Brooke se enfrenta a una tarde en la que quiere ir a hacer la compra y relajarse, puede frenar esos pensamientos mirándose al espejo y diciendo: *Hacer la compra me llevará una hora, como máximo. Si lo hago ahora, cuando llegue a casa serán las siete de la tarde, y si no me acuesto hasta las 11, tendré cuatro horas más de tiempo libre para comer, relajarme y hacer algo que me guste. Me sobra esa hora para ir de compras.* Este encuadre nos ayuda a tomar decisiones basadas en la realidad de una situación y no en lo que nos pueda parecer.

Aunque como, duermo y respiro este material, a veces me doy cuenta de que me resisto a hacer cosas, incluso cuando son innegociables. Por ejemplo, después de un largo día de trabajo, no quiero hacer ejercicio; quiero sentarme y volver a ver *Gilmore Girls* por quinta vez. Al igual que Brooke, tengo que recordarme a mí misma la realidad de la situación. Puedo subirme a la bici durante 30 minutos, y seguirán siendo las seis de la tarde cuando termine. Aún tendré horas para mí después de hacer lo más duro. Además, por lo general puedo hacer bici mientras veo la tele. Tener claro lo que intentas conseguir y cuánto tiempo te va a llevar ayuda a desinflar la sensación de agobio que te paraliza y te lleva a no hacer nada.

¿Qué debes hacer en las categorías de mantenimiento, descanso y recarga? ¿Con qué frecuencia te gustaría hacerlas y cómo puedes dedicarles tiempo? ¿Necesitas una tabla de tareas pegada en la puerta del refrigerador? ¿O tienes que poner recordatorios en el teléfono o en el calendario mientras te acostumbras a una nueva práctica? ¿Puedes reforzar tus objetivos con tu entorno dejando el libro sobre la almohada y haciendo que tus aplicaciones se apaguen automáticamente a las ocho de la noche? ¿Cómo puedes apoyarte mientras realizas estos cambios?

Ponte cómodo con tu mantenimiento, descansa y recarga antes de empezar a diseñar tu estilo de vida.

Diseño de estilo de vida

El diseño del estilo de vida es la parte sexy del cuidado personal.

Diseño de estilo de vida
Negocios, Salud, Personal, Social,
Estilo de vida

Esto es lo que la gente suele intentar hacer antes de reconocer que puede que le falten cosas básicas. No es divertido reconocer que llevas un año sin ir al dentista y que tal vez deberías ir. Sin embargo, es muy emocionante preguntarte qué tipo de vacaciones quieres tomar dentro de un año. El futuro es un lugar divertido, mágico y sin límites. Las conversaciones sobre el futuro son muy divertidas porque solemos preguntarnos "qué" en vez de "cómo". Pensamos en lo que queremos, sin prestar atención a cómo lo conseguiremos. **El qué no sucede sin el cómo**, así que en esta sección vamos a ayudarte a definir hacia qué tipo de vida te gustaría avanzar y cómo vas a hacerlo exactamente.

El diseño del estilo de vida consiste en decidir cómo quieres que sea tu vida en cinco aspectos y, a partir de ahí, construirla de forma sostenible:

CINCO ÁREAS DE LA VIDA

Negocios: A qué te dedicas y cómo lo haces
Personal: Intereses, desarrollo personal, pasatiempos y vida espiritual
Salud: Bienestar físico, mental y emocional
Social: Amigos, familia y relaciones románticas
Estilo de vida: Entornos (como los espacios en los que trabajas y vives) y experiencias que quieres vivir (viajes, gastronomía, jardinería, etc.).

El propósito del diseño del estilo de vida es saber cómo es tu ideal en cada categoría para que puedas tomar decisiones cotidianas que te acerquen a cada uno de esos objetivos. El diseño de estilo de vida es cuidado personal porque garantiza que respetas tus recursos limitados y los gastas en cosas que, en última instancia, se alinean con la vida que te gustaría vivir.

Quizá en tu mejor vida tengas un trabajo menos estresante, trabajes a distancia al cien por ciento o quieras cambiar tu horario para trabajar de ocho de la mañana a tres de la tarde en lugar de ocho de la mañana a seis de la tarde (negocios). Tal vez quieras aprender italiano (personal) y hacer ese viaje a la Toscana con el que siempre has soñado (estilo de vida). Tal vez quieras ver a tus amigos una vez al mes, llamar a tu mamá más seguido o sentarte a cenar con la gente con la que vives cada noche (social). Puede que por fin te hayas hecho socio del gimnasio y puedas empezar a nadar por las mañanas (salud).

Antes de que empieces a diseñar tu propio estilo de vida, una advertencia importante: he trabajado con muchas personas que piensan en estas áreas y tienen en cuenta sus límites: lo que quiere su pareja, lo que podría pensar su familia, los prejuicios sobre los costos de los caminos que ya han emprendido y lo que pensarían *otras personas* sobre sus prioridades. Por favor, deja eso. Por el bien de este ejercicio, imagina que lo haces como una persona sin obligaciones hacia los demás.

Sé que parece contraintuitivo planificar sin tener en cuenta suplementos permanentes, como una pareja o hijos. Pero si piensas en otros factores en estos ejercicios, encontrarás una excusa de por qué no puedes conseguir algo antes incluso de intentarlo. Esto no significa que no vayas a tener en cuenta a otras personas una vez que te adentres en el proceso; es solo una táctica para asegurarte de que no estás escondiendo tus verdaderas necesidades o deseos bajo la alfombra antes de tiempo. Además, si algo como "viajar de mochilero por Asia" no está en tus planes en este momento, siempre puedes añadirlo a la lista de "cuando los niños sean mayores", para que el sueño no se pierda, sino que quede en pausa.

Cuando estás agotado, tu primera incursión en el diseño de estilo de vida puede parecer una vuelta a la normalidad. Y eso está muy bien. Quizá tu situación laboral ideal sea volver a trabajar 40 horas semanales y tu vida personal ideal sea abandonar el club de lectura para el que nunca tienes tiempo de leer los libros. O tal vez en este momento necesitas declarar domingos antisociales hasta que te sientas más recuperado. Reevaluarás tu visión de cada una de estas áreas a lo largo de tu vida; esta es solo tu primera ronda. Respeta lo que exige tu fase actual de diseño de estilo de vida. Empecemos el proceso de diseño de tu estilo de vida ideal para esta temporada.

Cómo diseñar tu estilo de vida

Estos son los pasos básicos para diseñar tu estilo de vida, pero recuerda que no debes tratar de abordarlos hasta que hayas consolidado tus no negociables, mantenimiento, descanso y recarga. Si tus objetivos de diseño de estilo de vida añadirían tareas pendientes a tu plato y ya estás al límite de tu capacidad, espera hasta que tu plato no esté tan lleno. Es mejor abordar unos pocos cambios a fondo al principio que incorporar demasiados, abrumarte y abandonarlos todos.

Paso 1. Lluvia de ideas: Escribe durante unos 10 minutos, o el tiempo que necesites, sobre lo que quieres —o no quieres— en cada una de las cinco categorías (negocios, personal, salud, social y estilo de vida). Hazlo de forma desordenada y descoordinada. No pienses demasiado ni le des vueltas antes de escribirlo. Nadie más que tú verá esta lista. Solo tienes que volcarla.

Por ejemplo, mi ejercicio social podría ser: FaceTime con mi mamá y mi papá una vez a la semana, ir de vacaciones una vez al año con mis amigos, ir a mi club de lectura una vez al mes, abstenerme de socializar después de las siete de la tarde entre semana, tener una cita una noche al mes, organizar cenas, decir a amigos y familiares que no voy a tomar más llamadas durante la jornada laboral, comprobar los mensajes de texto y DM solo durante una hora cada noche, conocer a mis vecinos. Todo lo que se me ocurra socialmente, incluso si no hay manera de que pueda hacerlo todo de inmediato.

Paso 2. Reduce el alcance: Una vez que hayas analizado cada una de las cinco áreas, selecciona los tres o cinco objetivos principales (en total, no por categoría) en los que deseas centrarte primero. Puedes elegir en función de los criterios que se ajusten a tus circunstancias: sensibilidad al tiempo, lo que mejoraría su vida, lo que más te entusiasma, etc. No hay ninguna forma incorrecta de hacerlo. (Perfeccionista o indeciso: no te estreses por esto). Con el tiempo tendrás tiempo para llegar a todo, pero es importante que empieces poco a poco y hagas tus primeras selecciones antes de preocuparte por incluir más.

De todas las ideas sociales que tenía, la que supondría una mayor diferencia inmediata era no socializar después de las siete de la noche. Para ponerlo en práctica puse mi teléfono en "No molestar" e informé de mi nuevo plan a cualquiera que me llamara a esa hora. Aunque me encantaría organizar cenas, si estoy pasando por una temporada muy ocupada necesito más tiempo para recuperarme, así que, de momento, eso queda descartado. *Recuerda: dado que estamos eligiendo solo entre tres y cinco puntos en total, solo elegí un objetivo social.* Si tres prioridades te parecen pocas (¡ya te estoy viendo, superdotado!), tienes que saber que hay un método para este límite: los estudios demuestran que si no alcanzamos un objetivo concreto[22] nos sentimos menos motivados y confiados a la hora de asumir nuevos retos. Así que empezamos con objetivos razonables y alcanzables.

Paso 3. Sé específico: ¿Qué tienes que hacer para conseguir ese objetivo de una semana a otra? Por ejemplo, si quieres dar prioridad al ejercicio, ser específico podría significar establecer el objetivo de dar 10 mil pasos al día o hacer ejercicio durante 45 minutos todos los lunes, miércoles y viernes. Si tu objetivo es hablar por FaceTime con tus papás una vez a la semana,

---

[22] Jessica Höpfner y Nina Keith, "Goal Missed, Self Hit: Goal-Setting, Goal-Failure, and Their Affective, Motivational and Behavioral Consequences", *Frontiers in Psychology* 12 (septiembre de 2021), https://www.frontiersin.org/articles/10.3389/fpsyg.2021.704790/full.

puedes fijar una hora fija para la llamada, de modo que todos sepan que se tomarán un café virtual el domingo a las 10 de la mañana. Está demostrado que la claridad en los pasos de acción[23] y la responsabilidad de una fuente externa aumentan las posibilidades de alcanzar tu objetivo.

Paso 4. Pon manos a la obra: Si aún no lo has hecho, responde a la pregunta de cómo: *¿Cómo introducirás exactamente este nuevo elemento en tu vida?* Digamos que quieres empezar a irte a dormir a las 10:30 cada noche (salud). Podrías programar una alarma que sonara a las 9:45 para recordarte que tienes que empezar tu rutina nocturna, enchufar el celular al otro lado de la habitación y leer hasta que te duermas.

Digamos que tu prioridad es salir del trabajo a tiempo. ¿Cómo serían para ti los pasos 3 y 4? Para ser específico en este objetivo, dices que te gustaría salir antes de las cinco de la tarde todos los días. Para integrar este objetivo en tu jornada laboral, decides establecer un recordatorio a las 16:45 para empezar a recoger, añades tu horario laboral a tu firma de correo electrónico para que los demás sepan cuándo pueden esperar una respuesta tuya, y le dices a tu equipo que has adquirido la mala costumbre de quedarte hasta tarde, por lo que deben amonestarte si te ven por aquí después de las cinco (comunica esta expectativa de forma clara y desenfadada).

Hay muchas formas de ser creativo en el diseño de tu estilo de vida. De nuevo, "la preparación no es la mitad de la batalla; es la batalla". Numerosas investigaciones demuestran que cuanto más tiempo dediques a la planificación, mayores serán tus posibilidades de éxito.[24] Cuanto más trabajo puedas hacer por adelantado, menos trabajo tendrás que hacer cuando llegue el momento de ejecutar el plan.

---

[23] Sarah Gardner y Dave Albee, "Study Focuses on Strategies for Achieving Goals, Resolutions", *Dominican Scholar*, Dominican University of California, 2015, https://scholar.dominican.edu/news-releases/266/.

[24] Peter M. Gollwitzer, Kentaro Fujita y Gabriele Oettingen, "Planning and the Implementation of Goals", en *Handbook of Self Regulation: Research, Theory, and*

Una vez trabajé con una mujer de 30 años llamada Olivia, que odiaba arreglarse por las mañanas, pero que quería estar presente todos los días en sus reuniones de Zoom. Se sentía mejor cuando dedicaba tiempo a arreglarse, pero le chocaba tener que hacerlo. Para hacerlo más fácil, decidió tener un espejo, maquillaje, joyas, pinzas para el pelo y una blusa bonita en su escritorio. Prepararse se convirtió en algo que podía hacer fuera de cámara durante su reunión matutina con el equipo. Era mucho menos intimidante y desgastante que ir por casa y hacer esas tareas por separado; además, le gustaba tener algo que hacer con las manos durante la reunión. Dedicó uno de los cajones de su escritorio a los productos e incluso guarda ahí toallitas de maquillaje y loción para poder limpiarse después de la jornada laboral en lugar de tener que lavarse la cara por la noche.

Para reforzar sus nuevos hábitos, los hizo lo más fáciles y obvios posible. No es casualidad que este método le funcionara. James Clear, autor de *Hábitos atómicos*, habla de la importancia de crear nuevos hábitos "obvios, atractivos y fáciles".[25] Por algo su libro ha vendido millones de ejemplares; estos métodos para reforzar un hábito funcionan. Entonces, ¿qué pasos puedes dar para asegurarte de que estás haciendo lo que recomiendan los expertos y de que tus nuevos hábitos sean lo más obvios, atractivos y fáciles posible?

Lograr que los hábitos se mantengan

¿Por qué parece que a algunas personas se les da mejor hacer las cosas, como si se levantaran y realizaran todas las tareas tediosas que tienen entre manos sin resistencia, aburrimiento, bloqueos o colapsos? Después de trabajar con muchísimas personas, he descubierto que ese aire de facilidad proviene de una excelente autogestión. Muchas de estas personas que parecen sobrehumanas tienen sistemas,

---

Applications, eds. R. F. Baumeister y K. D. Vohs (Nueva York: Guilford Press, 2004), pp. 211-228.

[25] James Clear, *Atomic Habits* (Nueva York: Avery, 2018).

trucos y herramientas que quizá no hayan expresado con palabras, pero que les facilitan hacer lo que hay que hacer.

Las herramientas para hacer las cosas son diferentes para las personas neurodivergentes. Si ese es tu caso, sabrás que la gestión personal desempeña un papel importante en tu rutina diaria, y que muchas recomendaciones tradicionales sencillamente no sirven. Este es otro punto en el que quiero que te permitas modificar las herramientas hasta que se adapten a ti. Si ves algo que te gustaría probar pero algún elemento no te funciona, adáptalo y dale una oportunidad.

Ahora vamos a hablar de cómo puedes gestionarte de forma que te resulte más fácil hacer las cosas difíciles.

Herramientas de autogestión

Las herramientas de autogestión adoptan formas muy diversas. A continuación se enumeran algunas de ellas.

Mínimos

Hace varios años un abogado llamado Max me pidió que le ayudara a encontrar un mejor equilibrio entre trabajo y vida privada. Me dijo que la rendición de cuentas lo hacía sentir más culpable que motivado, sobre todo cuando no alcanzaba un objetivo. El cambio de perspectiva que lo animé a hacer —y que te animo a hacer a ti también— es que, en lugar de sentir vergüenza por no haber conseguido lo que se había propuesto, cambie su forma de pensar a *no lo he conseguido, así que voy a hacer lo siguiente mejor, que es...* A partir de entonces, cuando le enviaba un mensaje de texto preguntándole si se había tomado su descanso de una hora para comer, me respondía: "No, pero me tomé 20". Cuando le preguntaba si había dedicado tiempo a su pasatiempo después del trabajo, respondía: "Todavía no, pero lo haré mañana".

Comprometerte con la siguiente mejor opción es una forma eficaz de quitarte presión de encima y sentirte cómodo con los golpes. Un mínimo es la siguiente mejor opción. Es una versión reducida de lo que querías hacer, algo a lo que puedes recurrir si el objetivo inicial no se va a cumplir ese día. **Si solo nos esforzamos por nosotros mismos los días en los que tenemos el 100% para dar, no lo haremos muy seguido.** Establece unos mínimos para salvarte de esta fatalidad. *No tenía tiempo para desayunar, así que en lugar de saltármelo, me comí una barrita de proteínas. No tuve tiempo de limpiar mi casa antes de la reunión familiar, así que le pedí a mi hermana que viniera antes para ayudarme. No tengo tiempo para hablar por teléfono, pero si me envías una nota de voz, puedo responderte esta noche.* Hay muchas maneras de hacer menos y seguir satisfaciendo nuestras necesidades.

Para cada área de los no negociables, el cuidado personal tridimensional y el diseño de estilo de vida, ten en mente una versión más pequeña de tus cosas por hacer, de modo que el objetivo básico se siga cumpliendo cuando no tengas la energía o la capacidad para llevar a cabo su versión ideal. Tu mínimo debe ser algo que no te intimide ni te provoque mucha resistencia.

He aquí otras formas de acercarte a los mínimos:

- Ten a mano comidas, tentempiés y malteadas para microondas para cuando no tengas tiempo de preparar la comida y la alternativa sea pasar hambre.
- Revisa los correos electrónicos la noche anterior al trabajo para marcar los elementos como "urgentes" y guardarlos para la mañana siguiente en lugar de hacerlos en ese momento.
- Camina en la caminadora mientras ves una serie cuando no puedas ir al gimnasio.
- Limpia solo las superficies grandes en lugar de toda la casa cada noche.
- Responde a los mensajes de texto con notas de voz en lugar de escribir.

Si alguna vez te encuentras sumido en las garras del burnout, puedes pasar del mínimo ocasional a lo que yo llamo **días mínimos**. Un día mínimo es un día en el que reduces todo lo que puedes y solo haces el trabajo absolutamente necesario. Puede consistir en hacer comidas rápidas y sencillas, pedir comida a domicilio, no responder a mensajes de texto o llamadas que no sean urgentes y dejar para mañana todo lo que se pueda hacer mañana. ¿Es ideal estar tan agotado que tengas que depender de los días mínimos? Por supuesto que no. Sin embargo, si todo lo que tienes en el tanque es suficiente para pasar un día mínimo, entonces, por todos los medios, limítate al mínimo.

Cuando utilizo un día mínimo no estoy abandonando mi vida. Más bien estoy siendo realista sobre lo que puedo hacer hoy para poder llegar al día de mañana. No tiene sentido forzar la productividad hoy a costa de la productividad de mañana. Conócete a ti mismo lo suficiente para saber cuándo necesitas un empujón y cuándo debes retirar el pie del acelerador. No es un defecto de carácter reconocer que tu nivel de energía es bajo y cuidarte. De hecho, demuestra autocompasión y sentido práctico: estás dando los pasos que necesitas (y solo tú sabes lo que necesitas) para seguir adelante. Si alguna vez sientes que te acercas a un colapso, muestra un poco de gracia y empatía e intenta un día mínimo.

Unas palabras sobre la autocompasión: puede sonar sensiblero, pero hay numerosos estudios que demuestran que la autocompasión es una práctica poderosa que puede aumentar la resiliencia, el estado de ánimo y la motivación.[26] Lo hace activando nuestro modo cuida de ti[27] y haz amigos, ese instinto de cuidar de nosotros mismos y de los demás. Según la investigadora Kristin Neff, autora de *Fierce*

---

[26] Kristin Neff, "The Five Myths of Self-Compassion", *Greater Good Magazine*, 30 de septiembre de 2015, https://greatergood.berkeley.edu/article/item/the_five_myths_of_self_compassion.

[27] Shelley E. Taylor *et al.*, "Biobehavioral Responses to Stress in Females: Tend and Befriend, Not Fight-or-Flight", *Psychological Review* 107, núm. 3 (julio de 2000): 411-429, https://pubmed.ncbi.nlm.nih.gov/10941275/.

Self-Compassion (Autocompasión feroz), las personas con mayor autocompasión están más sanas, menos estresadas e incluso son más propensas a acudir a las citas médicas. Actuar desde la bondad y la empatía hacia uno mismo es mucho más eficaz que obligarse a cumplir con las tareas pendientes.

Romantización

La romantización consiste en hacer agradable una experiencia mundana o desagradable. Por ejemplo, como los lunes son tus días más duros, ponte tu ropa favorita, cómprate un café antes de ir a trabajar o planea pedir la cena a las cinco de la tarde cuando salgas del trabajo. No son acciones revolucionarias, lo sé, pero te garantizo que son pequeñas formas de hacer más llevadero un día duro.

Muchas personas tienen la horrible costumbre de intentar agrupar las cosas malas para acabar con ellas de una vez, lo que las hace evitar o temer aún más hacer esas tareas. Una vez trabajé con una mujer llamada Tammy que se obligaba a escuchar podcasts educativos mientras montaba en bicicleta estática para matar dos pájaros de un tiro. Como era de esperar, esto le quitaba las ganas de montar en bici porque asociaba el ejercicio con otra actividad a la que se resistía. Al cambiar a ver sus programas de televisión favoritos mientras montaba en bici, hacer ejercicio le resultó más fácil y agradable.

¿Hay cosas tediosas en tu vida que podrían romantizarse? ¿Podrías combinar la cena con ver un nuevo programa de televisión y quedarte en pijama? ¿Lavar la ropa podría ir acompañado de un café con leche y escuchar un podcast que te guste? No subestimes lo mucho que tu entorno y algunos pequeños lujitos pueden mejorar tu experiencia.

La próxima vez que te sientas reacio a la tarea que tienes delante, haz inventario de tus cinco sentidos y decide si hay algo que pueda mejorarse. ¿Podrías ponerte algo más cómodo? ¿Podrías tomar una bebida divertida o un tentempié mientras trabajas? ¿Poner música o un vlog de un youtuber que te guste? ¿Encender la televisión, hacer la actividad fuera o cambiar la iluminación? ¿Encender una vela para mejorar el ambiente? La diferencia entre poner la lavadora bajo luces fluorescentes, en silencio y en jeans, y hacerlo en una pijama cómoda y flojita, con una luz más tenue, mientras ves tu programa favorito y enciendes una vela es astronómica, en serio.

Siempre que tengo trabajo extra un sábado no lo trato con la misma formalidad que durante la semana. En lugar de eso me voy a un café con la ropa más cómoda y música en los auriculares para que la experiencia resulte más agradable que trágica. Pequeños cambios como este marcan una gran diferencia en tu experiencia general.

Gamificación

La gamificación suena un poco a ciencia ficción, pero en realidad no es más que una forma de utilizar elementos que suelen encontrarse en los juegos —como establecer tiempos y obtener recompensas— para estimular y mejorar tu rendimiento. Se trata de un método científicamente probado para motivarte,[28] y todo el mundo lo utiliza para alcanzar sus objetivos, desde deportistas hasta profesores o directores ejecutivos.

Cuando me enfrento a algo engorroso mi respuesta inicial casi siempre es: "No quiero hacerlo". Pero cuando aplico la gamificación pienso: "¿Cómo puedo hacer que esto me resulte más atractivo? Por ejemplo, cuando me resisto a limpiar mi casa el fin de semana, me digo que solo tengo 40 minutos (o hasta el final de un episodio del podcast) para hacerlo, y que una vez que haya terminado puedo ir a una cafetería o leer. Con un renovado sentido de la urgencia y esperando una recompensa, acabo trabajando mucho más rápido y con más eficacia de lo que lo habría hecho sin elementos de gamificación. Si tengo que doblar la ropa y lavar los platos, me digo que solo tengo un episodio de *New Girl* para terminarlos. Es elemental,

---

[28] Karl M. Kapp, *The Gamification of Learning and Instruction* (San Francisco: Pfeiffer, 2012).

pero por eso funciona. ¿Puedes ponerte nuevas condiciones para comprometerte con actividades engorrosas?

Recordatorios

Los recordatorios son un toquecito en el hombro para hacer algo. Pueden adoptar la forma de alarmas, recordatorios en el calendario, notas adhesivas, gráficos de estrellas en el refrigerador o colocar cosas en lugares obvios. Sé que los recordatorios parecen elementales, pero *funcionan*. En un estudio realizado en 2017 en los Países Bajos sobre la eficacia de los recordatorios, los investigadores descubrieron que los participantes que luchaban contra el insomnio y que recibían recordatorios —señales de motivación visuales y auditivas a través de una aplicación— para hacer ejercicios de relajación y utilizar su diario de sueño eran más propensos a apegarse al tratamiento y a mejorar su sueño.[29]

Un hombre llamado Jeff, con el que trabajaba, siempre estaba cansado. Se levantaba agotado unos cinco minutos antes de su primera reunión de trabajo, sacaba su laptop del cajón y empezaba su jornada laboral. Cuando terminaba se conectaba a internet para jugar videojuegos con sus amigos hasta altas horas de la madrugada. ¿Medianoche? *La noche es joven. ¿Las dos de la madrugada? Creo que ya es hora de dormir. ¿Las cuatro? Carajo, otra vez no.*

Se metía en la cama, se ponía al día en las redes sociales y miraba fijamente la luz azul hasta que estaba lo bastante cansado como para dormirse. Después de describirme su rutina, nos quedamos mirándonos durante un rato, porque ambos teníamos claro que su rutina no daba como resultado una persona descansada. Puede que Jeff estuviera practicando la parte de reposición del cuidado personal (videojuegos con amigos), pero estaba descuidando su necesidad de un descanso menos estimulante. La falta de descanso real y reparador

---

[29] Corine Horsch *et al.*, "Reminders Make People Adhere Better to a Self-Help Sleep Intervention", *Health and Technology* 7, núm. 2 (diciembre de 2016): 173-188, https://www.ncbi.nlm.nih.gov/pmc/articles/PMC5686282/.

en combinación con su mal horario de sueño le estaba causando fatiga en el trabajo y durante su tiempo personal. Tras hablar de su necesidad de descanso para sentirse más tranquilo y controlar mejor el día, decidió poner en práctica una rutina matutina y vespertina. Pasar directamente del sueño al trabajo y de las pantallas al sueño no funcionaba. Para cimentar esta rutina se puso una docena de recordatorios y alarmas para abandonar sus viejos hábitos y adoptar los nuevos.

La clave de una buena rutina matutina y nocturna es que te caliente (por la mañana) o te enfríe (por la noche) tanto mental como físicamente. El calentamiento mental puede consistir en escuchar música, escribir un diario, meditar, leer, hacer lluvia de ideas o escuchar un podcast. El calentamiento físico puede consistir en estirarte, dar un paseo, tomar un café o una malteada, lavarte la cara o darte un regaderazo. Enfriarse mental y físicamente puede ser prácticamente lo mismo, con la diferencia de que quizá quieras cambiar el café por el té, y lo ideal es que la luz se vaya atenuando para avisarle a tu cuerpo que te estás relajando.

No te lanzarías directo a entrenar sin calentar; si tu cuerpo no está preparado, corres el riesgo de lesionarte. Del mismo modo, tampoco deberías pasar directamente del sueño REM a ser un profesional; dale a tu cerebro y a tu cuerpo la oportunidad de entrar en calor. Jeff decidió que por la mañana pondría el despertador media hora antes para prepararse el café, ver las noticias y estirarse un rato antes de empezar a trabajar. Por la noche pondría una alarma para acostumbrarse a dejar el videojuego a las 11:30 y luego pasaría a su rutina nocturna y leería un libro en la cama hasta que se quedara dormido.

Lo más difícil de esta rutina (y de la mayoría de las rutinas) era cumplirla cuando llegaba el momento. Aunque elegía cómo quería pasar la mañana y la tarde, era difícil cambiar cuando sonaba el despertador o sus amigos le pedían que jugara un partido más. Sin los recordatorios, reconoció que probablemente no habría intentado cambiar su rutina en absoluto: su deseo de hacer lo más placentero sería su perdición. Mantener su teléfono al otro lado de la habitación con una alarma sonora puesta era el tipo de estímulo que necesitaba para salir de la visión de túnel y pasar de una actividad a otra. También comunicó a sus amigos que tenían que sacarlo si estaba conectado después de las 11:30. Obviamente, ellos querían que siguiera conectado, pero él necesitaba refuerzo y responsabilidad. Así que, como buenos amigos, lo obligaron, su sueño mejoró y se vio recompensado con más energía cada día.

Responsabilidad

La responsabilidad es la última pieza del rompecabezas. A muchas personas les cuesta rendir sin expectativas externas (y eso está muy bien; conócete a ti mismo). Si ese es tu caso, vamos a ver cómo puedes hacer que la responsabilidad funcione para ti. La rendición de cuentas puede adoptar muchas formas: salir a pasear con otra persona (si no te apetece ir solo); decirle a un amigo que vas a terminar un proyecto personal en una fecha determinada (para que tengas un plazo motivador y alguien que te va a reclamar si no lo haces); comprometerte a ir a algún sitio con otra persona (al cine, al café, al supermercado); apuntarte a una clase con antelación, o tendrás que pagar algún tipo de penalización económica (poner dinero donde está tu boca). Este tipo de responsabilidad es el empujón que mucha gente necesita para hacer lo que jura que quiere hacer, pero solo necesita un pequeño incentivo para llevarlo a cabo. Así es como una clienta mía, Mary, utilizaba la responsabilidad para despertarse más temprano. Quería tener tiempo para sí misma antes de empezar la jornada laboral. Pero Mary tenía un problema: siempre había sido un búho, no una alondra, y *odiaba* despertarse por la mañana. Para motivarse a hacer este cambio de comportamiento tuvimos que encontrar algo que odiara aún más. Nos dimos cuenta de que tenía que haber dinero en juego o no se tomaría en serio el cambio. Mary decidió que le daría a su marido 500 dólares y que si no se levantaba a las seis de la mañana de lunes a viernes durante un mes seguido, él se quedaría con el dinero. ¿Adivina quién empezó a despertarse a las seis de la mañana? Así es, la nueva mañanera Mary. No hay mejor motivación que participar en el juego.

Imagina que todo el mundo tiene una taza interna de energía. Algunas personas se levantan con la taza llena y no necesitan más presión para rendir. Otras se despiertan con la taza vacía y necesitan esa presión adicional. María se despertó con su taza natural de energía vacía y necesitó la presión externa del dinero en juego para rendir.

En el otro extremo del espectro están las personas con la taza tan llena que, si se añade presión externa, se sienten abrumadas. En mi caso, me levanto con el ánimo a tope. Puedo hacer mi rutina matutina, hacer ejercicio y terminar mi trabajo sin ninguna presión externa. De hecho, cuando hay demasiada presión externa, me cuesta rendir. Por ejemplo, si tengo una lista de tareas que hacer, puedo llevarlas a cabo de forma eficiente sin problemas. Pero si alguien me dice que va a pasar por casa dentro de 20 minutos y tengo la presión añadida de que alguien va a estar aquí para ver el resultado, la limpieza pasa de ser un tiempo de ocio a un tiempo de descanso.

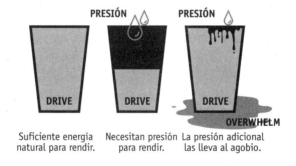

Suficiente energía natural para rendir.   Necesitan presión para rendir.   La presión adicional las lleva al agobio.

Yo disfruto con un podcast feliz de la vida. Por el contrario, he trabajado con muchas personas que *necesitan* apuestas y presión para rendir. Dales un plazo ajustado y lo conseguirán. ¿Sin plazo? Mmm, no debe ser tan importante. No es el momento de quejarse de lo que necesitamos; es un estímulo para encontrarse con uno mismo dondequiera que esté y ser honesto sobre cómo se rinde mejor. La combinación de autoconocimiento y preparación puede hacer que tu cuidado personal sea mil veces más fácil.

Al superar las mentalidades poco útiles sobre el cuidado personal (culpa por descansar, creer que el descanso es una recompensa, tratar el descanso como un control de daños) puedes empezar a reparar tu relación con el descanso y la recuperación. Comenzando por la base, asegúrate de que tus no negociables se incorporen de modo sistemático a tu día a día. A continuación experimenta con distintas variaciones del cuidado personal tridimensional. El mantenimiento, el descanso y la recarga pueden variar de una semana a otra en función de las exigencias de cada semana. En cuanto hayas establecido los aspectos no negociables y el cuidado personal tridimensional, puedes plantearte cuál sería tu estilo de vida ideal dentro de las cinco áreas principales (negocio, personal, salud, social y estilo de vida). Utiliza lo que has aprendido sobre mínimos, romantización, gamificación, recordatorios y responsabilidad para reforzar los objetivos que persigues. Personaliza estas sugerencias para que tus hábitos se mantengan. De nuevo, son ruedas de entrenamiento. Una vez que los practiques durante el tiempo suficiente, se convertirán en tu nuevo hábito automático.

Es fácil ponernos en último lugar y decepcionarnos cuando parece que los demás necesitan nuestra atención más que nosotros. Puede que estemos acostumbrados a descuidar nuestras necesidades en favor de las de los demás. En respuesta, quiero recordarte, en buena onda, que cuidar de ti mismo también es una de tus responsabilidades. Como se suele decir, no se puede ser todo para los demás y nada para uno mismo. Tú eres responsable de ti mismo. **Dar prioridad a tus propias necesidades no será lo más fácil que hagas, pero será una de las cosas más importantes.**

El cuidado personal no es un lujo; es una necesidad. Te pido que seas el tipo de persona que se dedica al cuidado personal, incluso cuando sea inconveniente, para que no te despiertes dentro de 10 años preguntándote cuándo fue la última vez que hiciste algo por ti.

Capítulo cinco

Administración del tiempo
Está en el ojo del espectador

¿Estás listo para hacer cuentas? (Qué cosa más horrible, lo sé. Te prometo que hay una razón para ello). Tómate un minuto para conseguir el mayor número de puntos posible resolviendo los siguientes problemas abajo.

(1 punto): $29 + 17 =$
(2 puntos): $(45 \times 9) - 31 =$
(3 puntos): $(54 + 957) \times [62 \times (17 / 3)] =$
(4 puntos): $(9 \times 482) - (56 + 84) \times [(89 - 32) - (45 + 17)] =$

Ahora bien, ¿qué priorizaste en ese minuto? ¿Terminaste primero los problemas más pequeños para acumular algunos puntos en caso de que los más difíciles te llevaran demasiado tiempo? ¿Optaste por el problema que valía más puntos? ¿Elegiste en función de tu destreza? ¿O empezaste por el primero y seguiste avanzando en orden porque así es como están enumerados los problemas y has supuesto que los resolverías todos en 60 segundos? Cuando he pedido a la gente que haga este ejercicio, he oído a algunos decir que hacían los problemas fáciles por diversión, sin importar los puntos. He visto a otros no hacer nada durante el ejercicio porque no les parecía lo suficientemente importante como para hacerlo.

Comienzo las sesiones de formación sobre administración del tiempo con un ejercicio de esta naturaleza para ilustrar cómo un grupo de individuos puede considerar los mismos cuatro problemas y decidir actuar sobre ellos de formas completamente distintas cuando se les da un límite de tiempo. Del mismo modo, en los entornos profesionales, todos administramos nuestro limitado tiempo de forma única con diferentes motivaciones y justificaciones. Este problema matemático es un ejemplo sencillo. Nuestro trabajo real es más complejo si tenemos en cuenta las exigencias de los superiores, las peticiones de los compañeros, los plazos, las interrupciones, la urgencia y la importancia variables y los aumentos basados en el rendimiento.

La administración del tiempo determina tu experiencia diaria, no solo en tu vida laboral, sino también para tu salud mental. Las personas que saben cómo emplear su tiempo manifiestan una mayor satisfacción vital y menos estrés (además de mejores evaluaciones de rendimiento). Una buena administración del tiempo —ser consciente de uno mismo y estratégico a la hora de planificar, priorizar y ejecutar tareas— mejora la productividad, controla el caos y protege el tiempo de inactividad, todo lo cual ayuda a evitar el burnout. Una mala administración del tiempo —administrarlo mal de forma sistemática, de modo que el trabajo resulte más duro y se extienda a otras áreas de la vida— es desagradable y te hace sentir como si siempre estuvieras ocupado pero sin progresar. Perder la noción de las horas que pasas despierto puede provocar un sentimiento de profunda impotencia y la sensación de que tu vida está fuera de tu control. Y es imposible que te sientas en equilibrio cuando no tienes ningún control sobre cómo empleas tu valioso tiempo.

Tener problemas con la administración del tiempo no siempre es el resultado de tener demasiado que hacer y tratar de hacerlo de la forma más eficaz posible. Algunas personas sufren "ceguera temporal", es decir, no tienen en cuenta o calculan mal el tiempo que tardarán en hacer algo, lo que dificulta su capacidad para controlar el tiempo. Las personas con ceguera temporal pueden planear levantarse a las ocho de la mañana para llegar a la oficina a las nueve sin tener en cuenta los diversos factores en juego (tráfico, tiempo, un percance al momento de arreglarse) y dan por sentado que todo saldrá bien. En el trabajo, estas personas también pueden aceptar tareas sin tenerlas claras. "Claro que puedo hacerlo". "Estaré encantado de ayudar". "Sí, lo añadiré a mi lista". Pero **la ignorancia no es la felicidad; la claridad es la felicidad**. Cuando aceptamos tareas sin considerar su alcance y cómo afectan a tareas preexistentes, corremos el riesgo de sobrecargarnos y quemarnos. Si tenemos claro en qué empleamos nuestro tiempo, podemos decidir con más cuidado para qué cosas tenemos tiempo.

Durante la mayor parte de mi vida, mi problema fue lo contrario de la ceguera temporal; tenía una relación muy tensa e íntima con el tiempo. Cuando las cosas se ponían difíciles, me estructuraba. Planificaba mi día al minuto, sin dejar margen para el error humano; si algo salía mal, era como ver cómo se estrellaban las fichas de dominó. Me reservaba todo el día y lo consideraba una buena administración del tiempo. Me alababan por mi eficiencia, pero en realidad no era más que una persona organizada y fiable en una relación tóxica con mi agenda de colores. Mi administración del tiempo era muy deficiente: no discriminaba las peticiones que los demás me hacían; tan solo les hacía sitio hasta que ya no tenía vida. No tenía ningún sentido de la autopreservación y nunca di prioridad a la recuperación. Si tenía tiempo, estaba disponible (y siempre estaba disponible para algo o alguien).

La administración del tiempo es como una balanza: en un lado está la ceguera temporal y en el otro la hiperprogramación. Lo ideal es vivir en la zona media. Si te acercas demasiado a uno de los extremos, lo más probable es que te quemes. La falta de conciencia sobre el tiempo significa que no sabes cuándo te estás quedando sin él; una sensación de control demasiado grande sobre el tiempo puede hacer que confíes demasiado en tu capacidad para manipularlo. Si gestionas tu tiempo de forma demasiado flexible, corres el riesgo de agotarte por exceso de compromiso y falta de control. Pero si administras tu tiempo con demasiada rigidez corres el riesgo de extenuarte por exceso de compromiso y por poner demasiada presión sobre tus hombros. Recuerda que el burnout es estrés y agotamiento prolongados. Cómo ocupamos nuestro tiempo y cómo resolvemos los asuntos que tenemos entre manos influye enormemente en nuestros niveles de estrés.

Para construir una relación reflexiva con el tiempo tienes que ser capaz de considerarlo con claridad sin dejar que te controle. Una buena administración del tiempo requiere unas cuantas habilidades clave: priorización, gestión de las condiciones y ejecución. Necesitas las tres habilidades para ser lo más eficiente posible. Al darme cuenta de los errores de mi administración del tiempo (lloré muchísimas veces cuando el tren llegaba con retraso) empecé de cero. Necesitaba abarcar menos sin sacrificar el progreso. Mejoré a la hora de priorizar lo que en realidad movía la aguja y dije no a las distracciones disfrazadas de oportunidades. Descubrí qué condiciones de trabajo me permitían hacer más en menos tiempo. Hice cambios en apariencia pequeños en mi administración del tiempo, lo que aumentó mi productividad, mejoró la calidad de mi trabajo y me devolvió tiempo para vivir mi vida.

Lo primero que había que hacer era determinar qué era lo que en verdad movía la aguja. Hablemos de la priorización y de cómo puede marcar o romper tu vida diaria.

Priorizar es un deporte de contacto

Disponemos de un "presupuesto de decisiones" diario —un suministro limitado de energía cognitiva para tomar decisiones cada día—, y una vez que lo hemos gastado experimentamos fatiga cognitiva.

PRESUPUESTO DE DECISIONES

Necesitamos jerarquizar para gastar ese presupuesto de decisiones en las prioridades más importantes. ¿Sabías que cuando el presidente Obama estaba en el cargo se ceñía a un clóset fijo con los mismos trajes "porque tenía demasiadas decisiones que tomar"? Cuando gastamos demasiada energía en decisiones triviales nos comemos nuestro presupuesto para decisiones y es más probable que lleguemos al límite antes de tomar todas las decisiones importantes. Nos estresamos pensando en qué desayunar o qué ponernos para ir a trabajar, redactamos durante 15 minutos un correo electrónico que estaba bien en su primer borrador, respondemos a mensajes de texto no urgentes cuando hay pensamientos más importantes. Malgastamos nuestro presupuesto de decisiones incluso antes de que empiece la jornada laboral y nos encontramos con la fatiga de las decisiones por la tarde. A la hora de salir, después de un día entero de trabajo intenso, solemos estar demasiado cansados para hacer un desarrollo profesional adicional o planificar el día siguiente. Nos convencemos de ir al gimnasio, de tener esa difícil conversación con un amigo o de preparar esa complicada receta para la cena. La alternativa a este cansancio: saber cuáles son nuestras verdaderas prioridades para asegurarnos de presupuestarlas en lugar de forzarlas con el tanque vacío.

Dada la naturaleza de mi trabajo, recibo muchas peticiones extraoficiales: gente que me pide "que le eche un vistazo", amigos o familiares que me detallan una situación estresante y se preguntan qué deben hacer en respuesta. Todas estas peticiones de mi atención son diferentes, pero cuando llegan al principio de un atareado día de trabajo, tengo que tomar una decisión. ¿Empiezo a trabajar en mis verdaderas prioridades laborales del día o atiendo las diversas peticiones? La respuesta es hacer primero tu trabajo remunerado, pero cuando estás mirando un mensaje de alguien que te importa pidiéndote ayuda, es complicado ignorar y priorizar lo que tienes que priorizar. Si atiendes esa llamada o ayudas a tu amigo a redactar un correo electrónico para su jefe una docena de veces, habrás desperdiciado energía que deberías haber gastado en tus resultados más valiosos. No me malinterpretes: hay un momento en el que puedes distraerte y ayudar todo lo que quieras, pero no es cuando estás agotado, ocupado y necesitas controlar mejor tus prioridades.

Aunque muchas veces es fácil distinguir las distracciones de las prioridades, no siempre es tan sencillo decidir cuál de nuestras prioridades debe ir primero. ¿Qué hacemos cuando tenemos una abrumadora cantidad de cosas que hay *que hacer*?

Tomemos como ejemplo a una mujer con la que trabajé llamada Holly. Holly es una emprendedora que trabaja como gestora de proyectos además de dirigir a su equipo. Cuando me llamó se esforzaba por equilibrar la satisfacción de sus subordinados directos, la de sus clientes y la de sus directivos. Como ya te podrás imaginar, cada uno de estos grupos presentaba un conjunto diferente de exigencias que a Holly le parecían igual de importantes. A pesar de decir a sus jefes que ella y su equipo estaban al límite de su capacidad, sus jefes seguían aumentando la carga de trabajo de su equipo. En un esfuerzo por evitar que sus subordinados directos estuvieran sobrecargados de trabajo, ella siguió asumiendo el trabajo adicional. Y como su misión estaba orientada al cliente, no podía permitirse el lujo de dejar escapar nada. El trabajo que no se hacía para los clientes se notaba y era criticado con razón. Holly no quería que la experiencia de sus clientes se viera perjudicada por su trabajo insostenible. Su trabajo no consistía solo en priorizar tareas, sino también en establecer prioridades que compitieran entre sí.

El reto de establecer prioridades contrapuestas es como navegar en un barco averiado. Tienes que llegar a un determinado destino, pero tus velas están hechas jirones y hay un boquete en el casco. Lo primero que hay que hacer es reparar el boquete, porque no tiene sentido que las velas funcionen si el barco se ha hundido. Cuando examines tus prioridades deberás distinguir qué prioridades son los boquetes y cuáles las velas hechas jirones.

PROBLEMA MÁS GRANDE

Para Holly, el "boquete en el barco" que comprometería cualquier otro trabajo era que sus superiores no le creían cuando decía que la carga de trabajo de su equipo era inmanejable, así que seguían acumulando encargos. Podía tener el equipo perfecto y ser lo más eficiente posible con los proyectos de sus clientes (velas inmaculadas), pero no importaría si el volumen seguía siendo insostenible (boquete en el casco). Por eso su prioridad —su tarea más importante y urgente— era convencer a su jefe de los límites de su equipo. En el capítulo dedicado a los límites explicaremos con más detalle cómo expreso estos límites, pero el resumen es que hizo valer los parámetros de su equipo con más firmeza que antes y se aseguró de que su grupo recibiera la ayuda que necesitaba para soportar su carga de trabajo.

Al dar prioridad a arreglar el boquete (la carga de trabajo inmanejable), Holly consiguió mejorar el flujo de trabajo diario de su equipo y su experiencia a largo plazo. Una vez arreglado el boquete del barco pudo proceder a arreglar las velas (garantizar la eficacia y la cohesión de su equipo). Las herramientas de administración del tiempo te ayudarán a optimizar tu rendimiento, pero debes tener en cuenta este orden de operaciones —boquetes antes que velas— a la hora de determinar las prioridades.

Vayamos un paso más allá y hablemos de cómo priorizar las muchas exigencias que compiten entre sí a lo largo del día.

Herramientas de priorización

A las 8:59 de la mañana te arrastras hasta tu escritorio y te dejas caer en la silla al tiempo que suenan las campanitas de los mensajes entrantes. Tienes correos electrónicos sin responder de ayer que requieren atención; mensajes instantáneos que temes abrir, porque una vez que lo haces se convierten en tu problema; un par de proyectos en curso que tienes que terminar pronto, y varias reuniones para las que aún no te has preparado. Sin ningún plan, decides abrir primero los mensajes instantáneos y pasar la primera hora de trabajo sin hacer nada. Procedes así, eligiendo los elementos en función de la antigüedad o la persistencia del remitente. Te das la vuelta y son las tres de la tarde, solo un par de horas antes de que tengas que recoger a tus hijos, o quedar con un amigo para tomar algo, o ir a casa para empezar a preparar la cena. ¿Qué demonios has hecho hoy, aparte de las docenas de incendios que has apagado en la bandeja de entrada? A todos nos ha pasado alguna vez: nuestras prioridades se nos escapan por completo debido a las abrumadoras, impredecibles y continuas demandas de nuestro tiempo.

Por eso te sugiero que empieces cada día con una "reunión matutina". Una reunión matutina es un breve encuentro contigo mismo para ordenar tus pensamientos antes de "conectarte", o empezar oficialmente tu día de trabajo. Para evitar que tu bandeja de entrada se convierta en tu lista de tareas pendientes, escribe en una hoja en blanco todo lo que sabes que tienes que hacer y empieza a identificar los asuntos más importantes del día. Esta reunión no tiene por qué durar más de una canción alegre (no es obligatoria, pero sí recomendable; "Smooth", de Santana, es un clásico). Una reunión matutina te permite ponerte las pilas y responder con confianza cuando un colega o un directivo te pregunte por tu disponibilidad y tus prioridades.

Una vez que tengas tu lista de tareas, puedes utilizar uno de los tres sistemas de priorización que te ayudarán a recortar el exceso de tu lista de tareas pendientes.

La matriz Eisenhower

La **matriz Eisenhower**, popularizada por Stephen Covey en su best-seller *Los 7 hábitos de la gente altamente efectiva*, es un método extremadamente accesible que puede aplicarse a cualquier área de tu vida.[1] Es probable que si eres un adicto a la administración del tiempo hayas oído hablar de ella. La cuadrícula clasifica los asuntos por urgencia e importancia.

MATRIZ EISENHOWER

	URGENTE	NO URGENTE
IMPORTANTE	Priorizar	Planear
NO IMPORTANTE	Hacer Delegar Agendar Establece expectativas	Automatizar Eliminar Delegar Outsourcing

Esta matriz es como las ruedas de entrenamiento para priorizar. Te ayudará a adquirir el hábito de escuchar una petición y evaluar de inmediato su urgencia e importancia para poder decidir cómo —y con qué rapidez— abordarla.

No todas las tareas son importantes ni urgentes. Creer que todo es lo bastante importante como para hacerlo y lo bastante urgente como para priorizarlo es la razón por la que muchos de nosotros, personas exhaustas, pensamos: *Siempre hay mucho que hacer.*

Después de utilizar esta matriz con la suficiente frecuencia descubrirás que dedicar tu tiempo a las tareas que caen en la mitad

---

[1] Stephen Covey, *Los 7 hábitos de la gente altamente efectiva* (Nueva York: Free Press, 1989).

superior es lo ideal. Prioriza el cuadrante urgente/importante y planifica en el cuadrante importante/no urgente. Los elementos urgentes y no importantes son los que suelen causarte más angustia porque te distraen del trabajo más importante que preferirías estar haciendo. Para combatir el estrés repentino de las tareas urgentes/no importantes, puedes *hacer* la tarea, *delegarla*, *agendarla* para más tarde o *establecer nuevas expectativas* para que no siga ocurriendo. Si eres víctima de la mala administración del tiempo de otra persona y te encuentras a menudo con que te pide que hagas tareas urgentes de última hora, es posible que tengas que hablar con ella sobre este hábito, ya que impide tu capacidad para realizar tareas urgentes de última hora. Haz todo lo que esté en tus manos para no gastar tiempo ni energía en la categoría de no urgente/no importante: *automatiza*, *externaliza*, *minimiza*, *delega*, *pausa* o *elimina*. Volveremos sobre estas herramientas de administración del tiempo en la parte de ejecución de este capítulo.

Si no puedes permitirte el lujo de minimizar el tiempo que dedicas a tareas no urgentes/no importantes —ya sea por tu rango en la jerarquía corporativa o porque completar este tipo de tareas forma parte de la descripción de tu trabajo—, mi siguiente recomendación es **contener, planificar y recordar**.

Empecemos por **contener**: ¿Se pueden agrupar las tareas agotadoras para que parezcan menos incesantes? Por ejemplo, si odias programar reuniones todo el día, programa todas las reuniones a primera hora de la mañana. Cuando te pidan una nueva reunión al mediodía, anótate que la programarás para la mañana siguiente. **Planifica**: ¿Puedes crear un intervalo predecible para las tareas recurrentes con el fin de reducir sus molestias? Por ejemplo, responde a tus correos electrónicos y mensajes instantáneos al principio de cada hora en lugar de hacerlo en el momento en que aparecen, lo que puede ayudarte a reducir las distracciones y hacer que la correspondencia impredecible te parezca más predecible. Por último, **recuérdate** a ti mismo que puedes ser excelente en tu trabajo sin interiorizar los factores estresantes que surgen miles de veces al día y que esta fase de tareas súper agotadoras es probablemente temporal.[2*]

Bloqueo del tiempo

La segunda herramienta que puedes utilizar para priorizar es el bloqueo del tiempo, una herramienta visual que te ayuda a asegurarte de que la forma en que empleas tu tiempo se alinee con los objetivos a los que quieres dar prioridad. **Si tuviera una copia impresa de cómo pasas las horas del día, podría saber cuáles son tus prioridades.**

La herramienta es sencilla: reflexiona sobre tus prioridades y bloquéalas en tu agenda para que puedas visualizar con exactitud cómo estás empleando tu tiempo.

BLOQUEO DEL TIEMPO

El bloqueo del tiempo ha ayudado a los líderes desde mucho antes que los calendarios de Outlook. De hecho, el primer usuario conocido por usar bloques de tiempo fue Benjamin Franklin.[3] El bloqueo del tiempo puede utilizarse como un paso posterior a la matriz Eisenhower (basta con introducir los elementos de los cuadrantes de la forma más estricta posible), o como una forma independiente de organizar el día.

---

[2] * Si la mayor parte de este trabajo te hace querer arrancarte los pelos, y no es temporal, este es un empujoncito para que leas el capítulo titulado "Cuándo alejarse", hacia el final de este libro.

[3] Chris Good, "Picture of the Day: Benjamin Franklin's Daily Schedule", *The Atlantic*, 20 de abril de 2011, https://www.theatlantic.com/politics./archive/2011/04/picture-of-the-day-benjamin-franklins-daily-schedule/237615/.

El bloqueo del tiempo tiene la ventaja adicional de reducir la ansiedad anticipada ante las tareas. ¿Alguna vez te has despertado y has empezado a pensar en todo lo que tienes que hacer? Cuando tienes un montón de responsabilidades y no estás seguro de cuándo se van a completar, puede ser súper abrumador. Una alternativa mejor es aprovechar la reunión de la mañana para procesar todo lo que tienes en mente, identificar las prioridades y bloquear un tiempo en tu agenda para desahogarlas. De este modo, cuando empieces a anticipar algo y a preocuparte por ello podrás asegurarte de que dispones de un buen rato para dedicarle más tarde. Es el equivalente mental de compartimentar un factor estresante y contenerlo en el tiempo que has dedicado a tratarlo.

Las preguntas que surgen con más frecuencia sobre el bloqueo temporal son:

"¿Y si mi horario cambia constantemente?".

Si las circunstancias cambian, no tengas miedo de cambiar con ellas. Sé que es frustrante cuando algo no sale según lo planeado, pero en lugar de tener una mentalidad de todo o nada cuando tu agenda cambia y si quieres renunciar por completo a los planes, hazte la misma pregunta que nos hicimos al hablar de los mínimos: ¿qué es lo siguiente mejor? Si tu agenda ha cambiado y el plan A no va a funcionar, pasa al plan B.

"¿Y si los demás no respetan mis bloques horarios?".

Reflexiona sobre por qué otras personas no respetan tus bloqueos de calendario. ¿Sigues permitiendo que reserven tus bloques? Si es posible, crea un límite para proteger mejor tu bloqueo (profundizaremos en esta idea en el capítulo dedicado a los límites). Si eso no funciona, intenta ser creativo e idea formas de cómo incorporar los bloqueos, quizá programándolos por la mañana temprano o a última hora del día, cuando es menos probable que los anulen. Y si el problema persiste (y es comprensible que te sientas muy frustrado por ello), odio tener que decirlo, pero puede que tengas que aceptar que en tu lugar de trabajo no se respeten tus bloqueos. Decide si este tipo de desconsideración es algo con lo que puedes vivir o si te cansará tanto con el tiempo que te agotará.

"¿Y si tengo problemas para ceñirme a mis bloques?".

Si de forma regular necesitas más tiempo del que estás apartando, por ejemplo, establece bloques más largos o ponte cómodo haciendo una pausa y reanudando la tarea en un momento más oportuno. Cuando se me acaba el tiempo durante un bloque termino de pensar y anoto dónde estoy y qué tengo que hacer a continuación. De este modo, cuando vuelvo al bloque recuerdo lo que está pasando sin necesitar tanto tiempo para entrar en calor con el trabajo.

Intenta planificar tu tiempo durante una semana. Establece bloques en tu agenda para reuniones, proyectos, correos electrónicos y, sí, incluso para comer, en lugar de saber que tienes que hacerlo todo y no estar seguro de cuándo lo harás.

La siguiente herramienta es para mis puristas. Esa gente que ama las listas. Este es el sistema más adaptable, porque cuando se trata de listas tú te conoces mejor que nadie y sabes cómo clasificar mejor los tipos de trabajo que haces.

Listas a la antigüita

Enviar un correo electrónico a Jim, destapar el fregadero, presentar un proyecto y llamar a mamá no son tareas que deban estar juntas en una lista. Mezclar tareas sin tener en cuenta el área de la vida o su importancia no te permite ser lo más eficaz posible. La organización de tus listas importa. Cuando ves estos elementos unos junto a otros es posible que elijas lo que tienes que hacer primero en función de cómo te sientas, de lo que te parezca más fácil o de la mera secuencia de tareas. Divide tu trabajo en listas que refuercen tus prioridades.

Lista de tareas: *Lo que tienes que hacer hoy*. Verdaderas prioridades.

Lista de cochinadas: Todo lo demás que todavía quieres o necesitas hacer pero que no es una tarea imprescindible. Este es un lugar para atrapar esas distracciones que amenazan con desviarnos de nuestras verdaderas prioridades. Volver a ese mensaje instantáneo, subir ese documento del que te olvidaste, devolver ese paquete, etc., pueden ser tareas más fáciles de tachar o más divertidas, pero hay que abordarlas con cuidado.

Cuando no somos conscientes o estratégicos a la hora de cambiar de una tarea prioritaria a otra de la lista de cosas pendientes saboteamos nuestro "estado de flujo". Trabajar en estado de flujo significa estar totalmente concentrado en una tarea (la neurociencia ha cartografiado cómo es nuestro cerebro en estado de "flujo").[4] A menudo se describe como estar tan concentrado que "pierdes la noción del tiempo". Cuando interrumpimos un estado de flujo para hacer algo insignificante estamos interrumpiendo la verdadera productividad. El objetivo es guardar los elementos de la lista de cosas pendientes para un momento más oportuno. ¿Recuerdas el concepto de presupuesto para decisiones? Si solo tenemos un límite de energía, debemos asegurarnos de trabajar nuestras prioridades de mayor a menor.

Los elementos de la lista de cochinadas deben organizarse en orden descendente, de más a menos importante, *para cuando llegue el momento de ocuparse de ellos*. Un estudio sobre el costo de las interrupciones en el trabajo reveló que, tras solo 20 minutos de interrupción del trabajo, las personas manifestaban un aumento significativo del estrés, la frustración, el esfuerzo y la presión.[5] Las interrupciones, ya sean en forma de lista de tareas o de otro tipo, nos hacen menos eficientes y afectan a nuestra memoria de trabajo.[6] Esto se debe

---

[4] Dimitri van der Linden, Mattie Tops y Arnold B. Bakker, "The Neuroscience of the Flow State: Involvement of the Locus Coeruleus Norepinephrine System", *Frontiers in Psychology* 12 (abril de 2021), https://ww.frontiersin.org/articles/10.3389/fpsyg.2021.645498/full.

[5] Gloria Mark, Daniela Gudith y Ulrich Klocke, "The Cost of Interrupted Work: More Speed and Stress", *Proceedings of the 2008 Conference on Human Factors in Computing Systems* (abril de 2008): 107-110, https://www.researchgate.net/publication/221518077_The_cost_of_interrupted_work_More_speed_and_stress.

[6] Wesley C. Clapp, Michael T. Rubins y Adam Gazzaley, "Mechanisms of Working Memory Disruption by External Interference", *Cerebral Cortex* 20, núm. 4 (julio de 2009): 859-872, https://pubmed.ncbi.nlm.nih.gov/19648173/.

a que nuestra memoria de trabajo —que contiene la información relevante necesaria para la tarea que tenemos ante nosotros— se sobrecarga cuando acumulamos cosas, como saltar para responder a la pregunta de un compañero sobre cómo arreglar la impresora o tener que "atender una llamada rapidísima". (¿Has oído hablar del "cerebro de mamá"? Es un término que se utiliza para describir los fallos en la memoria de trabajo de las madres y es probablemente un subproducto de las constantes interrupciones que conlleva la maternidad). El cambio de tareas y la multitarea hacen que perdamos tiempo[7] (tardamos más en volver a centrarnos y hacer lo que habíamos empezado) y que seamos imprecisos; las personas que cambian de tareas y son multitarea cometen muchos más errores, según muestran las investigaciones. (Lo sentimos, los multitarea). Las distracciones entorpecen gravemente nuestro rendimiento; no solo afectan la velocidad y precisión de nuestra actuación, sino también la calidad de nuestra experiencia. Por eso las prioridades deben ser lo primero, y las cosas de la lista de cochinadas lo segundo.

Lista de vida: Se trata de tareas personales a las que queremos dar prioridad. *Desayunar, salir a la calle, hacer ejercicio, beber dos litros de agua de agua, hacer la lista de la compra, llamar a papá…* son tan importantes como nuestras tareas profesionales. Mientras que la lista de tareas y la lista de cochinadas reflejan nuestra calidad de trabajo, esta lista refleja nuestra calidad de vida. La mayoría asumimos que nos acordaremos de hacer las cosas de nuestra lista de vida y no las anotamos o las ponemos en la misma lista que nuestras prioridades profesionales. Si tenemos una lista de vida específica, aumentan las probabilidades de que nos acordemos de ellas y les demos prioridad. A menudo, estas pequeñas tareas determinan si llegamos al final del día con la sensación de habernos cuidado o no.

También recomiendo encarecidamente tener una **lista de tareas eventuales**. Piensa en esta lista como un cajón de sastre para todo lo

---

[7] "Multitasking: Switching Costs", American Psychological Association, marzo de 2006, https://www.apa.org/topics/research/multitask.

que no necesites hacer *pronto*. Una tarea como limpiar la despensa puede quedarse en tu lista de tareas pendientes para siempre; el objetivo es evitar exactamente eso. Estas listas no deben ser largas ni abrumadoras. Si una tarea tiene fecha de caducidad, pon un recordatorio en el calendario para revisarla en ese momento; no dejes que se quede en una lista activa y te cause una culpa innecesaria mientras tanto.

Estos métodos de priorización son un buen punto de partida para despejar un plato lleno. Elige una combinación de herramientas de priorización basada en tus circunstancias actuales y trabaja a partir de ahí.

Nuestro siguiente paso es reconocer *cómo* trabajas mejor. No todas las condiciones de trabajo son iguales, así que vamos a averiguar qué tipo de circunstancias necesitas para rendir. Esta es una zona sin prejuicios: estoy abierto a escuchar que trabajas mejor en la playa con una margarita en la mano.

Condiciones (como en "No puedo trabajar bajo estas condiciones")

"Me he pasado los dos últimos años atendiendo llamadas desde el baño para que mi marido pueda atender las suyas en la sala", me dijo mi amiga Laura, una exitosa reclutadora que vivía en un precioso departamento tipo *loft* cuando llegó el covid-19. A ella y a su marido les encantaba su espacio... *antes* de la pandemia, es decir, antes de darse cuenta de que un loft era una distribución complicada para dos personas que estaban de guardia varias horas al día. Sus conversaciones pronto se convirtieron en batallas polémicas sobre quién ocupaba el espacio y cómo uno de los dos distraía al otro. Decidieron que Laura atendería las llamadas desde el baño porque tenía más y quería que su marido tuviera libertad para pasear cuando él no contestara el teléfono y ella sí. Como era de esperar, ese arreglo no produjo la mayor productividad de Laura.

Las condiciones en las que realizas tu trabajo influyen en la calidad del mismo. Desde el entorno hasta la hora del día, pasando por lo que llevas puesto o escuchas, tus condiciones influyen en tu productividad. No importa que tengas una lista de tareas perfectamente equilibrada si tus condiciones de trabajo te impiden hacer lo que tienes que hacer.

¿Dónde trabajas mejor? ¿Qué tipo de entorno preserva tu concentración y reduce las distracciones? Se ha demostrado que la luz natural, el aire fresco y una temperatura normal influyen de manera positiva en la experiencia laboral de una persona. Pero las preferencias particulares de cada persona respecto de un entorno de trabajo pueden tener el mismo efecto en su rendimiento. ¿Trabajas mejor con ropa cómoda o con ropa profesional? ¿Te concentras mejor con silencio, con música o con conversaciones de fondo? ¿Trabajas mejor cuando estás rodeado de otras personas que también están trabajando, o prefieres trabajar solo? ¿Puedes soportar tener el celular al lado o necesitas dejarlo en otra habitación?

¿Has oído alguna vez que "vestir mejor te hace rendir más" o que "vístete para el trabajo que quieres"? Yo sí, y sin embargo rindo muchísimo más cuanto más se parece mi atuendo al de un estudiante universitario hambriento. Trabajo mejor en una cafetería, con auriculares antirruido, pants deportivos y una sudadera de Costco: esas son mis condiciones ideales de productividad. Pero es la peor pesadilla de otra persona.

El marcado contraste entre las preferencias medioambientales de la gente me llamó la atención por primera vez cuando en uno de mis antiguos lugares de trabajo se dio un gran impulso a la creación de "una excelente experiencia para los empleados" mediante el apoyo a la "cultura de la empresa". Más tarde ese mismo día, me puse los auriculares para poder concentrarme en terminar un proyecto, y alguien de mi equipo se acercó a mi mesa y me preguntó bromeando si llevar auriculares creaba "una excelente experiencia de empleado". Le respondí: "Para mí sí". Los dos nos reímos de ello, pero ilustraba que lo que crea una experiencia excelente para una persona no hará lo mismo para todos.

El momento oportuno lo es todo

Más allá de tus preferencias en cuanto al entorno de trabajo, también debes saber qué tipo de trabajo realizas mejor en cada momento del día. A grandes rasgos, hay cuatro tipos diferentes de trabajo:

CONSUMO	CREACIÓN	COLABORACIÓN	COMPLETAR
Tomar información (aprendizaje, lectura, investigación)	Involucrarse en el proceso creativo (escritura, lluvia de letras, planeación)	Trabajar con otros	Ejecutar tareas pendientes

Creo y completo mejor por la mañana, con un café y música alegre. De la una a las tres no sirvo para nada. He intentado forzar crear o completar tareas durante esas horas y siempre es una batalla infructuosa y cuesta arriba. En cambio, me gusta colaborar por la tarde. Reunirme con gente me devuelve la energía y es el mejor uso que puedo hacer de mi tiempo.

Es esencial entender cuándo y cómo trabajas mejor para poder prepararte para el éxito cuando llegue el momento de realizar el trabajo. **Es mejor trabajar al 100% durante una hora que al 30% durante tres horas.** Muchos creemos erróneamente que la cantidad pesa más que la calidad en el mundo de la administración del tiempo. Ser consciente de uno mismo y tener una visión estratégica de cómo abordar los distintos tipos de trabajo te ahorrará tiempo y mejorará tu experiencia general.

A menudo oigo decir a mis clientes que trabajan mejor durante un periodo determinado, pero que ese periodo se interrumpe con frecuencia. Esto porque es *vital* prestar atención a cuándo realizas mejor cada tipo de trabajo para poder reservar ese tiempo para esa actividad. (En la medida de tus posibilidades).

William, miembro de un equipo al que estaba ayudando a perfeccionar sus habilidades de administración del tiempo y a frenar el burnout, explicó a sus compañeros que lo primero que hacía por la mañana era consumir y completar mejor sus tareas. Trabajaba en control de calidad, lo que requería leer y escribir muchos informes, algo que necesitaba hacer con una taza de café y la mente fresca. Cuando dejaba la lectura y redacción de informes para la última hora del día, era mucho más lento y se distraía con más facilidad. También dijo que prefería colaborar por la tarde, una vez terminados los informes.

Una vez que comunicó cuáles eran sus mejores horas para trabajar reforzó la importancia de respetar el tiempo que él y sus compañeros reservaban en sus calendarios para el "trabajo centrado". En la medida de lo posible, el equipo de William acordó no sobrepasar los bloques de trabajo específico de las personas, pues comprendió que era cuando realizaban un determinado tipo de trabajo. A su vez, respetaron que las respuestas a correos electrónicos y mensajes instantáneos también pudieran retrasarse hasta después del bloque. También acordaron no celebrar reuniones antes de las 10 de la mañana y designar un horario de oficina diario para las preguntas, en lugar de atenderlas durante todo el día, preservando así sus mejores horas de trabajo. Tres meses después, afirmaron tener jornadas laborales *mucho* más satisfactorias y productivas.

Desglosa tu jornada laboral en los principales tipos de trabajo que realizas. Puedes utilizar las cuatro categorías de trabajo que he descrito o crear las tuyas propias. ¿Qué es lo que haces y cuándo lo haces con más eficacia? ¿En qué condiciones?

A continuación, piensa qué debes hacer para que tu jornada laboral se ajuste más a tus preferencias. Quizá necesites cambiar los horarios de tu día de trabajo (si es posible) para adaptarlos a tus horas productivas. Tal vez tengas que empezar a admitir cuáles son tus horas menos productivas y centrarte en tu lista de cosas pendientes durante ese tiempo, con la conciencia que es más probable que avances en esas tareas que en las que no puedes centrarte.

Y, por supuesto, es aconsejable prevenir de antemano las posibles amenazas a tu productividad. ¿Necesitas activar el modo *No molestar* durante determinadas horas o tipos de trabajo? ¿Necesitas decirles a los que suelen interrumpirte (ya sabes, los compañeros a los que no les importa platicar a mitad de la jornada laboral) que no estás disponible en determinados momentos? ¿Necesitas ponerte auriculares con cancelación de ruido para no oír a tu perro lloriqueando al otro lado de la puerta? Pruébalo durante un mes. Crea las condiciones *perfectas* para ti y ve cómo repercuten en tu rendimiento y tu experiencia.

Luces, cámara, ejecucción

Tienes un montón de trabajo, así que te vas a un lugar tranquilo con un café con leche hipercaro. Abres tu agenda y tu laptop y te pones los auriculares… para luego navegar por el teléfono durante 30 minutos antes de ponerte manos a la obra. Te has preparado para el éxito, pero ahora te cuesta ejecutarlo. A *todos* nos ha pasado… puede que incluso esta misma mañana.

Ejecutar incluso en condiciones ideales puede requerir un poco de determinación, pero cuando sufrimos burnout ese reto aumenta de forma exponencial. Esto se debe a que el burnout afecta a las áreas del cerebro implicadas en la ejecución de tareas. Las investigaciones demuestran que las personas que sufren burnout tienen un adelgazamiento del córtex prefrontal, el área del cerebro responsable de la toma de decisiones complejas.[8] El desgaste de estas partes del cerebro puede provocar problemas de memoria,

---

[8] Armita Golkar *et al.*, "The Influence of Work-Related Chronic Stress on the Regulation of Emotion and on Functional Connectivity in the Brain", *PloS One* 9, núm. 9 (septiembre de 2014): e104550, https://journals.plos.org/plosone/article?id=10.1371/journal.pone.0104550; Alexandra Michel, "Burnout and the Brain", *Observer*, 29 de enero de 2016, https://www.psychologicalscience.org/observer/burnout-and-the-brain.

dificultades de atención y angustia emocional. Dicho de otro modo, el burnout puede hacer que incluso las personas con mayores logros tengan dificultades para hacer cosas básicas. (No te preocupes: los cambios son reversibles cuando desaparece el burnout).

Esta fatiga cognitiva y el malestar emocional agravan nuestra vulnerabilidad ante otras amenazas a nuestra ejecución, como la sobrecarga, el perfeccionismo y la resistencia a las tareas, que tienden a empeorar bajo coacción. ¿El factor común a estas tres amenazas? No querer enfrentarse a las tareas pendientes porque nos parecen grandes. Imagínate de nuevo sentado a la mesa en ese lugar tranquilo. Tienes el trabajo delante y sabes que, una vez que empiezas, tienes que terminarlo. Es fácil no querer empezar.

Una forma de dividir estas grandes cosas para que parezcan más pequeñas es **trabajar en *sprints***. Un **sprint** es un periodo de 15 a 50 minutos durante el cual se tienen objetivos claros y se está totalmente concentrado, y tras el cual se hace una pequeña pausa. La gente suele subestimar lo que puede hacer en un tiempo determinado. Tal vez pensabas que un trabajo te llevaría todo el día. Cuando tu jefe te dice que lo necesita en dos horas, de repente puedes hacerlo en dos horas. Cuando piensas en enviar esos correos electrónicos de recordatorio de reuniones, lo más probable es que pienses que serán aburridos, tediosos y te llevarán mucho tiempo. Prueba ponerte un cronómetro de 35 minutos y decirte a ti mismo que *tienes* que enviarlos (o al menos redactarlos) *todos* antes de que acabe el sprint: seguro que lo consigues.

Imagina que le dices a alguien que tiene que correr alrededor de una pista durante una hora. No importa lo rápido que corra, solo tiene que mantenerse en movimiento durante esa hora. Naturalmente, correrá a un ritmo lento. Ahora imagínate que le dices a alguien que corra dos vueltas. Con un objetivo claro y a corto plazo, correrá a un ritmo más rápido. Enmarcando una tarea de esta manera —específica y contenida— se ha aumentado la claridad en torno a lo que se espera y la urgencia de completarla. Sin claridad ni urgencia, se obtiene el ritmo pausado de alguien que tiene una hora para moverse por la pista. **La claridad y la urgencia nos obligan a concentrarnos, y la concentración es oro para la administración del tiempo.**

Mientras trabajas en tus sprints, minimiza todas las distracciones potenciales: deja el teléfono al otro lado de la habitación y ten a mano una lista de cosas que hacer para anotar cualquier pensamiento o tarea no relacionada que te venga a la mente. El intervalo de sprint en el que elijas trabajar cambiará en función de las exigencias de tu día y del tiempo que consideres que puedes concentrarte. No te avergüences de la duración del intervalo que elijas; está pensado para ayudarte.

Muchas de las personas más brillantes con las que he trabajado realizan su jornada laboral en intervalos de 25 minutos porque 16 pequeños intervalos resultan mucho más fáciles de realizar que un único bloque de ocho horas. Ahora bien, esto no significa que lo que produzcas en esos 25 minutos sea tu producto final; sigues trabajando en ese elemento en fragmentos de tiempo manejables hasta que alcanzas la calidad deseada. No utilizas los sprints para tomar atajos, sino para concentrarte y crear sentido de urgencia a medida que realizas el trabajo que, de otro modo, habrías tardado en hacer. Al trabajar en un sprint te aseguras de dar el cien por ciento del tiempo que puedas, y no te obligas a trabajar durante largos periodos con menor eficiencia.

Tómate descansos programados entre intervalos de sprint que de verdad te refresquen. Las redes sociales, por ejemplo, no permiten que tu mente descanse. En lugar de eso, dedica esos breves descansos de dos a cinco minutos a alejarte de tu mesa, respirar hondo, beber un vaso de agua, bailar una canción que te guste para recuperar la energía, hacer estiramientos o salir a la calle. Si Tammy, tu compañera de trabajo, se acerca inesperadamente a tu escritorio para platicar, no es un descanso, es una interrupción. La diferencia entre una pausa y una interrupción es que **una pausa es una ventana de descanso que tú controlas**, mientras que una interrupción suele estar fuera de nuestro control y no es relajante. Puede parecer que hacer pausas cada 30 o 60 minutos para refrescarte hace que el día sea menos productivo, pero la atención prolongada a una sola tarea puede reducir la eficiencia, y las pequeñas pausas mejoran la concentración cuando se retoma la tarea.[9] Si el trabajo es realmente agotador (trabajo intenso y concentrado), hacer pausas aún más largas mejora el rendimiento posterior.[10]

Obviamente, es más fácil hacer ciertos tipos de trabajo en sprints que otros. Un trabajador social no puede parar en mitad de una visita domiciliaria porque se terminó el sprint; sin embargo, puede completar sus informes en sprints. Un terapeuta no puede parar en mitad de una sesión, pero puede completar y enviar sus informes en sprints. Haz lo que puedas, donde puedas.

Empieza feo

Dos obstáculos comunes a la ejecución son el perfeccionismo y la procrastinación. Por un lado, el perfeccionismo puede ser una ventaja: muchos perfeccionistas están motivados y comprometidos por naturaleza.[11] Hacen las cosas por hacerlas y no suelen necesitar que se les ofrezcan incentivos para completar las tareas (el sueño de cualquier directivo). Pero el afán de superación también puede conducir a una mala administración del tiempo y al burnout. De hecho, las

---

[9] Atsunori Ariga y Alejandro Lleras, "Brief and Rare Mental 'Breaks' Keep You Focused: Deactivation and Reactivation of Task Goals Preempt Vigilance Decrements", *Cognition* 118, núm. 3 (marzo de 2011): 439-443, https://pubmed.ncbi.nlm.nih.gov/21211793/.

[10] Patricia Albulescu *et al.*, " 'Give Me a Break!' A Systematic Review and Meta-Analysis on the Efficacy of Micro-Breaks for Increasing Well-Being and Performance", *PLoS One* (agosto de 2022), 0272460, https://journals.plos.org/plosone/article?id=10.1371/journal.pone.0272460.

[11] Joachim Stoeber, Charlotte R. Davis y Jessica Townley, "Perfectionism and Workaholism in Employers: The Role of Work", *Personality and Individual Differences* 55, núm. 7 (octubre de 2013): 733-738, https://www.sciencedirect.com/science/article/abs/pii/S0191886913002432.

personas con "perfeccionismo desadaptativo",[12] es decir, con un nivel de exigencia tan alto que resulta inalcanzable, se dejan llevar por el miedo a las críticas y no por el placer de hacer las cosas bien. En parte porque estas personas dedican más tiempo a "perfeccionar" tareas y, al mismo tiempo, no se sienten satisfechas con los resultados, lo que supone una pérdida de tiempo emocional y estresante. Ni siquiera hace falta identificarse como un perfeccionista de manual para caer presa de sus peligros. Sé que no reúno todas las características de un perfeccionista, pero también hago cosas como releer los correos electrónicos cinco veces antes de enviarlos. (Y no voy a publicar un video si mi esmalte de uñas está descarapelado, o tomar fotos en mi espacio cuando está desordenado, y voy a volver a grabar notas de voz 10 veces si siento que estoy desvariando… ¿Sabes qué…? tal vez soy una perfeccionista…).

Puede resultar tentador posponer cosas que sabes que tienes que hacer bien por el deseo de alcanzar la perfección. Por este motivo, no es raro que los perfeccionistas procrastinen.[13] Se puede procrastinar de muchas maneras, por ejemplo, siendo productivo en áreas alternativas en lugar de centrarse en lo que hay que hacer en ese momento. Este tipo de procrastinación está tan extendido que incluso existe una palabra elegante para designarlo: "procrastividad". Es cuando te das una palmadita en la espalda porque trapeaste y pusiste

---

[12] Randall M. Moate *et al.*, "Stress and Burnout Among Counselor Educators: Differences Between Adaptive Perfectionists, Maladaptive Perfectionists, and Nonperfectionists", *Journal of Counseling & Development* 94, núm. 2 (marzo de 2016): 161-171, https://www.researchgate.net/publication/297650229_Stress_and_Burnout_Among_Counselor_Educators_Differences_Between_Adaptive_Perfectionists_Maladaptive_Perfectionists_and_Nonperfectionists, Andrew P. Hill y Thomas Curran, "Multidimensional Perfectionism and Burnout: A Meta-Analysis", *Personality and Social Psychology Review* 20, núm. 3 (julio de 2015): 269-288, https://pubmed.ncbi.nlm.nih.gov/26231736/.

[13] Fatemeh Jadid, Shahram Mohammadkhani y Komeil Zahedi Tajrishi, "Perfectionism and Academic Procrastination", *Procedia—Social and Behavioral Sciences* 30 (2011): 534-537, https://www.sciencedirect.com/science/article/pii/S187704281101929X.

la lavadora aunque se suponía que tenías que estar preparando la reunión de mañana por la mañana. Claro que has sido productivo, pero a costa de un progreso real hacia lo que probablemente *deberías* estar haciendo.

La mayoría de los perfeccionistas piensan que su primer borrador tiene que ser lo bastante bueno como para parecerse al definitivo. El primer intento puede ser desprolijo. De hecho, cuanto menos perfeccionismo esperes en las primeras etapas de tu progreso, más sencillo será comprometerte con la tarea. *Empieza feo* y sigue mejorando el trabajo a partir de ahí.

A menudo empezar es lo más difícil, así que oblígate a empezar (aunque sea poco a poco). Un primer borrador feo completado en un sprint te preparará para un éxito mucho mayor que la procrastinación continuada y las expectativas de perfección al empezar. Quiero aclarar que "empezar feo" es solo una filosofía. Es contraria a otra filosofía popular: "Hazlo bien a la primera". Cada una puede ser cierta en diferentes circunstancias y para diferentes personas. Si al final de un largo día todavía tienes más trabajo al que quieres llegar, puedes elegir entre hacer un rápido sprint de empezar feo para poner el pie en la puerta y terminar o dejarlo todo para mañana. La decisión dependerá de lo que creas que te beneficiará más en ese momento. ¿Empezar algo, por imperfecto que sea, te facilitará retomarlo al día siguiente? ¿O el resultado será mejor si empiezas y terminas el trabajo de una sola vez mañana?

Otra consideración importante es el espacio mental. Todos hemos sido esa persona que mira con atención la pantalla sabiendo que no estamos mentalmente donde tenemos que estar para hacer la maldita tarea. Si tienes flexibilidad, cambia a una tarea más fácil que puedas completar en ese momento (enviar correos electrónicos, organizar un proyecto diferente, algo de tu lista de cosas pendientes) y luego tómate un descanso —un paseo, una siesta, un café con leche, una llamada a un amigo— para entrar en un estado mental diferente antes de continuar. Esto es lo esencial: conócete a ti mismo, escucha lo que tu capacidad de atención te dice que necesita y respeta lo que tu cerebro puede hacer en el momento en que lo necesitas.

Ahora que estás preparado para abordar la priorización, la gestión de las condiciones y la ejecución, echemos un vistazo a otras herramientas de administración del tiempo que te ayudarán a reducir el burnout y mejorar la eficacia.

Cinturón de herramientas para la administración del tiempo

Cuando Cara vino a verme parecía una olla de presión a punto de explotar. Tenía un trabajo lucrativo y gratificante en el sector tecnológico, y su negocio paralelo —venta de libros coleccionables— estaba en auge. Estaba encantada con su crecimiento, pero tenía dos trabajos. No quería renunciar a ninguno de ellos, lo que significaba que necesitaba encontrar la manera de ahorrar mucho tiempo. Su trabajo de nueve a cinco ya era una máquina bien engrasada, así que decidió probar varias herramientas de administración del tiempo en su negocio paralelo para maximizar la eficiencia.

Saqué mi navaja suiza de herramientas para Cara y nos pusimos manos a la obra. En primer lugar, *agrupó* los días que dedicaba a hacer pedidos y a buscar libros, de modo que realizaba pedidos o salía a buscar libros uno o dos días al mes, en lugar de toda la semana. Esto le ayudó a limitar sus esfuerzos y su estrés a determinados momentos. A continuación *automatizó* el proceso de licitación para sus clientes para que fueran enviados a una página secundaria de su sitio web que subastaba de forma automática, en lugar de que Cara tuviera que gestionar manualmente las ofertas. La automatización le ahorró horas y esfuerzo. Luego decidió *delegar* las tareas mundanas del negocio en un asistente que contrató y también contrató a un paseador de perros profesional para liberar un poco más de tiempo. Al final, Cara pudo administrar el crecimiento de su negocio secundario sin permitir que comprometiera su empleo ni su vida personal.

Además, como ventaja extra, estos cambios le devolvieron el tiempo suficiente para retomar las clases de cerámica que había abandonado cuando estaba en modo supervivencia.

La belleza de estas herramientas es que se adaptan a cualquier circunstancia. Veamos las herramientas una por una para que entiendas por qué y cómo hacen maravillas.

Herramienta: Agrupar

Agrupa tareas similares, porque se necesitan menos recursos cognitivos para completar tareas semejantes que para ir de una tarea a otra y empezar de cero cada vez. Como hemos aprendido antes, el cambio de tareas puede mermar nuestra atención poco a poco.

En el trabajo quizá tengas que hacer un seguimiento de varios proyectos. En lugar de enviar esos correos de seguimiento de forma esporádica, dedica un tiempo específico a enviarlos todos a la vez, mientras te preparas para hacer ese trabajo. En casa quizá hayas comprado brócoli para cenar todas las noches de la semana. Puedes limpiar, cortar y cocinar el brócoli cada noche, o puedes limpiarlo y cortarlo todo de una vez y cocinarlo el día que lo comas. Claro, es (un poco) más trabajo al principio, pero estás reduciendo el tiempo dedicado a la tarea en general.

Tiene más sentido realizar acciones similares cuando ya estamos en el espacio físico o mental para hacerlas. No nos damos cuenta de la energía que se necesita para empezar y terminar una tarea. Al agrupar las tareas puedes reducir la energía que se pierde al parar y empezar, y completar lo que necesitas cuando ya estás en ese espacio mental.

Herramienta: Delegar o subcontratar

Contrata o pide a otra persona que haga algo que de otro modo tendrías que hacer tú mismo.

Supongamos que tienes una semana muy atareada y no quieres tener que pensar en preparar la cena. Planea pedir ayuda con antelación: tal vez tu pareja pueda planificar y preparar la comida de la semana, o tal vez te suscribas a una empresa de paquetes de comida que haga el trabajo por ti, o tal vez pidas tu comida para llevar favorita. Sé honesto contigo mismo cuando necesites ayuda para sacar el máximo partido a tu tiempo, y no tengas miedo de pedirla. Puede que creas que sería más eficiente si lo hicieras tú mismo, pero deberías gastar tu energía en cosas que en serio necesitas hacer tú y subcontratar las cosas que podrían hacer otros.

Herramienta: Programar

Haz algo a una hora constante para reducir la ansiedad sobre cuándo se hará y evitar procrastinarlo de forma indefinida.

Quizá no te guste limpiar, pero si no ordenas tu espacio con regularidad, te agobias. En lugar de esperar a que sea "lo bastante malo" (para mí, lo peor fue verme obligada a comer ensalada con palillos porque no me quedaban tenedores limpios), incluye en tu horario una recogida de 10 minutos cada noche a las ocho o, después de cenar, que todos en casa sepan que es la hora de la limpieza de 10 minutos. Inclúyelo en un intervalo consistente y predecible en lugar de tener que decidir activamente hacerlo cada vez.

Herramienta: Automatizar

Siempre que digas "cada vez" es el momento de automatizar. "Cada vez que alguien hace esta pregunta..." o "Cada vez que tengo que pedir este producto..." es una señal para crear algún tipo de atajo: Crea una plantilla, añade una sección de preguntas frecuentes a tu firma de correo electrónico, redacta un directorio, desarrolla un video de formación para no tener que explicar lo mismo una y otra vez. Apúntate a una suscripción, configura el pago automático y reserva con antelación porque sabes que tendrás que hacerlo más tarde. Al igual que ocurre con la dosificación, si te esfuerzas un poco más por adelantado, podrás esforzarte menos después.

Envío con regularidad los mismos 20 correos electrónicos. *Gracias por tu interés; gracias por contratarme; estos son los siguientes pasos; adjunto los formularios solicitados; aquí encontrarás un enlace para la convocatoria.* No importa lo breve que sea el correo electrónico, tengo cada una de esas plantillas guardadas para ahorrarme el tiempo que me llevaría volver a redactar el correo la próxima vez. Esta automatización no solo me ahorra tiempo intentando escribir los correos electrónicos, sino que reduce mi resistencia a responderlos porque sé que cada respuesta ya está completa en un 70% y lo único que tengo que hacer es editar la información. No hay nada demasiado pequeño para ser automatizado.

Herramienta: Destapar cuellos de botella

Toma nota de los puntos problemáticos que te ralentizan o comprometen tu trabajo cada vez que te topes con ellos.

En un gélido día de enero de 2017 mi director trajo consigo un artículo impreso a la reunión matutina de nuestro equipo. El artículo trataba de "detener la cadena". Destacaba una fábrica en la que la calidad de los productos estaba decayendo. Tras un examen más detallado, quedó claro que los empleados no se sentían con autoridad para detener la cadena de montaje si se cometía un error. Si algo se hacía mal en la tercera fase, las fases cuarta, quinta, sexta, séptima y siguientes seguían basándose en el error anterior. La solución era facultar a los trabajadores para detener la cadena cuando algo iba mal. A cada fase del montaje se le asignó un botón que, al pulsarlo, detenía literalmente el avance de la cadena de montaje para que pudieran corregir su error.

Aunque a algunos podría preocuparles que este parón ralentizara el rendimiento general, en realidad la calidad de los productos y la experiencia de los empleados mejoraron. Nuestro director nos leyó este artículo para insistir en que quería que asumiéramos la responsabilidad de nuestro trabajo. Si veíamos algo que podía hacerse mejor, teníamos su bendición para actuar.

En tu trabajo, ¿con qué problemas te encuentras a menudo que podrían corregirse? ¿De quién necesitas la bendición para parar la cadena y hacer un cambio? Te animo a que articules las mejoras que te gustaría ver, así como la(s) persona(s) afectada(s) en el proceso. Es probable que compartas con ellos el objetivo de aumentar la eficacia y la calidad.

Por ejemplo, puede que cada vez que inicies un proyecto necesites la aprobación de alguien con quien es difícil ponerse en contacto, por lo que a veces tardas semanas o incluso meses en ponerlo en marcha. En vez de insultar en voz baja a Roger cada vez que tarda dos semanas en responder un correo electrónico, pregúntale si no le importaría delegar la aprobación en alguien más fácil de contactar. Si eso no te parece bien en tu entorno de trabajo, prueba agrupar tus solicitudes de aprobación en un correo electrónico cada semana o solicita una reunión periódica con Roger para que apruebe esas solicitudes.

Al principio, pide estos cambios de forma temporal, porque es más probable que la gente acepte cambios temporales que permanentes. Durante ese tiempo, recopila datos que respalden las ventajas del cambio: reducción de las idas y venidas, número de personas afectadas (positivamente), progreso de los proyectos, dinero ganado o ahorrado… lo que sea más convincente para demostrar que el nuevo método funciona y debe mantenerse.

Herramienta: Quién, cuándo, dónde, cómo

Tu "qué" es la tarea, y la tarea no siempre es flexible. Suponiendo que tu "qué" te vuelve loco pero no va a cambiar pronto, examina el quién, el cuándo, el dónde y el cómo para averiguar si hay una forma alternativa de enfocar el "qué". ¿Pueden cambiar las personas implicadas en esa tarea? ¿Puede modificarse el momento en que la realizas? ¿Puede cambiarse la forma en que realizas las tareas?

Melanie, coordinadora de una gran organización sin fines de lucro, odiaba hacer facturas porque se acumulaban a final de mes y tardaba horas en organizarlas y procesarlas. Decidió hacer el sencillo cambio de procesar las facturas todos los viernes por la mañana en lugar de a final de mes (programando/agrupando y cambiando efectivamente el cuándo), y puso un temporizador de 50 minutos para hacerlas todas y evitar así distraerse o aburrirse (utilizó un sprint y cambió el cómo). Melanie se recompensó con un café helado al final de los 50 minutos (gamificación/romantización) y *voilà*, procesar las facturas ya no era la pesadilla de su existencia. Crear pequeños sistemas en torno a elementos desagradables para hacerlos más agradables marca una gran diferencia. Convertir las tareas que odias en algo ligero siendo creativo con el quién, el cuándo, el dónde y el cómo es una habilidad que te beneficiará dentro y fuera de la oficina.

Reflexiona sobre las tareas que te agobian más. ¿Alguna de estas herramientas puede ayudarte a mejorar tu experiencia? Intenta escribir las herramientas en una nota adhesiva y mantenla cerca para que la próxima vez que tengas problemas para gestionar tu tiempo puedas consultarlas.

Administración de energía. La hermana perdida de la administración del tiempo

"Cuando preparo a mis hijos y los mando al colegio por la mañana, ya he perdido la mitad de la energía del día y ni siquiera he empezado a trabajar", me confiesa Lucy, madre de tres hijos. Lo que Lucy me estaba contando no era en realidad una cuestión de administración del tiempo, sino de gestión de la energía. Lucy ya utilizaba herramientas como la automatización y el procesamiento por lotes para gestionar y aprovechar al máximo su tiempo, pero cuando llegaba a su oficina se daba cuenta de que estaba agotada emocionalmente por tener que vigilar a sus hijos en sus rutinas matutinas. Se daba cuenta de que, aunque tenía *tiempo* para ocuparse de sus prioridades, le faltaba *energía* para hacerlo todo.

La gestión de la energía consiste en observar y regular su gasto a lo largo del día. La energía es el esfuerzo cognitivo, emocional o físico que realizamos. Si tu día empieza con un correo electrónico urgente y pasas de la cama a apagar ese incendio, has empezado el día con un gran desgaste de energía.

O si las últimas cuatro horas de tu jornada laboral son súper estresantes, puede que llegues al final del día y te arrepientas de haber quedado para ir a cenar con los amigos. Claro, el tiempo ya está bloqueado en tu calendario, pero no tienes energía.

Cada responsabilidad o tarea nos exige una cantidad de energía diferente. Experimentarás el burnout a un ritmo diferente cuando trabajes con alguien a quien quieras en lugar de con alguien que no te caiga bien o cuando trabajes en un proyecto que esté dentro de tu área de especialización en lugar de en un proyecto que requiera habilidades fuera de tu zona de confort. Tu tasa de burnout es mayor cuando haces tareas que odias que cuando haces tareas que no te importan. Cuando eres consciente de cómo empleas tu tiempo y tu energía, puedes aproximarte a lo que puedes dar y a tus límites con mucha más precisión.

El burnout es el resultado de agotar tu energía constantemente y no darte tiempo suficiente para recuperarla. Para curar o prevenir el burnout debes ser consciente de tu gestión de la energía junto con tu administración del tiempo. La energía es al tiempo lo que el paquete de queso a los macarrones. No importa si cocinas la pasta a la perfección; sin el queso, nunca serán esos deliciosos macarrones con queso. Siempre que te presentas con tiempo y sin energía, te estás presentando como un fideo insípido.

Cuanto más claro tengas lo que drena tu energía o la aumenta, mejor podrás priorizar, planificar la recuperación y evitar agotarte. En el caso de Lucy, decidió que mientras tuviera niños pequeños tenía que hacer todo lo posible para que el comienzo de su jornada laboral fuera tranquilo. Necesitaba una o dos horas para recuperar energía y dar sorbos a su café mientras contestaba los correos electrónicos para volver a poner los pies sobre la tierra. Cuando no puedas detener las tareas que drenan tu energía contarréstalas con acciones que la repongan. A menudo la gestión de la energía se reduce a cómo nos gestionamos a nosotros mismos; otras veces nuestras mayores fugas de energía serán *otras* personas. O, como a mí me gusta llamarlos: vampiros de energía.

Los vampiros energéticos te chuparán el ánimo

Veo acercarse a mi colega por el rabillo del ojo y me pregunto si es demasiado tarde para esconderme bajo mi escritorio y fingir que no estoy aquí. "¿Qué tal?", me dice Kent, mi compañero de trabajo, súper sociable, que se ha acostumbrado a venir a saludar en algún momento de cada día. "Bien", le digo, sonriendo en su dirección sin apartar el cuerpo de la computadora ni apartar los dedos del teclado, esperando que perciba que estoy demasiado ocupada para esta conversación. Kent entabla una charla trivial (nunca sabré si prefiere ignorar mi lenguaje corporal o de verdad no capta la indirecta). Después de contarme lo que comió durante más tiempo del que me hubiera gustado, se aleja en busca de su próxima víctima. Cuando se va, suelto un gran suspiro y comienzo la ardua batalla de volver a poner mi cerebro en modo de trabajo. No solo he perdido el tiempo que pasé con Kent, sino que también he perdido el impulso, la concentración y el tiempo necesario para volver a mi estado de flujo.

Kent es un ejemplo de vampiro energético. Puedes imaginarte hasta qué punto un par de encuentros diarios con vampiros energéticos pueden mermar tu productividad, paz y calidad de trabajo. Los vampiros energéticos pueden querer apoyo emocional para cosas que les causan angustia profesional, un nivel de contacto interpersonal que no encaja con tu estilo de trabajo, o tal vez no son tu tipo de persona y pasar tiempo cerca de ellos te agota. Sea cual sea la razón por la que estas personas te agotan, tienes que limitar tu exposición a ellas. Los límites que establezcas no tienen por qué referirse a ellos como personas, sino que tienen que ver con los limitados recursos de que dispones en el trabajo y tu necesidad de protegerlos. Por ejemplo, en lugar de decir lo que estás pensando ("deja de merodear cerca de mí, me estás agotando"), prueba con algo menos contundente pero igualmente eficaz: "Odio ser aburrido, pero *tengo* que hacer algo, así que no puedo hablar ahora mismo. Lo siento".

Digamos que ya tuviste tu reunión matutina y sabes cómo quieres que sea tu día. Si percibes la amenaza de un vampiro energético, ten a mano una estrategia para evitar que te absorba. Tal vez una de tus prioridades del día sea reunirte con alguien muy platicador. Ser proactivo puede significar empezar la reunión diciendo: "Oye, tengo la agenda bastante apretada, así que, ¿te parece bien que revisemos rápido los objetivos de esta reunión de hoy?". Una vez que estén de acuerdo, puedes obtener lo que necesitas de la reunión y luego excusarte. Si recibes muchas llamadas sociales o visitas en tu cubículo, prueba a empezar cada una de esas interacciones con un: "Hola, ¿en qué puedo ayudarte?", en lugar de: "Hola, ¿cómo estás?". De este modo irás al meollo de la cuestión en lugar de iniciar una conversación. Puede que sea un enfoque más directo de lo que estás acostumbrado, pero si la alternativa es una interacción innecesariamente larga que absorba tu limitada energía, ser directo suele ser más favorable.

Ahora bien, hay algo que decir sobre fomentar y mantener de las relaciones con la gente en el trabajo. Establecer contactos es muy beneficioso. Pero por tu propia cordura, concéntrate en distinguir los buenos momentos para conectar con la gente de los malos. Si tu mente va a ir a mil por hora mientras hablas con tu compañera de trabajo Cassie sobre el restaurante al que fue anoche y ya llegas tarde al siguiente punto de la agenda, quizá no sea el mejor momento para escuchar su clasificación de los mejores pays de limón de la ciudad.

(Información importante, de acuerdo, pero, no obstante, hay un momento mejor para ello).

Este acercamiento directo a los compañeros y a su distracción es más difícil para las personas extrovertidas, pero es la mejor forma de reducir la plática casual para que puedas hacer tu trabajo, gestionar tu tiempo y curarte del burnout. Con un poco de suerte, los demás responderán con aquello en lo que necesitan ayuda, y tú puedes hacerles saber que, sea lo que sea, está en tu lista de tareas pendientes y que te ocuparás de ello pronto. Recuerda que no estás diciendo: "Odio hablar contigo"; solo estás haciéndole saber amablemente que no estás disponible en ese momento.

La mayoría de las tensiones son el resultado de expectativas poco claras: alguien que viene a platicar contigo cuando no tienes tiempo porque no le has comunicado que estás ocupado; quedarte en el trabajo hasta las siete de la noche porque no estás seguro de la cultura de la oficina o de lo que espera tu jefe; pasar tiempo en reuniones en las que ni siquiera estás seguro que tienes que estar. Busca expectativas claras para cada interacción o tarea, y luego intenta contener la energía que dedicas a esa expectativa.

Puede que tu vampiro energético sean las reuniones innecesarias que sabotean tu capacidad para trabajar con eficacia. Hay varias formas de hacer que las reuniones sean más eficaces: crear un orden del día claro, hacer preguntas directas y utilizar un facilitador implacable que controle bien el tiempo son las más útiles. Si no tienes control sobre esos elementos y solo puedes controlar tu presencia, puedes contener las formas en que una reunión puede agotarte diciendo por adelantado que tienes un "*hard stop*",[14*] manteniendo tu cámara apagada (si se trata de una reunión de Zoom y está permitido), solicitando que presentes o hagas tus preguntas primero, o preguntando al facilitador si tu presencia es en verdad necesaria

---

[14] * Este término se utiliza para describir un momento específico en el cual una reunión debe concluir, ya que uno o más de sus participantes tienen compromisos fuera de la reunión. [N. del t.]

o si un miembro del equipo de confianza puede asistir en tu lugar y tomar notas.

Quizá te preocupe que algunas de estas prácticas puedan parecer groseras. Pero estos enfoques son simplemente claros y firmes. Puedes ser claro y firme *sin dejar de ser amable*. Te lo prometo. Incluso puedes añadir un "lo siento" si eso te hace sentir más cómodo. Ten en cuenta que estas prácticas para combatir a los vampiros energéticos te ayudarán a reducir el número de veces que tienes que trabajar hasta tarde porque otras personas o reuniones te robaron el tiempo que necesitabas para tus propias tareas. Te estás dando prioridad a ti mismo —a tu energía, a tu tiempo— sobre las ofertas sociales y las ineficiencias que te imponen. Te aseguras de tener la energía necesaria para hacer el trabajo para el que te contrataron.

Cuanto más claras tengas tus prioridades y las condiciones que te convienen, más eficazmente podrás ejecutar esas prioridades. Utiliza herramientas de administración del tiempo para asegurarte de que estás empleando tu limitado tiempo y energía de la forma más estratégica posible. *Tu vida es ahora.* **No cuando acabes tu trabajo, ni cuando alcances un determinado objetivo, ni una vez jubilado, ahora mismo.** Optimizar la gestión de tu tiempo y tu energía te garantiza emplear el tiempo limitado del que dispones de la forma más plena posible. Sería una pena llegar al final de tu vida y sentir que tu tiempo nunca fue tuyo.

Ahora bien, no puedes gestionar tu tiempo y energía con eficacia si no te sientes cómodo expresando cuándo has llegado a un límite. Para sentirte cómodo reconociendo y estableciendo tus límites, debes desarrollar una relación fuerte y sana con los límites.

Capítulo seis

Límites
Esto nos lo deberían
de haber enseñado en la escuela

Tina, una representante de ventas que sufría a manos de un jefe adicto al trabajo, acudió a mí al borde de la rabia. Trabajaba en una oficina de adictos al trabajo con actitudes de "haz que suceda" y aparentemente sin vida personal. Las "horas de trabajo" eran una ilusión: recibía correos electrónicos de su jefe desde las seis de la mañana hasta que se iba a dormir. Incluso cuando sentía que podía dejar de trabajar a las seis de la tarde, la llegada de más trabajo urgente la mantenía en suspenso. El estrés había llevado su hábito de morderse las uñas a nuevos horizontes (tenía los dedos tan destrozados que le dolían al teclear); la mayoría de sus interacciones con sus compañeros eran discusiones agotadoras, y no recordaba la última vez que había comido con tranquilidad, sino que optaba por comer rebanadas de jamón con queso enrolladas. Casi no tenía tiempo para sí misma, y el que tenía lo dedicaba a aborrecer el trabajo. Lo peor era que a Tina no le disgustaba su trabajo. Era interesante y acelerado, y le gustaba trabajar con la mayoría de sus clientes, pero las expectativas de su jefe y la cultura del lugar de trabajo le impedían disfrutar de su día a día.

¿El colmo? Tina, que no fuma, pensó en comprarse un vapeador para aliviar el estrés. Esto la llevó a su momento "carajo": se estaba planteando adquirir un hábito peligroso para sobrevivir en el trabajo. "¿Cómo he llegado hasta aquí y cómo salgo?", se preguntaba.

Se encontraba en una situación en la que muchos de nosotros hemos estado: se preguntaba si debía luchar con todas sus fuerzas para imponer los límites en el lugar en el que estaba o si tenía que buscar un nuevo puesto en la empresa, un jefe diferente, un equipo de trabajo distinto o incluso una nueva empresa. Decidió dar al trabajo tres meses más con límites firmes, y si su burnout no mejoraba, lo dejaría. (Sé que tres meses parecen poco tiempo para una persona normal, pero te aseguro que no lo son cuando estás en un trabajo que te hace querer tirarte a las vías del metro todos los días).

El burnout persiste cuando no existen límites en torno a sus causas. No tener límites (o tener muy pocos) con las presiones laborales o personales garantiza que estos factores de estrés tengan vía libre. La relación entre la falta de límites y el burnout se acentuó aún más durante la pandemia de 2020, cuando muchas personas pasaron a trabajar a distancia y las líneas entre la vida laboral y la personal se difuminaron. Las interrupciones se acumularon: la escuela en casa entre reuniones de trabajo, las llamadas de Zoom de tu pareja desde la otra habitación interrumpiendo tu atención, hacer trabajo extra de oficina durante y después de la cena para ponerte al día, resolver tus propios problemas tecnológicos durante la hora de comer. Los investigadores han relacionado este tipo de interrupciones, también conocidas como "violaciones de los límites", con el aumento de las tasas de burnout.[1] Incluso ahora que nos hemos adaptado a la nueva norma de trabajar desde casa —o incluso hemos vuelto a la oficina—, muchos seguimos actuando sin la barandilla de unos límites firmes que protejan nuestro tiempo, energía, salud y cordura.

Puesto que no podemos controlar los límites de los demás (ni los de una empresa o su cultura), es esencial que nos sintamos cómodos y capaces de establecer nuestros propios límites. ¿Por qué es tan

---

[1] Vânia Sofia Carvalho et al., "Please, Do Not Interrupt Me: Work-Family Balance and Segmentation Behavior as Mediators of Boundary Violations and Teleworkers' Burnout and Flourishing", *Sustainability* 13, núm. 13 (junio de 2021): 7339, https://www.mdpi.com/2071-1050/13/13/7339.

difícil dominar algo tan importante para nuestro bienestar? Bueno, por un par de razones: establecer límites tiene dos partes:

1) Conocer, expresar y mantener tus límites.
2) Administrar la experiencia, las emociones y las percepciones de los implicados.

Luchamos con cada una de estas partes por diferentes razones.

Las personas suelen tener problemas con lo primero porque no han identificado cuáles son sus necesidades, les cuesta expresarlas o no han adquirido la confianza necesaria para poner límites. Las personas tienen problemas con lo segundo porque se sienten responsables de manejar las experiencias de otras personas; en otras palabras, el miedo a molestar a alguien o a ser percibidas de forma negativa les impide establecer límites. Este temor puede intensificarse a raíz de experiencias previas en las que individuos hayan menospreciado, criticado o desafiado los límites que la persona había establecido en el pasado.

LAS DOS PARTES DE LOS LÍMITES

Conocer, expresar y mantener tus límites

Administrar la experiencia, las emociones y las percepciones de los implicados

Esto es lo que debes recordar antes de trabajar cada una de estas partes: los límites son solo límites. Tienes límites porque tienes recursos limitados que dar, así que tienes que ser capaz de regularlos. El tiempo, la energía, el dinero, la atención, la tolerancia, etc., *todo* tiene un límite antes de que acabes agotando tus reservas, te resientas y sientas que tu vida está fuera de tu control. Cuando reconoces que tienes recursos limitados y que los límites son tu mejor esfuerzo para respetarlos, te resultan mucho menos personales y más fáciles de defender. El primer paso es comprender los límites de tus recursos y cómo puedes expresarlos y mantenerlos.

Aprender a respetar tus límites

La alerta roja de Tina de que había llegado a su límite fue cuando empezó a plantearse una adicción a la nicotina, pero mucho antes había visto demasiadas alertas amarillas. En nuestras llamadas se mostraba visiblemente ansiosa, con los ojos fijos en su teléfono cada pocos minutos para asegurarse de que no había perdido ninguna llamada, mensaje de texto o correo electrónico de su jefe. Cuando le preguntaba qué iba a hacer después del trabajo, decía cosas como: "Voy a revisar mis correos electrónicos mientras veo un programa". Este comportamiento solía resultar en una combinación insatisfactoria de no relajarse de verdad y no hacer progresos significativos en el trabajo. Cuando le pregunté si estaba libre para hacer una llamada la semana siguiente, titubeó mientras ojeaba su calendario, antes de decir que podría sacar tiempo si "cambiaba algunas cosas de sitio". Estas señales de alarma no son tan graves como olvidarse de un plazo de entrega o desear enfermarse para poder tomarse un par de días libres, pero son indicadores de que ha llegado el momento de poner un límite.

Hay tres pasos clave para reconocer y respetar tus límites:

1) Sé lo bastante consciente de ti mismo para conocer tus límites.
Nos preguntamos: "¿Cuándo debo poner un límite?", como si nuestra mente, cuerpo y calendario no reflejaran nuestro tiempo

y energía —o la falta de ellos— en tiempo real. Tina estaba mostrando señales de que había llegado el momento de poner un límite y ni siquiera se había dado cuenta. Saber cuándo establecer un límite no es tan ambiguo como podría pensarse; tendrás indicadores internos y externos de que te estás acercando a un límite. *Internamente*, la necesidad de establecer un límite puede manifestarse como una respuesta de estrés físico (aumento del ritmo cardiaco, respiración acelerada, pensamientos acelerados), temor o resentimiento cuando recibes un regaño, ansiedad, ganas de huir o congelación. *Externamente*, la necesidad de un límite puede ser saltarse eventos, cometer errores que no cometerías en una situación normal, no tener tiempo libre durante el día o que te digan que pareces distraído u ocupado. Sé que tengo que controlar mi expresión facial cuando mi gesto de "uff, no tengo tiempo para eso" amenaza con aparecer; debo establecer un límite diciendo no.

Una vez que percibas estas señales, pregúntate: "¿Qué puedo hacer? ¿Para qué dispongo de recursos?". Cuando en un inicio Tina vio estas señales, las atribuyó a su carga de trabajo y a su jefe. Sin embargo, tras reflexionar un poco más, se dio cuenta de que su carga de trabajo era manejable, pero los mensajes y peticiones constantes e impredecibles que recibía de su jefe le estaban quitando tiempo y energía más que ninguna otra cosa. Para recuperar el control, Tina tuvo que expresar sus límites a su jefe.

2) **Sé capaz de expresar tus recursos y límites.**

Tina hizo un inventario de su carga de trabajo y programó una reunión con su jefe para establecer unos nuevos parámetros laborales. Dijo que no estaría disponible durante ciertas horas de trabajo para poder realizar grandes cantidades de trabajo; que después de las seis de la tarde no respondería correos electrónicos y mensajes no urgentes, y que expresaría cuándo ya no tenía capacidad para nuevas peticiones. Reforzó estos cambios creando bloques en su calendario, y creó una respuesta automática para los correos electrónicos recibidos después de las seis de la tarde en la que se indicaba al remitente que llamara si se trataba de una urgencia, o que esperara una respuesta a la mañana siguiente.

El jefe de Tina respondió como lo hacen muchos jefes adictos al trabajo: insistiendo con vehemencia que él no esperaba que sus empleados trataran de imitar sus propios hábitos de *workaholic*. El hecho de que un jefe sea honesto sobre sus expectativas y su respeto por los límites varía. En el caso de Tina, se tomó al pie de la letra las palabras de su jefe y aplicó sus nuevos límites, y sus circunstancias mejoraron lo suficiente como para aguantar otros seis meses. Pero al final se cansó de luchar contra la cultura laboral. La empresa valoraba a los empleados "megacomprometidos" y ella estaba dispuesta a trabajar en un lugar que valorara más el equilibrio entre la vida laboral y personal.

Una vez trabajé en un equipo que respetaba de verdad los límites de los demás y tenía muy claro qué tipo de asunto suponía interrumpir el día libre de alguien. Cuando empecé a trabajar con ellos tenía una pregunta que solo podía responder alguien que estaba de vacaciones. Me puse en contacto con la persona y me contestó (probablemente para ser amable porque yo era nueva), pero cuando hice una pregunta de seguimiento ya no me respondió. Me sentí confundida y avergonzada porque el equipo en el que había trabajado con anterioridad no había expresado ningún reparo en que se pusieran en contacto conmigo durante su tiempo libre. (Estoy segura de que sí tenían reparos, pero todos respondían a las peticiones sin importar si estaban trabajando técnicamente o no, así que las peticiones nunca cesaban).

En mi nuevo equipo me enteré a través de un límite *activo* de que la persona a la que había recurrido no trabajaba en vacaciones. **Un límite *activo* es una acción o comportamiento que refuerza un límite. Un *límite declarado* es la expresión escrita o verbal de un límite.**

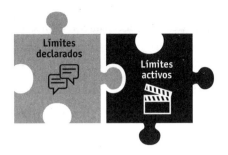

En este caso, cuando no habíamos hablado previamente del límite, una demostración activa del mismo —no responder a mi pregunta de seguimiento mientras estaba fuera de la oficina— transmitió el límite no expresado. Declarar un límite sin un refuerzo activo suele ser ineficaz (a esta persona se le consideraría "caprichosa"). Por el contrario, actuar sin declarar puede parecer pasivo-agresivo. Es importante acostumbrarse a utilizar tanto los límites activos como los declarados.

Digamos que has adquirido el hábito de trabajar hasta la hora de comer y eso te hace estar molesto y de mal humor el resto del día. Puedes *declarar* tu límite marcando un descanso a mediodía en tu calendario y comunicando a tu equipo que estás decidido a empezar a tomarte la hora de comer. Puedes establecer un límite *activo* rechazando o redirigiendo las reuniones no esenciales programadas para la hora de la comida, saliendo o entrando en otros cubículos o espacios durante ese tiempo, o yendo a una cafetería cercana para desconectar un rato. Para cada límite que reconozcas que necesitas fijar, piensa en cómo puedes establecerlo y reforzarlo con acciones para que sea lo más sólido posible. (No te pierdas más adelante algunos guiones y herramientas accesibles).

Ahora bien, todas estas afirmaciones y refuerzos no significan nada si no:

3) Tienes la confianza necesaria para mantener este límite.

Para poner límites tienes que creer que tienes derecho a hacerlo. Aquí es donde mucha gente se interpone en su propio camino.

Puede que sepan dónde necesitan un límite y cómo les gustaría establecerlo, pero luego tienen una sensación de inseguridad tan abrumadora que les cuesta mantenerlo.

Gran parte del obstáculo es la mentalidad. A muchos (sobre todo a las mujeres) se nos anima a ser la versión más obediente y complaciente de nosotros mismos durante la mayor parte de nuestra vida. Cuando entramos en la edad adulta, nadie nos sienta y nos dice: "Si eres complaciente con los demás el cien por ciento del tiempo, te comerán viva". Pero es verdad. Hay mucho que hacer y tú solo eres uno. Solo tienes recursos para dar, así que, por supuesto, tendrás que establecer y mantener límites. Es una buena administración de los recursos.

Si a ti, como a la mayoría de la gente, te cuesta establecer y mantener tus límites, recuerda: los límites no son tan personales como los pintamos, y cuanto más los despersonalizamos, más fácil nos resulta mantenerlos. Considera esta analogía: tienes 10 fichas y necesitas tres para ti. Alguien te pide cinco y solo te quedan dos para repartir. Llega otra persona y te pide tres fichas. Pero como solo quedan dos, tu límite es que solo te quedan dos fichas para dar. No tienes por qué sentirte mal diciéndole a alguien que solo te quedan dos, ese límite es la realidad de la situación. Incluso puedes decirle que vuelva mañana, cuando tengas otra vez fichas de sobra, y entonces le darás una.

Las personas que no se sienten seguras de tener derecho a expresar este límite sacrificarán una de sus fichas personales para que el solicitante pueda tener tres al instante. Si adquieres el hábito de regalar tus fichas personales, pronto descubrirás que la gente no dejará de pedirte fichas, tanto si te sobran tres como si te faltan cero. No pensamos en nuestros recursos como si fueran fichas porque parece demasiado simple, pero esta analogía demuestra lo sencillo que puede ser establecer un límite.

Piensa en tus horas de trabajo. Si tienes 40 horas a la semana y 35 de ellas están ocupadas, cuando alguien te pregunte por un proyecto que te llevará 20 horas tendrás que decirle con toda claridad que, por desgracia, no dispones de 20 horas. Son simples matemáticas. No es un indicador de lo que sientes por esa persona ni un reflejo de tus aptitudes o tu pasión. Tienes cinco horas libres esta semana; puedes hablar con tu jefe y ver si puedes volver a priorizar tus tareas para atender la nueva petición, o puedes decirle que lo más pronto que puedes terminar el proyecto es la semana que viene. Pero no se trata de conseguir 20 horas más por arte de magia. No querrás aceptar a ciegas porque te sientes mal y te da pena, y luego donar 15 de tus horas personales al proyecto.

El problema es que a veces todos estamos ciegamente de acuerdo. Decimos cosas como "ya encontraré tiempo", como si el tiempo libre se pudiera encontrar debajo de las piedras en el parque. Si estás decidido a curar tu burnout, ese tipo de comportamiento tiene que acabar ya. En lugar de eso, haz un inventario de tu tiempo y luego decide reflexivamente si tienes ese recurso para dar. Haz balance de tus límites como persona y como profesional, confía en que son razonables y siéntete seguro sosteniéndolos.

Ganamos confianza con la experiencia, porque cuanto más a menudo ponemos límites, más pruebas tenemos de que podemos hacerlo y todo irá bien. Cuantos más límites establezcas, más cómodo te sentirás estableciéndolos. Claro que intimida entrar en el despacho de tu jefe y decirle que no tienes 20 horas esta semana para terminar ese proyecto. Pero la confianza para hacerlo debe basarse en la convicción de que estás haciendo una petición razonable y gestionando tu tiempo limitado de la forma más sensata posible. **No tienes que esperar a que las cosas vayan *súper mal* para sentirte justificado a la hora de establecer y mantener un límite.** No es necesario que tengas una docena de razones por las que no puedes trabajar 60 horas esta semana (o cualquier otra semana). Y ser alguien que afirma con confianza que sus límites no van a perjudicar su carrera, es más probable que acelere tu camino hacia el éxito.

Dejar de gestionar
la experiencia de los demás

¿Te suena familiar? *Si no voy a la fiesta, se van a sentir. Si no digo que sí, pensarán que soy flojo. Si no voy, dirán que soy...* Estas son solo algunas de las formas en que, en efecto, asumimos la responsabilidad por los pensamientos, sentimientos y experiencias de quienes nos rodean para gestionar su percepción de nosotros o asegurarnos de que nunca experimenten ningún malestar o que se enojen.

Este capítulo no pretende animarte a ser un perfecto imbécil al que no le importa nadie más que tú mismo. Pero puedes ser considerado con las personas que te rodean y seguir teniendo límites.

Si no crees que puedas hacer estas cosas a la vez, es posible que tengas el peligroso hábito de olvidarte por completo de ti mismo en favor de las necesidades de los demás. La gente suele hacer esto para no "hacer olas". No quiere hacer sentir mal a nadie, no quiere parecer difícil, no quiere empezar una discusión, pero eso a menudo significa sacrificar tu paz por la de los demás.

Los límites pueden parecer un horrible juego social. Un sí parece que nos acerca a la gente y un no parece que construye muros. Nuestra complicada relación con los límites empieza a temprana edad. A muchos nos enseñaron que la obediencia y la complacencia son equivalentes al amor y el respeto. Cuando un niño es desobediente a menudo se le tacha de "difícil" y se le castiga con lo que parece una pérdida de amor o conexión. (Piensa en el caso de cualquier niño que haya sido castigado con el silencio después de hacer algo que molestara a su cuidador). Cuando un adolescente no es complaciente se le suele considerar irrespetuoso, en lugar de limitarse a averiguar dónde empiezan sus necesidades y acaban las de los demás. La falta de complacencia se considera una falta de respeto en prácticamente todos los espacios que ocupamos desde la infancia hasta los primeros años de la edad adulta. Cuando no somos complacientes a menudo recibimos mensajes de rechazo o culpabilidad: "Hago tanto por ti…", "Si te importara lo suficiente…" o "Me acordaré de esto la próxima vez que quieras algo".

Crecer de esta manera nos deja fuera de contacto con nosotros mismos. Como desde el primer día nos han inculcado la responsabilidad por los sentimientos de los demás, perdemos de vista nuestros propios deseos, sobreestimamos nuestra responsabilidad por las emociones de los demás y subestimamos su capacidad para autorregularse. La idea de que cada uno es responsable de sus propias emociones se llama "responsabilidad emocional". Sin embargo, cuando asumimos la responsabilidad de cómo se sienten los demás podemos sentirnos culpables sin fundamento[2] y caer en la falsa creencia de que somos nosotros los que tenemos que arreglarlo todo para los demás. **No te corresponde hojear el manual de instrucciones de otra persona para intentar solucionar el problema.**

Sin embargo, a veces la gente no pone límites porque no tiene fe en los demás. No creen que los demás sean lo bastante comprensivos como para aceptar un no o no salirse con la suya. En algunos casos esto puede ser cierto: ese amigo necesitado, ese jefe exigente, ese cliente difícil, esa empresa en la que decir que no puede ser recibido literalmente con una exclamación de asombro o algo peor, porque así es la cultura. Pero estas son las excepciones, no la regla. Por lo general, la gente puede entender tus límites sin necesidad de que les expliques por qué te has atrevido a establecerlos. Una vez, cuando era nueva en un puesto y tenía que establecer un límite con mi equipo, di demasiadas explicaciones por miedo a que no lo

---

[2] June Price Tangney, Jeff Stuewig y Debra J. Mashek, "Moral Emotions and Moral Behavior", *Annual Review of Psychology* 58 (abril de 2011): 345-372, https://www.ncbi.nlm.nih.gov/pmc/articles/PMC3083636/.

entendieran. Uno de mis compañeros se rio y me dijo: "No tienes que explicármelo; yo también trabajo aquí". ¡Claro! Esa persona se daba cuenta de la situación; yo no tenía que dar explicaciones ni disculparme por haber puesto un límite razonable. Esa conversación me hizo creer que la gente podía soportar escuchar un límite, lo que a su vez facilitó el establecimiento de límites.

Donde muchas personas quedan atrapadas en el proceso de establecer límites es en la recepción anticipada de sus límites. Tina podría haber dudado en establecer indefinidamente los límites que necesitaba, pero quería una respuesta a la pregunta: *¿Es posible trabajar aquí y mantener los límites, o no se satisfarán aquí mis necesidades?* **Es natural temer disgustar a los demás, pero esa no es razón para sufrir por siempre.**

El miedo subyacente el rechazo y la pérdida de identidad

El miedo a molestar a los demás y a ser rechazado es tan antiguo como nosotros. Como explicamos en la sección sobre el desgaste social, somos criaturas sociales con una necesidad biológica y fisiológica de aceptación. Gustar a los demás no es solo vanidad; puede parecer de vida o muerte, y con razón: desde el punto de vista evolutivo, necesitamos la aceptación de los demás para tener una comunidad que nos asegure la supervivencia. Así que las emociones que derivan del rechazo y la crítica[3] —vergüenza, celos, culpabilidad, tristeza y vergüenza— son respuestas habituales y nada inusuales. De hecho, el mero acto de imaginar, anticipar o recordar un rechazo pasado puede desencadenar una fuerte respuesta emocional.[4] El estudio del impacto del rechazo social en el cerebro ha llegado incluso

---

[3] Mark R. Leary, "Emotional Responses to Interpersonal Rejection", *Dialogues in Clinical Neuroscience* 17, núm. 4 (diciembre de 2015): 435-441, https://www.ncbi.nlm.nih.gov/pmc/articles/PMC 4734881/.

[4] Leary, "Emotional Responses to Interpersonal Rejection".

a revelar que el dolor emocional de ser ignorado o abandonado puede ser tan doloroso como el dolor físico, y esos casos encienden las mismas regiones del cerebro.[5] Por lo tanto, si has experimentado una y otra vez que poner límites provoca rechazo, te llevará algún tiempo sentirte cómodo con ello, pero es posible.[6] Y el esfuerzo vale la pena. **No nos levantamos un día dispuestos a molestar a la gente, sino cansados de molestarnos a nosotros mismos.** Con frecuencia ignoramos nuestra falta de límites hasta que el costo de no tenerlos supera los beneficios.

Puede que ser siempre flexible con los horarios de trabajo funcionara bien al principio de tu carrera. Reforzó tu reputación y te hizo "una persona con la que es fácil trabajar" y que "juega en equipo". Ahora, años más tarde, se ha convertido en la norma y no tienes sensación de separación entre el trabajo y la vida. Has superado la fase de "demostrar lo que vales" y ahora estás en la miserable fase de "esto me está costando la paz". Y no eres el único. Un estudio reciente, realizado sobre todo con profesionales que trabajan desde casa, descubrió que los que no distinguían bien entre trabajo y vida personal eran menos felices y estaban más agotados emocionalmente que los que tenían límites más estrictos entre trabajo y vida personal. Puede que responder siempre a los correos de tu jefe a las 10 de la noche te convirtiera en una persona "de fiar" y contestar a todas las llamadas de tu familia y amigos te convirtiera en el confidente favorito de todos. No quieres perder ese estatus, pero ahora en lugar de sentir orgullo cuando ves que se enciende tu teléfono sientes ansiedad porque no quieres estar pendiente de él, prefieres dedicar tu tiempo y energía a otra cosa.

Aquí es donde los límites y la identidad se entrelazan. Una de mis mejores amigas es la persona más generosa que conozco: se desvive

---

[5] Kirsten Weir, "The Pain of Social Rejection", *Monitor on Psychology* 43, núm. 4 (abril de 2012): 50, https://www.apa.org/monitor /2012/04/rejection.

[6] Ben Knight, "Understanding and Reframing the Fear of Rejection", NeuroscienceNews.com, 22 de junio de 2022, https://neurosciencenews.com/rejection-fear 20892/.

por los cumpleaños de todo el mundo, recoge a la gente en el aeropuerto, ayuda a terminar el trabajo de los demás y siempre está disponible para lo que cualquiera necesite. Como miembro de su grupo de amigos, he visto lo gratificante que es para ella su naturaleza generosa. Tiene muchas relaciones enriquecedoras. Pero también he visto cómo su generosidad afecta a su espíritu y la decepción que le produce que otras personas no la traten de la misma manera. Cuando tuvo un pequeño colapso social le pregunté por qué no se retraía y daba menos. Me contestó: "Es lo que esperan de mí. Si no sigo así, quién sabe lo que podría pasar". Así es como siempre ha aparecido en las relaciones. Si de repente pone límites, ¿perderá a esos amigos? ¿Sufrirán las personas que dependen de ella? ¿La gente pensará mal de ella? ¿Por qué la conocerán entonces? Lo desconocido infunde miedo en su corazón amoroso, pero agotado.

Mucho del miedo que rodea a la idea de poner límites se debe a que pueden debilitar las relaciones, el estatus o cómo te perciben los demás. No puedo asegurarte que no vayan a ocurrir cosas malas como estas. Pero lo que sí puedo hacer es prometerte que las personas que te quieren y te respetan confiarán en que estás haciendo lo mejor que puedes y que tienes una buena razón para trazar una línea en la arena, sobre todo si lo comunicas de forma amable. Las personas razonables que te ven como algo más que una caja de recursos a su disposición no tendrán problema en que pongas límites que te apoyen. Si tienen en cuenta tus intereses, personales o profesionales, lo entenderán.

Cuando estamos extenuados tenemos que aprender a abrazar el "sano egoísmo",[7] es decir, el respeto por nuestras propias necesidades, crecimiento, alegrías y libertades. El sano egoísmo contrasta con el "altruismo patológico", un deseo de complacer que siempre pone las necesidades de los demás por encima de las propias, cuando

---

[7] Scott Barry Kaufman y Emanuel Jauk, "Healthy Selfishness and Pathological Altruism: Measuring Two Paradoxical Forms of Selfishness", *Frontiers in Psychology* 11 (mayo de 2020), https://www.frontiersin.org/articles/10.3389/fpsyg.2020.01006/full.

hacer el bien en realidad se convierte en algo malo para uno mismo. Demasiado altruismo cuando ya tienes pocos recursos dificultará tu calidad de vida y provocará el burnout con mayor celeridad. Ser socialmente consciente y leer el ambiente es una cosa; asumir la plena responsabilidad de ese ambiente y de cómo se sienten todos los que están en ella es otra.

Leer el ambiente

"¿Te diste cuenta de que Marge dijo: 'No pasa nada', con voz rara después de que le dije que no vendría el viernes?". Ladeé la cabeza hacia mi compañera mientras caminábamos de vuelta a nuestros escritorios después de la reunión de equipo y le pregunté: "¿De qué estás hablando?". Miró a su alrededor, nerviosa, y repitió: "Dijo: 'No pasa nada', de forma un poco brusca". Con el tono más tranquilizador que pude, le respondí: "No la oí, pero aunque la hubiera oído, dijo que no pasa nada". Con un gran suspiro y un poco convincente "tal vez tienes razón", mi compañera de trabajo se desplomó sobre su escritorio. Conociéndola, sospechaba que iba a estar preocupada por esa interacción todo el día.

Aquí es donde leer el ambiente pasa de ser útil a perjudicial. Es el momento en el que una palabra cortante puede hacer descarrilar tu paz durante todo el día. Esta presión por anticiparse a las necesidades de los demás y leer el ambiente es habitual en personas que han crecido en hogares en los que planificar los pensamientos, sentimientos y experiencias de los demás es lo que las mantiene a salvo. Si la necesidad de determinar el estado de ánimo de alguien por el sonido de sus pasos era tu realidad, lo siento. No te lo merecías. Siento que hayas tenido que aprender esto como herramienta de supervivencia. Espero que te hayas construido una nueva vida llena de gente con la que no tengas que hacer esto.

Establecer límites es mucho más fácil cuando no estás tratando de anticipar una docena de realidades (lo cual es demasiado pedir de todos modos porque no eres psíquico) y puedes preguntarte cómodamente: *¿Estoy respetando mis límites y lo que puedo dar?* Seguro que todos hemos tenido la experiencia de sentarnos en una reunión de equipo mientras alguien habla de una nueva idea de proyecto, y luego agonizar ante el silencio que sigue: "¿Puede alguien asumir esto?". Si eres como yo, empiezas a sentirte culpable y a contarte historias. *Todo el mundo debe estar pensando que debería ofrecerme de voluntario, yo creo que todos están más ocupados que yo, así que debería asumirlo, me siento tan mal de que la gente se siente incómoda, así que debería tomarlo solo para acabar con el silencio que me aturde.* ¿Y sabes qué? La persona que se siente más culpable o es más empática no necesita asumir todas las cargas. Los demás probablemente no estén pensando esas cosas de ti; tal vez estén pensando algo parecido de sí mismos y esperando no tener que cargar con ello. Anticipar todas esas cosas no es más que trabajo mental extra que no necesitas hacer. Esos pensamientos inútiles no deberían ser la causa de que digas que sí o que no.

La realidad objetiva es que se trata de un proyecto que requerirá tres horas. ¿Te sobran tres horas? ¿Tiene más sentido para ti aceptar este proyecto o mantener ese tiempo disponible para un trabajo que se ajuste más a tu trabajo? Es fácil perderse en la confusión interpersonal de los límites, es decir, en cómo se sienten los demás sobre sí mismos o sobre ti, pero cuanto más nos centremos en lo que realmente nos piden, más fácil será establecer los límites y no sentir que estamos desairando a nadie. Dispones de una cantidad limitada de tiempo y energía. **Los límites son un reflejo de tu capacidad, no de tu habilidad.**

Pero ¿qué pensarán?

Como dice el refrán, si supiéramos lo que la gente piensa de nosotros, no nos preocuparíamos de lo que la gente piensa de nosotros. La gente se preocupa sobre todo de sí misma. Si le digo a alguien:

"No puedo ir a una reunión a las seis de la tarde porque está fuera de mi horario de trabajo", sospecho que se enfadará durante el tiempo que tarde en reservar la siguiente hora disponible, pero luego volverá a preocuparse por lo que va a preparar para cenar. La gente no está sentada pensando en ti durante horas y horas (¡y eso debería ser liberador!). No puedes vivir tu vida por miedo a cómo te perciben.

Los límites están pensados para preservar tu cordura, no para hacer daño a los demás. Si preservar tu cordura perjudica a los demás, probablemente haya un desequilibrio de responsabilidades. Poner límites puede resultar incómodo, sobre todo en el lugar de trabajo (irónicamente, porque debería ser el lugar más natural para establecer límites transaccionales), así que profundicemos un poco más.

Límites profesionales (*sudor nervioso*)

En el capítulo sobre administración del tiempo hablamos de mi cliente Holly. Le costaba regular su carga de trabajo porque su jefe se comprometía a realizar más trabajo en su nombre, un trabajo que ni ella ni su equipo podían asumir de forma razonable. A pesar de sus protestas, sus superiores no parecían creer que ella o sus subordinados directos hubieran llegado a su límite. A medida que aumentaba el estrés y la carga de trabajo, Holly se dio cuenta de que, además de establecer prioridades de forma tajante, tenía que poner límites claros. A pesar de lo intimidante que resultaba, programó una reunión para hablar con su jefe. Esto es lo que dijo Holly:

"En este momento trabajo 80 horas semanales. Mi carga de trabajo es insostenible, pero mi trabajo también es lo bastante visible para la dirección y para nuestros clientes como para que, si no hago horas extra para cumplir con todo, parezca que no estoy preparada y no que estoy rebasada. Ya lo he dicho antes, y no quiero que la gente espere a tomarme en serio hasta que las cosas se salgan de control. ¿Cómo podemos reducir esta carga de trabajo? ¿Cuál es el plazo para hacerlo?".

La clara petición de Holly al iniciar esta conversación fue: "Las cosas no son sostenibles tal como están. ¿Cómo y cuándo va a cambiar esta situación?". Para evitar que ese plazo se alargara indefinidamente, se aseguró de programar reuniones de seguimiento. Si no se podía responder a esa pregunta, por desgracia era justo suponer que no había planes para que su carga de trabajo cambiara a corto plazo.

Aunque es natural que te preocupe que una conversación así suene a "no puedo hacer mi trabajo", tienes que creer que eres una persona razonable que pide algo razonable. El tiempo y la energía de que dispones al día son limitados. No estás expresando tu límite para ser difícil; lo estás haciendo porque te respetas a ti mismo y quieres hacer bien tu trabajo y tu carga de trabajo actual no te permite hacer esas cosas.

En el caso de Holly, sus jefes decidieron contratar a más miembros del equipo para hacer frente a su creciente carga de trabajo. La situación empeoró antes de mejorar, porque de repente tuvo que dedicar tiempo a formar a los nuevos empleados, pero en los meses siguientes la presión fue disminuyendo hasta que su papel se sintió mucho más manejable. **Muy seguido tenemos que elegir entre tener una conversación difícil o tener una vida difícil.** Muchas personas eligen la vida difícil para no tener que mantener una conversación difícil. **Elige siempre, *siempre*, la conversación difícil.**

La mayoría de la gente no pone límites porque odie su trabajo, sino porque *le gusta* y quiere que funcione. El resultado de no proteger el trabajo con límites suele ser resentirse y tener que abandonar el puesto. Si las opciones son tener una conversación difícil u obligar a tu empresa a cubrir tu puesto dentro de seis meses cuando renuncies, estoy segura, basándome en el hecho de que la contratación y la formación son en extremo costosas para las organizaciones,[8] de que preferirían que tuvieras la conversación difícil.

---

[8] Lorri Freifeld (ed.), "2021 Training Industry Report", revista *Training*, 19 de noviembre de 2021, https://trainingmag.com/2021-training-industry-report/.

Guía indolora para establecer límites a la carga de trabajo

¿Cómo se aborda el tema de los límites de la carga de trabajo? De forma muy objetiva. En primer lugar, divide tu trabajo en partes tangibles. Intenta crear un esquema de en qué estás trabajando en la actualidad, cuánto tiempo te toma hacer o desahogar cada cosa y cómo encaja en tu agenda. Contar con un elemento visual como este ayuda a sostener una conversación fundamentada respecto de la carga de trabajo en recursos concretos, en contraposición a conceptos menos medibles como capacidad o "ancho de banda". La verdad es que eres capaz de hacer prácticamente cualquier cosa, pero esa es una mala regla para medir.

Las conversaciones sobre el "ancho de banda" suelen ser ambiguas y equívocas. "¿Tienes ancho de banda?" es una forma suave y difusa de medir la capacidad, y es imposible responder a la pregunta con precisión hasta que no se traduce en una pregunta nítida y concreta. Lo que en realidad se está preguntando es: "¿Dispones de cinco horas esta semana para trabajar en este proyecto?" o "¿Estás dispuesto a dedicar dos horas a la semana durante el próximo año a ser la persona de referencia para las nuevas contrataciones?" o "¿Puedes formar parte de este comité que requiere una hora al mes después del horario de trabajo habitual?". Cuanto más clara sea la petición, más clara será la respuesta. Y solo podemos dar una respuesta adecuada si conocemos bien lo que tenemos delante.

Si te estás ahogando activamente en tus circunstancias, diseña tu carga de trabajo como hemos descrito con anterioridad, programa esta conversación y explica con claridad cómo estás empleando las horas de tu semana y cuáles serían los cambios ideales para ti. Incluye un calendario para llevar a cabo esos cambios, de modo que no llegues al borde del burnout (y si ya lo estás, asegúrate de preguntar si hay algo que puedas eliminar de tu carga de trabajo mientras tanto). Incluso puedes llegar preparado con una lista de las cosas que tienes pendientes y que no están en consonancia con tus objetivos más importantes, y cómo crees que podrían gestionarse (por ejemplo, haciendo una pausa, simplificando, delegando o automatizándolas). En lugar de acudir a tu jefe con un problema, acude a él con un problema y una solución. Si no llegas a un acuerdo en la reunión inicial, programa una reunión de seguimiento para que sepas cómo se atenderá la situación y no vivas en un limbo interminable.

Dejar que las cosas rotas se rompan

Imagina que eres profesor de primaria y un día te das cuenta de que uno de los guardias que ayudan al cruce de estudiantes en las calles no se presentó. Por la bondad de tu corazón, asumes la tarea, avisas al colegio y no te importa haber llegado a casa una hora más tarde de lo habitual. Te sientes como si hubieras hecho una buena obra. Al día siguiente te das cuenta de que no han sustituido al guardia. Vuelves a ocupar el puesto y te pones en contacto con los administradores del colegio para hacerles saber que tienen que enviar a otra persona para que lo sustituya. Te responden vagamente que están buscando a alguien que ocupe ese puesto, pero que te están muy agradecidos por haberles ayudado mientras tanto. Al quinto día de guardia de cruce te sientes resentido: ya no lo sientes como una buena acción, sino como si se aprovecharan de ti.

Esta es una versión de lo que experimentamos a menudo en el trabajo. Hay tantas piezas móviles, tanta gente, tanto que hacer para que las cosas sigan funcionando, que cuando surge un problema para el que existe una solución provisional conveniente no se da prioridad a una solución a largo plazo porque ya se está atendiendo el problema. Una de las lecciones más difíciles de aprender y aplicar es que a menudo **la gente no cree que algo está roto hasta que se rompe.**

Tu empresa no arreglará el software que tu ayudante Tom, quien hace mil y un piruetas para sacar las cosas de forma manual porque las cosas se siguen haciendo. No contratarán al empleado extra que el equipo necesita desesperadamente porque todo el trabajo continúa adelante (aunque todos hagan horas extras para conseguirlo). "Si no está roto no lo arregles" no es solo algo que se diga de la receta favorita de tu abuela; también es una filosofía viva y palpable en muchas industrias. Pero ¡está roto! Hay que arreglarlo. Si no lo arreglan hasta que se rompe de verdad —y no solo por la amenaza de que se rompa—, es hora de dar un paso atrás, levantar las manos y dejar que se rompa de verdad. (Dentro de lo razonable. Utiliza tu criterio).

¿Has visto esos videos de esposas que se ponen en "huelga" y no limpian la casa para *mostrar* a sus maridos el desorden en lugar de hablar de él? Esta es la versión profesional de eso. Tengo una amiga que estaba tan sobrecargada de trabajo que llegó a un punto en el que no asignó un lote de tareas que debían estar en marcha en una fecha determinada. Al dejar caer la pelota recibió una "sermón", pero también obtuvo —por fin— el apoyo que había estado suplicando.

Permitir que las consecuencias naturales sigan su curso es difícil porque a menudo requiere dejar que alguien o algo fracase. Es duro ver cómo algo en lo que has trabajado y por lo que te preocupas se va al traste. A esto súmale el miedo a quedar mal si por fin permitimos que algo se venga abajo. No queremos que nuestro nombre esté asociado a cosas que se rompen, pero los problemas no surgen en el vacío. Lo más probable es que ya hayas planteado este problema antes y te hayan ignorado, que otras personas sepan que es un problema, que tus predecesores hayan luchado con él o que esté en una larga lista de problemas que "no se pueden resolver ahora" y tu organización solo esté viendo cuánto tiempo puede salirse con la suya sin aportar otra solución. Si tu organización depende del esfuerzo humano para salvar las distancias entre el punto A y el punto Z, no se trata de un problema individual, sino sistémico y estructural.

Puede ser tentador seguir siendo una red de seguridad, ya sea porque sientes que te proporciona seguridad laboral o porque no soportas la idea de que algo vaya mal. Pero te están castigando por los problemas de otros. Imagina que le dices una y otra vez a alguien que la estufa está caliente. Por una razón u otra, no te creen y siguen acercándose. Tú sigues interponiendo tu mano entre ellos y la estufa para evitar que se quemen y, de paso, te quemas tú. Al hacer de intermediario, les impides aprender. Una vez que hayas actuado con la debida diligencia, advirtiéndoles con empatía, puede que tengan que aprender por las malas. Dejar que las consecuencias naturales sigan su curso no es de malvados. Lo único que haces es apartarte de la ecuación el tiempo suficiente para que ellos experimenten el problema por sí mismos.

Piensa en el colega que espera hasta casi la hora de salida para pedirte ayuda con algo. Si cada vez que esto ocurre te frustra pero aun así lo ayudas, aprende que puede seguir haciéndolo. (Confío en que sepas distinguir entre una petición accidental e infrecuente y alguien que simple y sencillamente no aprende y convierte este tipo de comportamiento en un hábito). Considera la posibilidad de decirle: "Tengo un compromiso que comienza a las 5:30 cada tarde y cuando recibo peticiones a última hora del día a menudo no puedo atenderlas hasta la mañana siguiente". O quizá tengas que decir: "¿Te importaría decirme si va a necesitar ayuda antes de las tres de la tarde? Cuando las solicitudes llegan después de esa hora no puedo garantizar que pueda darles prioridad hasta el día siguiente". Tal vez a tu colega no le guste tu respuesta, pero las probabilidades de que la próxima vez que necesite ayuda envíe una solicitud antes o no espere que se complete hasta el día siguiente son mucho mayores. Para reforzar este límite establecido con acciones tendrás que poner tu dinero donde está tu boca la próxima vez que intenten violarlo. No es fácil, pero **la gente aprende a tratarte en función de cómo permites que te traten**. Puede que tengas que demostrar que lo que dices va en serio un par de veces antes de que te crean.

Por supuesto, cuanto mayor sea la brecha jerárquica entre tú y la persona con la que estás estableciendo el límite, más frustración puedes encontrar. Alguien cinco niveles por encima de ti que no sabe tu nombre ni a qué te dedicas es una persona intimidante con la que intentar establecer un límite. Tienes que recordar que, sin importar con quién hables, los límites solo tienen que ver con los recursos y con aquello para lo que estás disponible. Puede que alguien por encima de ti no respete o no le guste que establezcas un límite, pero no puede discutir cuántas horas tiene un día. "El informe que me pides tarda al menos dos horas en hacerse" es un límite innegable. "Estoy disponible para reunirme este sábado; sin embargo, no estoy disponible para reunirme todos los sábados" también es razonable. Tal vez tengas que ceder a la petición las primeras veces para demostrar que "juegas en equipo", pero si la petición se convierte en una expectativa habitual, tendrás que encontrar las palabras para expresar tus parámetros. Si esa perspectiva te apanica, ten por seguro que no tiene por qué ser todo en blanco y negro. No se trata de: "Sí, haré exactamente lo que me pides" o "No, no lo haré en absoluto". Hay un término medio que suena algo así como: *haré lo que me piden para darme una idea de qué se trata y a partir de ahí intentaré idear una forma alternativa de satisfacer las necesidades de todos sin que me sobrecargue perpetuamente.* No estás siendo difícil; estás decidido a hacer lo que hay que hacer, pero también estás respetando tus límites, protegiendo tus responsabilidades actuales e intentando evitar el burnout (y renunciar en un ataque de furia). Es insostenible ignorar por completo tus límites y necesidades. Acabarás siendo desgraciado, te lo prometo.

El siguiente paso natural es aprender a establecer esos límites, así que vamos a explorar algunos métodos universales que pueden ayudarte a expresar tus límites.

Kit de herramientas para poner límites

Aquí tienes cuatro sencillas herramientas que te ayudarán a establecer límites:

1) Crea espacio

Imagínate esto: estás en una reunión de equipo y, a medida que la reunión se acerca a su fin, te preguntan: "¿Vienes a la hora feliz del equipo después del trabajo?". Levantas la vista y ves que tus compañeros te miran, y sientes que se te viene a la cabeza la respuesta afirmativa, a pesar de que no sabías lo de la hora feliz y habías planeado un merecido descanso después del trabajo. **En lugar de decir que sí a una petición en el acto, acostúmbrate a crear un espacio para considerarla antes de comprometerte.** En este caso, podrías responder: "Ay, no sabía lo de la hora feliz. Déjenme revisar mi agenda y les aviso".

Rara vez tenemos que responder al instante. Crear un espacio es una buena manera de evitar un exceso de compromiso. Otra forma de darte un momento para ordenar tus pensamientos es hacer una pregunta de seguimiento. Si alguien te pide que te unas a un nuevo proyecto, pregunta: "¿Cuáles serían tus expectativas si acepto?". Esto te dará un momento para pensar y te dará también más información que te ayudará a tomar una decisión bien informada y estratégica.

Un beneficio secundario de crear espacio es darte una oportunidad de regularte emocionalmente antes de responder. Es fácil confundir intensidad con urgencia o sentirse abrumado en el trabajo. Preguntarte: *¿Puedo tomarme un momento para pensar en cómo afecta esto a mis plazos actuales?* y respirar hondo antes de responder puede reducir el estrés a la mitad.

Cuando recibas una petición y sientas que podrías necesitar poner un límite (sensación de temor, respiración acelerada, necesidad de cambiar las cosas de sitio en el calendario en el último minuto), intenta crear un espacio antes de responder. Piensa que es como retirarse y reagruparse. Crear espacio también sirve para marcar los límites. Aunque decir: "¿Puedo consultar mi calendario y volver a llamarte?" no establece explícitamente el límite, te prepara para decir más tarde: "Después de consultar mi calendario, no tengo capacidad para asumir esto en este momento" o "Después de consultar mi calendario, lo más pronto que puedo completar esto sería el jueves. Después de comprobar mi calendario, puedo confirmar que estoy disponible para A, pero no tengo capacidad para B y C".

No es que seas difícil. Es solo una demostración de que te tomas en serio tus responsabilidades.

2) Habla en primera persona

Considera la afirmación "Me estás microgestionando y necesitas darme espacio para hacer mi trabajo". Como puedes imaginar, la gente no es muy receptiva a los comentarios negativos no solicitados. Aunque la afirmación es clara (y probablemente cierta), no solemos ser tan directos en nuestras relaciones profesionales o personales.

Una forma menos áspera de sugerir un cambio es enunciar la situación en primera persona de modo que *tú* seas el centro de atención y no otra persona. En lugar de "me estás microgestionando", prueba con "trabajo mejor cuando tengo autonomía" o "prefiero trabajar durante periodos de tiempo ininterrumpidos y responder a los mensajes entre esos periodos de tiempo". Cuando expreses una necesidad, céntrate en *ti mismo*, no en la otra persona. Centrarte en ti mismo, en tus necesidades o en tus cambios puede ayudarte a mantener conversaciones sobre los límites sin tener la sensación de que tienes que convencer a la otra persona de su comportamiento o de que tiene que cambiarlo. Las investigaciones también han demostrado que las personas que utilizan más el "yo" que el "tú" son percibidas como menos hostiles[9] y como capaces de resolver problemas.[10] **Los límites no se ponen para cambiar a los demás, sino para cambiar tu forma de *interactuar* con ellos.**

---

[9] Shane L. Rogers, Jill Howieson y Casey Neame, "I Understand You Feel That Way, But I Feel This Way: The Benefits of I-Language and Communicating Perspective During Conflict", *PeerJ* 6 (mayo de 2018): e4831, https://eerj.com/articles/4831/.

[10] Rachel A. Simmons *et al.*, "Pronouns in Marital Interaction: What Do 'You' and 'I' Say About Marital Health?", *Psychological Science* 16, núm. 12 (diciembre de 2005): 932-936, https://journals.sagepub.com/doi/10.1111/j.1467-280.2005.01639.x.

Supongamos que un compañero de trabajo y tú platican seguido a mediodía para hablar de los distintos proyectos en los que están trabajando. Te gusta ponerte al día con él, pero te das cuenta de que la conversación siempre se convierte en una sesión de desahogo por su parte, y tú no tienes energía para desahogarte durante la jornada laboral. Hablando en primera persona, la creación de un límite podría sonar así: "Me he dado cuenta de que al final de nuestras conversaciones a veces nos desahogamos, y creo que está afectando a mi actitud hacia el trabajo, así que voy a intentar no desahogarme sobre el trabajo durante un tiempo y ver si eso ayuda". La próxima vez que surja, impón tu límite de forma desenfadada: "¡Espera! ¡Estoy intentando desahogarme otra vez, tema nuevo!". No estás siendo grosero y puedes decirlo con una sonrisa. Si se molesta, puedes añadir: "Sé que es aburrido, pero necesito probarlo porque mi actitud hacia el trabajo es pésima ahora mismo". La ligereza puede ayudar a rebajar la tensión en conversaciones que, de otro modo, serían tensas y difíciles. Si siguen insistiendo, puedes levantarte y decirles con tono ligero: "Tengo que irme, tengo que ser fuerte, lo siento".

También puedes utilizar una declaración condicional, o una declaración "si… entonces". "Si pasa *esto*, pasa *aquello*". "Si me gritas, entonces me retiraré hasta que puedas tener una conversación razonable". "Si me envías un mensaje durante una reunión, entonces me pondré en contacto contigo cuando salga de ella". "Si me envías un correo electrónico después de las cuatro de la tarde, entonces lo más probable es que no pueda responderte hasta el día siguiente". Muchos límites pueden enmarcarse de esta manera. De hecho, los estudios demuestran que las afirmaciones "si… entonces" pueden ser comprendidas hasta por niños de tres años. Si un niño de tres años puede comprender una afirmación "si… entonces", tengo fe en que los adultos con los que hablas también pueden. (Y si no pueden, ningún límite verbal te salvará de esa persona: solo tienes que crear el límite físico del espacio).

Los enunciados en primera persona y "si… entonces" también pueden ayudarte fuera del trabajo. Tal vez quieras tener tiempo para ti después del trabajo, pero no sepas cómo decirle a tu pareja: "Dependes de mí para entretenerte y tienes que dejarme sola una hora para que pueda relajarme". En lugar de eso, podrías decirle: "Me estoy dando cuenta de que necesito más tiempo a solas para relajarme, así que voy a empezar a irme un rato a la recámara para leer durante una hora cada noche. ¿Puedes ayudarme a cumplirlo?". Tú eres el centro de atención y, además, si les pides que te ayuden, sentirán que te están apoyando en lugar de privándose de algo.

También puedes utilizar una frase del tipo "si… entonces" para evitar preguntas personales indiscretas en una próxima reunión familiar. En lugar de sucumbir al miedo y al temor, decide que "si me preguntan sobre… entonces voy a decir… y a disculparme". Los límites nos preservan. Sin ellos podemos sentirnos indefensos ante los factores estresantes. Si nos sentimos seguros a la hora de poner límites, tenemos menos miedo de lo que pueda ocurrir porque sabemos que, pase lo que pase, podremos expresarnos y disculparnos si es necesario.

3) Afirmar lo obvio

Supongamos que cada vez que trabajas con una persona espera hasta el último momento para enviarte el material que necesitas, obligándote a trabajar fuera de tu horario habitual para completar el proyecto, y eso te hace sentir molesto. Afirmar lo obvio para establecer un límite podría sonar así: "Antes enviabas el material casi a las cuatro de la tarde. A partir de ahora ¿podrías enviarlo antes del mediodía?". No hay que dar demasiadas explicaciones ni darle mil vueltas, solo utilizar lo obvio para enmarcar la petición. **Afirmar lo obvio elimina la necesidad de idear una forma elaborada de abordar un problema.**

No necesitas encontrar las palabras perfectas para explicar lo que ya ha ocurrido. Estaban ahí y lo más seguro es que no les sorprenda enterarse de que has tenido que hacer horas extra. No les estás diciendo que el retraso en la entrega de los materiales es un inconveniente para ti, sino que dejas que lo obvio hable por sí solo. Aunque muchas personas estructuran estos límites como *la petición + la razón*, te sugiero que lo **enmarques como lo obvio + la *petición* y dejes que lo obvio sirva de razón**.

Este enfoque práctico es muy útil cuando se trata de establecer límites en la forma de hacer el trabajo. ¿Cuántas veces has tenido que esforzarte para decirles a tus compañeros de trabajo que no crees que la estrategia que proponen funcione? Lo obvio es un gran sustituto de las conversaciones difíciles e innecesarias que a menudo se alejan de la búsqueda de una solución.

"La última vez que hicimos el proyecto así el resultado fue... ¿Qué podemos hacer para alcanzar un resultado diferente?".

"Teniendo en cuenta el tiempo que llevó este trabajo la vez pasada, lo más probable es que tarde hasta... ¿Es un plazo aceptable?".

"El mejor predictor de cómo irán las cosas en el futuro es cómo fueron en el pasado, y en el pasado.... ¿Cómo podemos garantizar resultados diferentes?".

Adapta estas ideas a tus circunstancias. La personalidad, el sector y la antigüedad influirán en el margen de maniobra que tengas para decir lo obvio, pero en un nivel básico cualquiera puede utilizar esta herramienta. No me malinterpretes: lo obvio no siempre hace feliz a la gente, pero afirmarlo te da la oportunidad de replantear expectativas y hablar por ti mismo sin sentir que tienes que explicar tus sentimientos sobre la experiencia. Mientras que hablar en primera persona te convierte en el centro de atención, la afirmación de lo obvio convierte a la situación en el centro de atención. Tanto si señalas factores obvios de la situación actual como de situaciones anteriores (compromiso de tiempo, disponibilidad de recursos, plazos), este método te ayudará a establecer un límite sin cargas emocionales.

4) Fijar expectativas y llegar a un consenso

Esta herramienta es muy útil para las personas de tipo A y las de tipo B que trabajan juntas. Las personas de tipo A son aquellas que abordan sus tareas de manera enérgica, se aseguran de que todo esté hecho con antelación y asumen la responsabilidad de cualquier persona asociada con su trabajo (en otras palabras, tienden a esperar que los demás cumplan sus normas). Las personas de tipo B tienden a ser más relajadas; para ellas los plazos son más bien sugerencias y su ritmo de trabajo es más pausado que el de sus homólogos de tipo A. Uno no es mejor que el otro, siempre que el trabajo se haga. Sin embargo, cuando estos dos tipos de personalidad trabajan juntos, suelen surgir tensiones.

Las personas de tipo A quieren asegurarse de que las de tipo B hacen lo que tienen que hacer, y las de tipo B quieren que las de tipo A se desentiendan. Las frases en primera persona y decir lo obvio a veces pueden funcionar en estos casos, pero a menudo una estrategia más útil es establecer expectativas claras y llegar a un consenso. Por ejemplo, si eres del tipo A y estás a punto de trabajar en un proyecto con una persona del tipo B en la que no confías del todo, podrías decir: "Para ahorrar tiempo y reducir las idas y venidas, quiero dejar claro que necesitaré... en tal fecha. ¿Te parece bien?". Una vez que estén de acuerdo, envíales un correo electrónico recordándoles el plan acordado. Aunque a una persona de tipo B esto le pueda parecer prepotente, la claridad inicial evita la microgestión posterior (que no le gustaría nada a una persona de tipo B) y la ansiedad o discordia que se podría generar sin unas expectativas claras.

La segunda parte de esta herramienta es tan importante como la primera: se necesita el acuerdo de la parte a la que se fijan las expectativas. Establecer expectativas sin el acuerdo de todas las partes es solo dar órdenes. (Lo cual estoy de acuerdo que resulta mucho más fácil, pero lamentablemente no siempre tiene efectividad). *Colaborar*, por el contrario, es ver y escuchar a la persona con la que se trabaja y asegurarse de que está de acuerdo con las expectativas para que la dinámica siga siendo respetuosa.

Límites para grupos de riesgo

¿Y si tienes dudas a la hora de establecer expectativas? Empleados subalternos, recién contratados, miembros de un grupo marginado, etc., por distintas razones, estos grupos pueden sentir un temor extra al momento de expresarse en el lugar de trabajo. Es posible que las personas de grupos de riesgo no se sientan bienvenidas a la hora de establecer límites o que hayan tenido experiencias negativas al intentarlo con anterioridad. Este temor se acentúa aún más si su lugar de trabajo no tiene una cultura que apoye los límites o la inclusión.

Las mujeres, las personas de color, las personas con discapacidad, las mamás, las personas de tallas grandes y los miembros de la comunidad LGBTQ+ tienen más probabilidades que otros grupos de sufrir microagresiones[11] o incluso discriminación flagrante en el lugar de trabajo. Por ello resulta útil que estas personas se sientan seguras a la hora de establecer límites para poder protegerse en caso necesario. ¿Cuántas veces se ha asignado a una persona de color a un comité de diversidad e inclusión sin preguntarle si quiere o tiene tiempo? ¿Cuántos ejemplos has oído de que se espere que la única mujer de un equipo tome notas en las reuniones? ¿Cuántas veces en entrevistas de trabajo se ha preguntado (ilegalmente) a las mujeres si tienen hijos o piensan tenerlos? Pero no siempre es tan fácil como comunicar la expectativa de que te traten de forma equitativa, ¿verdad?

---

[11] "Women in the Workplace Study 2021", McKinsey & Company y LeanIn. Org, septiembre de 2021, https://www.mckinsey.com/~/media/mckinsey/featured%20insights/diversity%20and%20inclusion/women%20in%20the%20workplace%202021/women-in-the-workplace-2021.pdf.

Para empezar, las experiencias previas pueden haberte hecho creer que establecer un límite o una expectativa tendrá un resultado negativo, como ser tachado de difícil o agitador. Una encuesta mundial de Deloitte Women @ Work de 2022 reveló que 16% de las mujeres,[12] en su mayoría pertenecientes a minorías étnicas, no denunciaban el acoso o las microagresiones porque temían que tuviera un efecto adverso en su carrera. Temían ser vistas como "alborotadoras"[13] si ponían límites. Por otra parte, aunque quizá no sin relación, las mujeres de color también tienen más probabilidades de sufrir burnout que las no pertenecientes a minorías.[14] Y cualquier discriminación basada en el género es un factor de riesgo de burnout,[15] sin importar el origen étnico.

Se necesita algo más que límites personales y profesionales para cambiar estos sistemas, pero conocer tus límites puede protegerte a ti y a los demás. Cuando eres explícito sobre tus expectativas y límites, no estás siendo intratable; estás siendo claro sobre lo que es y no es aceptable para ti.

Erin L. Thomas, vicepresidenta de diversidad, inclusión y pertenencia de Upwork, me dio uno de sus primeros consejos para las personas de grupos de identidad marginados: cuestiónate si has internalizado los papeles que la sociedad te ha impuesto, como ser la mujer negra sobrehumana y siempre solidaria que *debe* ser resistente ante las demandas. Anima a la gente a "recalibrarse a sí misma a un

---

[12] "Women @ Work 2022: A Global Outlook", Deloitte, 2022, https://www2.deloitte.com/content/dam/insights/articles/glob-175228_global-women-%40-work/DI_Global-Women-%40-Work.pdf.

[13] Kami Rieck, "Women and People of Color Can't Afford to 'Quiet Quit'", *The Washington Post*, 6 de septiembre de 2022, https://www.washingtonpost.com/business/women-and-people-of-color-cant-afford-to-quiet-quit/2022/09/05/1707431e-2d28-11ed-bcc6-0874b26ae296.

[14] Rieck, "Women and People of Color".

[15] Linda J. Wang *et al.*, "Gender- Based Discrimination Is Prevalent in the Integrated Vascular Trainee Experience and Serves as a Predictor of Burnout", *Journal of Vascular Surgery* 71, núm. 1 (enero de 2020): 220-227, https://www.jvascsurg.org/article/S0741-5214(19)31029-8/fulltext.

punto de referencia más sano para que pueda encontrar el equilibrio". Este proceso puede llevar mucho, mucho tiempo, pero es un paso importante para aprender y respetar tus límites.

Thomas compartió dos áreas que es beneficioso tener en cuenta cuando se trata de la necesidad de establecer límites:

1) Falta de visibilidad, reconocimiento y/o acceso a oportunidades.
2) Falta de respeto o seguridad.

Si estas cuestiones están complicando tu experiencia profesional, estás en tu derecho de abogar por ti mismo. "En caso de duda, comparte y levanta la voz". Tú eres tu primera línea de defensa. La gran pregunta es: ¿cómo establecer un límite de forma segura y eficaz? "El cálculo es diferente para cada persona", dice Thomas —la cultura de la oficina, tu estilo de comunicación, si confías en los canales formales—, pero puedes tener en cuenta las siguientes opciones que ofrece Thomas. "La gente se obsesiona con un único enfoque, pero hay varias formas de abordar una situación, desde centrarse y elaborar un plan para manejarla por tu cuenta, hasta hacerse oír, conseguir apoyo informal o escalar la situación conforme a la jerarquía organizacional obligatoria".

- **Practica en privado.** Practica establecer límites para que te sientas cómodo expresándote, ya sea de forma independiente o con un colega o amigo de confianza. Así, la próxima vez que te interrumpan y necesites intervenir con un "Perdón, voy a terminar mi reflexión y luego te la paso".
- **Consigue apoyo.** Pide a tus compañeros de confianza que respondan por ti en las reuniones y ayuden a corregir el registro —"Amanda dedicó mucho tiempo a afinar la presentación inicial"— para que haya una idea más precisa de tus contribuciones. Supongamos que has hecho una sugerencia o has completado un proyecto cuyo mérito se ha atribuido otra persona. Aquellos que estén encantados de abogar por ti pueden estar siempre

listos para respaldarte o aclarar las cosas en tiempo real. "Gran sugerencia, Amanda; me gusta adónde quieres llegar con eso". "Cuando Amanda presentó esa idea en la última reunión, recuerdo que pensé que era innovadora". "Amanda encabezó ese proyecto, así que puedes darle las gracias a ella".

Si necesitas establecer un límite difícil pero no estás seguro de tener suficiente peso para que la gente lo respete, otra táctica que recomiendo es saber quién de tu entorno está dispuesto a ser tu "cc". Tu "cc" es alguien que ha aceptado respaldarte y a quien puedes citar en los correos electrónicos si es necesario para reforzar tu punto de vista. "Frank, a quien copio aquí, quería estar informado para que también pudiera echar un vistazo a los materiales que vas a enviar el viernes". Si antes el destinatario consideraba que el viernes era negociable, es de esperar que ahora ya no lo sea. Nadie quiere parecer indiscreto metiendo a otros en las interacciones, pero a veces se necesita un testigo y un poco más de responsabilidad. En estas situaciones, los Franks suelen estar encantados de hacerlo también: es como el trabajo de mentor más fácil que existe. ¿Apoyar a un empleado en ascenso por el módico precio de un correo electrónico con copia de seguridad de vez en cuando? Ayudar de este modo no supone ninguna molestia para Frank, pero significa mucho para la persona que lo incluye. Si eres un líder, también puedes ofrecer este servicio a los miembros de tu equipo en un acto de solidaridad.

- **Haz preguntas.** Si te piden formar parte de un panel y sospechas que se trata de un caso de *tokenismo*, es decir, estar ahí solo para dar la ilusión de diversidad, pide claridad. ¿Cuál es exactamente mi papel en este panel? ¿Qué se espera que haga como preparación para esto? ¿Cómo encajo yo en este grupo? ¿En qué beneficia a mi equipo? A veces basta con hacer las preguntas para entender lo que se quiere decir. Una vez contestadas las preguntas, podrás determinar si hay que establecer algún límite.

- **Considera los canales formales.** En especial cuando se trata de cuestiones de respeto y seguridad, no pases por alto la opción de llevar tu experiencia a un líder de confianza, al área de recursos humanos a un responsable de diversidad si la empresa cuenta con uno. Una ventaja de seguir esta vía es que hace recaer la responsabilidad de la situación en la empresa. Thomas explica que muchas personas malgastan energía determinando si los incidentes justifican poner límites o denunciarlos. En cambio, insiste en que si estás teniendo una experiencia desafortunada y un esquema de límites violados interfiere con tu rendimiento, no es solo un problema tuyo, es un problema de la empresa. Por eso vale la pena plantearlo ante los canales cuya responsabilidad es encontrar una solución. "No es tu misión averiguar cómo hacer un lugar de trabajo más seguro y equitativo, es trabajo del área de recursos humanos o del departamento legal —dice Thomas—. Tu misión es compartir tu experiencia". Si no te sientes cómodo hablando a través de los canales disponibles, puedes seguir una vía más informal y comunicar tu experiencia en una encuesta a los empleados o busca el apoyo social y crea un plan sobre cómo manejarás cualquier situación que pueda surgir.

- **Crea un registro.** Sin importar cómo manejes la situación en el momento, es inteligente guardar registros de tus interacciones y conversaciones.

Las personas determinan la cultura, por lo que es nuestra responsabilidad colectiva contribuir a un entorno de trabajo seguro, respetuoso e integrador. El compañerismo —apoyar de forma activa a un grupo marginado del que no eres miembro— puede adoptar muchas formas: camaradería, participación en grupos de recursos para empleados, hacer saber a tu equipo que eres una persona a la que pueden acudir en busca de ayuda. Si tienes un cargo directivo, transmite políticas que sienten las bases de unas prácticas laborales y unos límites saludables. La creación de este tipo de apoyo social ayuda a amortiguar la carga emocional causada por la discriminación y puede hacer que el establecimiento de límites resulte menos intimidatorio para los miembros de grupos marginados.

Cuando no tienes eleccción

La primera vez que oí a un líder responder a "me vendría bien ayuda, mi equipo está muy ocupado" con "todo el mundo está ocupado", casi se me salen los ojos de las órbitas. Muchas industrias y empresas dependen de que los empleados se extralimiten para que todo funcione. Se inventan historias sobre el "trabajo duro" y "ganarse las estrellitas en la frente" que ocultan la horrible verdad: es demasiado. Si no fuera demasiado, no habría tanta gente que se quejara de lo mismo.

¿Cómo podemos poner límites en espacios que no los tienen?

1) Pon en claro para ti mismo qué tendría que cambiar para que no estuvieras agotado.
2) Averigua si existe una fecha para que se lleve a cabo este tipo de cambios.
3) Si hay una fecha, dale seguimiento cuando sea oportuno; si no la hay, acepta que ese puede ser el rol.
4) Evalúa cómo te sientes con este rol tal como es: si sabes que no es para ti y necesitas dejarlo, empieza a tomar medidas para hacerlo (encontrarás más información al respecto en el capítulo sobre cuándo renunciar). Si no puedes salir de momento y los límites solo te brindan un alivio relativo, utiliza los otros pilares del burnout: la mentalidad, el cuidado personal, el manejo del estrés y la administración del tiempo, para soportar El Asco mientras tanto. Puede que no consigas convertirlo en la situación de tus sueños, pero al menos puedes hacerlo más llevadero.

Gestión emocional: protégete

Rachel trabajaba en la industria farmacéutica y tenía un jefe tan belicoso que Michael Scott, el jefe ficticio de la serie *The Office*, parecía razonable: su humor era volátil, sus acciones impredecibles, y a menudo Rachel salía de las reuniones con él con la sensación de que necesitaba encontrar una habitación tranquila y ponerse en posición fetal. Todos sus subordinados directos admitían que les causaba un estrés enorme.

Rachel es una empleada muy trabajadora que quería hacer feliz a su jefe, pero los cambios de humor del hombre le dificultaban controlar sus propias emociones y hacer su trabajo. Rachel no tardó en darse cuenta de que necesitaba una forma de crear vínculos emocionales con su jefe, porque absorber su energía y acudir a las reuniones con él sin una armadura mental la estaba dejando frita. Si alguna vez has trabajado con alguien cuya regulación emocional es tan deficiente que se convierte en el problema de los demás, esta sección es para ti.

Rachel necesitaba un límite emocional que la ayudara a distanciarse de los sentimientos de su jefe. En lugar de tomarse como algo personal sus estallidos de furia, enfado o negatividad, se repetía a sí misma antes, durante y después de sus reuniones *Sus sentimientos no son mis sentimientos*.

Ellos y sus sentimientos

Tú y tus sentimientos

calma

negatividad, tristeza frustración

enojo crítica infelicidad

consideración

SUS SENTIMIENTOS NO SON MIS SENTIMIENTOS

Rachel necesitaba recordar que absorber y tratar de manejar sus sentimientos no era lo que la convertía en una buena empleada (ni estaba en la descripción de su trabajo); hacer bien su trabajo es lo que la convierte en una buena empleada, y ya lo está haciendo.

Si tienes compañeros que no pueden regular sus emociones o si trabajas con clientes que exigen mucho apoyo emocional y tiendes a absorber los sentimientos de quienes te rodean, corres el riesgo de sufrir fatiga por compasión. La fatiga por compasión[16] se produce por ayudar a gestionar emocionalmente y cuidar a los demás, y puede provocar tu propia fatiga emocional y física. Es común en sectores en los que se gestiona un espectro de emociones y necesidades, como la enfermería, la enseñanza y el trabajo social.[17] Pero puede ocurrir en cualquier situación laboral en la que una persona sensible esté en contacto habitual con alguien que parece exigir más compasión y, francamente, más energía. (La fatiga por compasión también es más común en personas que experimentan burnout,[18] porque si uno está física y psicológicamente agotado, tiene menos recursos de los que echar mano). La compasión es un recurso limitado, como el tiempo, la energía o el dinero. La gestión emocional tiene un límite antes de estallar.

Al igual que Rachel, debes tomarte un momento para separar las partes logísticas de tu trabajo de la labor emocional que estás llevando a cabo. Si estás interiorizando y asumiendo la responsabilidad de cada factor estresante emocional que encuentras, te estás perjudicando. Agotar con rapidez todos tus recursos y llegar a un agotamiento emocional compromete tu capacidad para estar presente en otras áreas donde se necesita tu atención. Aunque pueda parecer altruista internalizar las emociones de los demás, hacerlo más allá

---

[16] Jeremy Adam Smith, "What Happens When Com- passion Hurts?", *Greater Good Magazine*, 8 de mayo de 2009, https://greatergood.berkeley.edu/article/item/what_happens_when_compassion_hurts.

[17] Fiona Cocker y Nerida Joss, "Compassion Fatigue Among Healthcare, Emergency and Community Service Workers: A Systematic Review", *International Journal of Environmental Research and Public Health* 13, núm. 6 (junio de 2016): 618, https://www.ncbi.nlm.nih.gov/pmc/articles/PMC4924075/; Françoise Mathieu, "Running on Empty: Compassion Fatigue in Health Professionals", *Rehab and Community Care Medicine* (primavera de 2007), https://www.semanticscholar.org/paper/Running-on-Empty%3A-Compassion-Fatigue-in-Health-Mathieu-Cameron/dbf9e4f776b1a9544e9eeda93fd8f219b072df01.

[18] Cocker y Joss, "Compassion Fatigue Among Healthcare, Emergency and Community Service Workers".

de tu capacidad en realidad limita tu habilidad para estar presente y ayudar a tantas personas como sea posible. Por otro lado, tener compasión por ti mismo es más probable que alivie el agotamiento emocional y refuerce que los sentimientos de otras personas no son tus propios sentimientos.

Límites personales: límites en tu vida personal

Quinn, hija única de una madre muy exigente, fue educada en el amor condicional. Si no hacía lo que su madre le sugería —visitarla cada vez que tenía un día libre, vestirse como su madre sugería, participar en las actividades extraescolares que su madre recomendaba— se encontraba con una decepción, un enojo o una tristeza desproporcionados. La madre de Quinn solía soltar frases culpabilizadoras del tipo "después de todo lo que he hecho por ti... eres tan desagradecida...", "Supongo que soy la peor madre del mundo...". Crecer en este ambiente convirtió a Quinn en una adulta complaciente que tenía problemas para defender sus propias necesidades y se resistía a establecer límites que pudieran molestar a alguien. Atrajo a amigos y compañeros que se aprovechaban de ella, la criticaban y, en general, reforzaban la creencia de que cuando no hacía lo que ellos decían, su valor disminuía. Este modo de pensar era difícil para su mente, su cuerpo y su espíritu, pero la alternativa de molestar a la gente le parecía imposible. Los límites personales son íntimos porque la gente de tu vida puede herirte de formas que no te pueden herir en la oficina. Puedes cambiar de trabajo, pero no de madre.

"Convertir el trabajo en tu identidad" es un concepto comúnmente aceptado del que, como cultura, por fin hemos empezado a hablar y a rebelarnos. Pero lo que es igual de común es la práctica de hacer de las relaciones tu identidad. Algunos permitimos que nuestras relaciones —cómo nos perciben los demás y qué nos dicen de nosotros mismos— determinen nuestra autoestima. El desarrollo del concepto que tenemos de nosotros mismos comienza en la infancia, cuando empezamos a recibir comentarios de los demás. Cuando llevamos dulces a la escuela y recibimos la atención positiva de nuestros compañeros, o cuando ayudamos a la profesora y nos dice que somos atentos, esa retroalimentación se traduce en la creencia de que cuando hacemos cosas por los demás somos lindos y caemos bien. Entonces podemos empezar a creer que lo contrario también es cierto: cuando no hacemos cosas por los demás no caemos tan bien. Así es como nuestra identidad puede empezar a depender de lo que los demás piensen de nosotros. Sin control, esto se convierte en una vida de complacer a la gente y dejar que las necesidades, la percepción y los sentimientos de los demás dicten nuestra vida.

¿Cómo puedes saber si necesitas establecer un límite personal? Piensa si estás haciendo algo debido a factores de motivación positivos o negativos. Los factores de motivación positivos son el amor, la ilusión y el deseo genuino. Por ejemplo, *quiero terminar este libro porque me gusta mucho* o *quiero ir a la cena familiar porque echo de menos a mi familia y quiero pasar tiempo con ellos.* Los factores de motivación negativos son la culpa, el miedo y la decepción. Por ejemplo, *debería terminar este libro que no me gusta porque ya lo compré* o *debería ir a la cena familiar; de lo contrario, me sentiré culpable por no ir.* Al aclarar la motivación, puedes diferenciar entre las cosas que haces para evitar sentirte mal y las cosas que te hacen sentir *bien.*

También hay una diferencia entre dar prioridad a los demás cuando tienes abundancia de recursos y dar prioridad a los demás a expensas de los pocos recursos que te quedan. Los periodos de burnout suelen ser algunos de los únicos momentos en los que las personas complacientes se permiten establecer límites. Deciden que su situación ha empeorado lo suficiente como para no tener más remedio que establecerlos: "Lo siento, no quiero ser grosero, pero estoy tan agobiado que tengo que decir que no". Muchos luchan por justificar que establecen y mantienen este límite hasta que llegan a este punto de desesperación.

Lo que muchos complacientes aprenden una vez que llegan a este precario lugar es que, independientemente de tus recursos, la gente no dejará de pedirte cosas. Por ejemplo, puede que le hayas dicho a tu pareja que quieres ver tu programa a solas con tu botana favorita y te hayas ido a otra habitación con el plato de la botana en la mano, pero cuando te siga y empiece a contarte algo que le sucedió en el trabajo el trabajo, vas a tener que reafirmar tu límite: *"¿Te importaría si, después de que me termines de contar el chisme, veo mi programa? Quiero que me cuentes tu día y luego necesito relajarme".* *"Necesito desconectar mi cerebro un rato antes de poder prestarte toda mi atención. ¿Puedo ir a buscarte cuando esté lista?".*

La pregunta que te estás haciendo no es *¿cuánto tengo que dar?*; es *¿cuánto tengo que dar sin comprometer las cosas que son importantes para mí?* Desde luego que podrías reacomodar todo en tu fin de semana porque tu amigo se está mudando y ha enviado un sos al grupo de amigos para pedir ayuda, pero también requeriría que renunciaras a la parsimoniosa mañana de sábado que esperas con ansias toda la semana, al tranquilo paseo por mercado orgánico o a la comida que habías planeado con tu mamá. Hay muchas oportunidades de demostrar que te importan las personas de tu vida. Y apuesto a que has aparecido en casi todas ellas. Tu amor por ellos no se pondrá en duda cuando digas que no de vez en cuando.

Siéntete lo bastante seguro como para establecer límites personales teniendo en cuenta que los límites fortalecen las relaciones, no las debilitan. Los límites no son un rechazo; son una invitación a mantener una relación sin resentimientos.

Personas difíciles (todos las tenemos)

Para muchos que luchan contra el desgaste social, las personas difíciles son la fuente de su burnout. Estas personas suelen ser emocionalmente volátiles, inmaduras o impositivas. También suelen odiar que se establezcan límites con ellas y es probable que los desafíen.

Cuando alguien cuestiona un límite puede parecer que está diciendo: "Yo sé más que tú" o "Deberías vivir tu vida de la forma que te recomiendo en lugar de como tú estás eligiendo". En la mayoría de los casos, **las personas que tienen problemas con tus límites son las que se benefician de que no los tienes.** Cuando sientas la tentación de ceder a estas afirmaciones, recuerda: **La gente es como es porque le ha funcionado antes.** Es muy probable que alguien que escuche un límite presione con más fuerza si antes ha tenido éxito derribando los límites de los demás.

Incluso cuando se ha violado un límite, las personas amables a menudo empatizan para no reforzar sus límites: "Solo son así porque...". "Así crecieron, no es su culpa". **El hecho de saber por qué alguien es así no significa que esté bien.** "Solo me llaman llorando y diciéndome que soy una decepción porque así es como los trataba su madre y que apenas lo están superando". Sale... ¿y no crees que deberían mejorar? Si no dejarías que trataran así a un amigo, no deberías someterte a que te traten así.

Hay ciertos tipos de personas en nuestra vida que tienden a necesitar límites:

- Necesitados: siempre esperan más de ti de lo que puedes dar.
- Intimidador: te presionará si no haces lo que ellos quieren.
- Emocionalmente impredecible/emocionalmente abusivo: te trata injustamente y te mantiene en tensión.
- Tomadores con derecho: te hacen sentir que es sorprendente que tengas el descaro de no estar tan disponible como a ellos les gustaría.
- Inductores de culpa: utilizan la culpa para conseguir lo que quieren de ti.

No estoy diciendo que estas personas no puedan ser una buena compañía o que no se preocupen por ti a su manera. Lo que ocurre es que suelen venir acompañadas de grandes exigencias emocionales y de la necesidad de establecer límites estrictos por tu parte. Si no puedes ser terminante con tus límites y se trata de una relación voluntaria (como un amigo o una pareja), te sugiero que busques la salida más cercana. Si se trata de una relación involuntaria (como un pariente o un *roomie*), reconoce cuándo se están violando tus límites y ten preparadas algunas estrategias para establecerlos (habla en primera persona, respuestas "si… entonces", decir lo obvio, establecer expectativas).

"Ve a cambiarte o prepárate para escuchar el sermón de tu abuelita"

La cultura estadounidense es muy individualista.[19] Nos enorgullecemos de nuestras identidades independientes y a menudo los lazos familiares son débiles. En cambio, en culturas colectivistas como las de Asia, África y Sudamérica, las relaciones interpersonales son primordiales y se espera que los miembros de la familia —en especial los niños— reflejen las tradiciones culturales[20] y los valores de generaciones pasadas. Si procedes de una cultura colectivista, no es raro que tengas problemas con los límites, sobre todo en el contexto familiar.

Soy de cultura hispana y mi familia está *muy* unida. No creo que exista una sola unidad en nuestro árbol genealógico que no haya tenido otros parientes viviendo con ella en algún momento. ¿Necesitas que te preste un coche? *Claro.* ¿Vienes en cinco minutos? *Sip, dejaré lo que estoy haciendo y prepararé algo de comer.* Me voy al extranjero, ¿conocemos a alguien en España? *Ajá, tenemos unos primos lejanos*

[19] Abigail Marsh, "Everyone Thinks Americans Are Selfish. They're Wrong", *The New York Times*, 26 de mayo de 2021, https://www.nytimes.com/2021/05/26/opinion/individualism-united-states-altruism.html.

[20] Yuriy Gorodnichenko y Gérard Roland, "Understanding the Individualism-Collectivism Cleavage and Its Effects: Lessons from Cultural Psychology", en *Institutions and Comparative Economic Development*, eds. M. Aoki, G. Roland y Timur Kuran (Londres: Palgrave Macmillan, 2012), 213-236.

a los que no conozco que dijeron que podemos quedarnos con ellos una semana. ¿Alguien no está de acuerdo con el largo de tu falda o el corte de tu escote? Te lo van a decir. ¿Alguien piensa que deberías tener más hijos o no le gusta lo que publicaste en las redes sociales hace un mes? Te lo dirá a la cara y casi seguro lo harán delante de un grupo.

Esta forma de vida no está exenta de amor: sabes que siempre te cuidarán y que tu red se extiende mucho más allá de ti. Pero si planeas tomar decisiones sobre las cuales el grupo tenga opiniones, equípate con algunos límites. Es difícil empezar a establecer límites con personas cercanas si no lo has hecho antes, pero es esencial para proteger tu salud mental.

Una vez trabajé con una joven encantadora llamada Pamela, que estaba aprendiendo a abrirse camino después de la universidad como enfermera de urgencias. Pamela procedía de una cultura colectivista, como yo. Además de adaptarse a su estresante trabajo, sus padres tenían expectativas poco realistas sobre la frecuencia con la que debía llamarles. Cuando no contestaba a sus llamadas, normalmente porque estaba trabajando, la hacían sentir culpable la siguiente vez que hablaban. A veces "bromeaban" y le decían que no tenía tiempo para ellos, pero la mayoría de las veces le preguntaban cuándo la volverían a ver, ya que estaba *tan* ocupada, y le contaban anécdotas de sus amigos, cuyos hijos los llamaban y los visitaban con más frecuencia. Pamela necesitaba con desesperación unos límites que la ayudaran a establecer expectativas.

Tras considerar la frecuencia con la que le gustaría hablar con sus padres (un factor motivador positivo, no negativo como la culpa), acabó diciéndoles que les llamaría todos los domingos por la mañana para tomar juntos un café virtual y que los visitaría cada dos meses. También les comunicó que los quería y que deseaba compartir su vida con ellos, pero que si empezaban a hacérselo pasar mal, iba a señalárselos y a cambiar de tema. Una vez más, los límites no consisten en cambiar a los demás. Podrían seguir sacando a relucir cosas que a ella no le gustaran, pero sabía que *si* lo hacían, *entonces* tenía un remedio que la ayudaba a protegerse. Con el tiempo, comprendieron sus límites declarados y reafirmados, y el número de veces que colgaba tras una llamada telefónica con ellos con dolor de estómago se redujo significativamente.

Le daba miedo tomar esa decisión, porque creía que podía poner en peligro la relación con sus padres. **Pero si somos honestos con nosotros mismos, a menudo las relaciones que tememos comprometer ya están comprometidas, solo que de otra manera.**

Frases para poner límites y tonos: voz de atención al cliente versus voz del director general

Piensa en cómo percibirías a dos personas que tienen que abandonar una reunión antes de tiempo. La primera persona afirma con confianza: "Lamentablemente, tendré que excusarme unos 15 minutos antes. Revisaré las notas de la reunión para asegurarme de que no me he perdido nada". La persona dos, visiblemente nerviosa, afirma: "Lo siento mucho, ¿podría por casualidad escaparme 15 minutos antes? Tengo otra cita y he intentado cambiarla pero no pude. Si no están de acuerdo, intentaré cambiar la cita. Siento mucho las molestias". El objetivo es contar con la confianza de la primera persona. **La forma en que afirmas tu límite es la mitad del trabajo de hacer cumplir tus palabras.**

¿Te impones con voz de atención al cliente o de director general? La voz del atención al cliente es aguda, hace que todo suene como una pregunta y refleja un tono complaciente y de disculpa. La voz de un director general tiene un tono más grave, termina las frases con una inflexión hacia abajo y transmite autoridad y confianza.

Solo con oír el tono y las palabras de alguien se puede saber si se le puede presionar o no. Se puede oír cuánto lamentan ocupar espacio. Hay estudios que demuestran que la calidad y el tono de la voz causan más impresión que el contenido de lo que se dice,[21] que las mujeres que terminan las frases como si fueran preguntas son menos creíbles[22] y que cuanto más grave es la voz de un hombre, más dinero gana.[23] (Rudísimo, lo sé, pero cierto).

Hay demasiadas pruebas para ignorar que el tono y la forma de hablar influye en la credibilidad de tu mensaje. Luché por expresarme durante mucho tiempo. Mi objeto espiritual solía ser un tapete de entrada. Pero se me formó un resistente caparazón cuando empecé a trabajar por mi cuenta. Antes podía comportarme de forma insignificante porque era pequeña en el esquema de una empresa. Ocupaba un lugar bajo en la jerarquía profesional, podía esconderme detrás de mi jefe y no tenía que defenderme a menudo. Una vez que empecé mi propio negocio, fue un bautismo de fuego. Yo sola me representaba a mí misma, por lo que me vi obligada a dejar de ser tímida y empezar a ocupar espacio.

Como ya hemos dicho al principio de este capítulo, los límites son tanto enunciados como activos. Puedo sugerir frases que puedes utilizar para establecer estos límites, pero también necesitas un caparazón para reforzarlos con tu tono y tus acciones. Estas son algunas herramientas que puedes utilizar para establecer límites personales:

Redirección: Desplazar la petición hacia algo para lo que se tiene capacidad.
"Desgraciadamente, no podré ir a… pero me encantaría…".

[21] Sue Shellenbarger, "¿Es así como hablas realmente?", *The Wall Street Journal*, 23 de abril de 2013, https://www.wsj.com/articles/SB10001424127887323735604578440851083674898.
[22] John Baldoni, "Will 'Upspeak' Hurt Your Career?", *Forbes*, 30 de julio de 2015, https://www.forbes.com/sites/johnbaldoni/2015/07/30/will-upspeak-hurt-your-career/?sh=67a2de134edc.
[23] William J. Mayew, Christopher A. Parsons y Mohan Venkatachalam, "Voice Pitch and the Labor Market Success of Male Chief Executive Officers", *Evolution and Human Behavior* 34, núm. 4 (julio de 2013): 243-248, https://www.sciencedirect.com/science/article/abs/pii/S1090513813000238.

"Lamentablemente, en este momento tengo que darle prioridad a... pero si estás libre el próximo viernes ¿podemos...?".

No es todo o nada; puedes seguir satisfaciendo la relación aunque no sea con la petición original. Esta es una buena manera de desviar las peticiones que te agotan en favor de otras que te convienen más. Por ejemplo, si una amiga va a dar una gran fiesta y sabes que odias las grandes fiestas y que, de todos modos, apenas podrías hablar con ella ahí, podrías preguntarle si puedes invitarla a tomar un café o una copa la semana siguiente. Tal vez haya una gran reunión familiar a la que te sientas culpable por no asistir y no haya nada fácil para sustituirla. En lugar de eso, puedes decidir que solo irás durante la primera hora. Pasas y das abrazos, pero luego te excusas antes de que te agote.

Explicación general: Expresar que en un futuro próximo vas a estar fuera de combate por motivos personales. Es muy útil en épocas de mucho trabajo.

"¡Hola! Estoy pasando por una temporada muy ajetreada en el trabajo, así que estoy en modo antisocial hasta _____. Cuando todo esto pase, me encantaría _____".

"¡Hola! No quería que pensaras que te estoy ignorando, así que esto es solo una advertencia de que estaré fuera de combate durante aproximadamente los próximos tres meses mientras paso por una temporada ocupada. Te quiero, nos vemos en el otro lado <3".

"No estoy disponible" no equivale a "te odio", ¡y la gente razonable lo sabe! **Si una relación solo funciona cuando estás disponible a su conveniencia, entonces la relación solo estará tan llena en la medida en que esté llena tu caja de recursos.** Establecer este tipo de expectativas en tus relaciones puede contribuir en gran medida a reducir posibles tensiones sociales.

No es una frase completa: Por mucho que nos guste tener la razón redactada a la perfección, no siempre es necesaria una explicación.

LÍMITES | 233

"Mátame, pero no voy a poder ir, ¡pero espero que te diviertas!".
"Lamentablemente, después de comprobar mi calendario no puedo hacerlo :(".

Y, por supuesto, puedes utilizar las herramientas que aprendiste anteriormente para establecer límites personales (considera esto tu DL; NL[24*]):

Crea espacio: "Permíteme alejarme un poco para considerar esto y luego puedo volver contigo".

Utilizar frases en primera persona: "No podré contestar llamadas durante la jornada laboral porque después me cuesta concentrarme de nuevo. Si pierdo tu llamada te llamaré en cuanto pueda :)".

Uso de las afirmaciones Si... entonces: Si la tía Mandy saca el tema, entonces voy a sonreír y decir: "Oh, en realidad no estoy hablando de eso, ¿me disculpas?", y marcharme.

Afirmar lo obvio: "Cuando hablamos de... siempre acaba en discusión. Para no discutir, evitemos el tema".

Establecer expectativas: "¡Es un honor que me hayas pedido que sea tu dama en tu boda! Cuando tengas la oportunidad, me encantaría saber cuáles son tus expectativas para tus damas de honor para tener una mejor idea de la programación y el costo antes de aceptar. Quiero estar segura de que puedo comprometerme antes de hacerlo!".

Ahora ya conoces los indicadores personales que muestran que es necesario poner un límite, te sientes seguro a la hora de establecer un límite razonable, estás dispuesto a dejar que los demás gestionen sus propios sentimientos y tienes a mano frases y herramientas que puedes utilizar cuando se sobrepasan los límites. **Los límites no son un acto para alejar a la gente y ser un cretino; son una rama de olivo**

---

24 * demasiado largo; no leí.

que extiendes porque te importa lo suficiente como para no enfurecerte y largarte. Son tu forma de preservarte a ti mismo, la calidad de tu trabajo y la calidad de tu vida para que sigas ahí.

Los límites son fundamentales para protegernos del estrés. Pero no siempre podemos poner límites para salir de una situación estresante. Para ayudar a extinguir la llama que alimenta gran parte del burnout tendremos que recurrir al último pilar de la gestión del burnout: el manejo del estrés.

Capítulo siete

Manejo del estrés

Cuando la respuesta de lucha o huida se ha convertido en tu reacción predeterminada

Bill acudió a mí después de que su médico le dijera que si no reducía su estrés acabaría en el hospital por dolor en el pecho... *otra vez*. Tenía la presión por las nubes, ansiedad constante y apenas podía dormir. Bill había creado una exitosa empresa de inversiones y manejaba millones de dólares. Su negocio estaba en auge, pero el estrés del trabajo estaba teniendo importantes efectos adversos en su cuerpo. A menudo se despertaba sobresaltado en mitad de la noche para consultar su correo electrónico, trabajaba durante el fin de semana desde que tenía uso de razón y tenía problemas con su marido a causa de su estilo de vida activo. Bill sentía que estaba muriendo despacio.

Como hemos dicho, el burnout es el resultado de un estrés prolongado. Bill estaba experimentando estrés frecuente sin tregua, y su cuerpo y su mente estaban acusando las repercusiones. Cuando percibimos estrés —cualquier cosa que nos preocupe o que capte nuestra atención de repente— nuestro cerebro responde enviando a nuestro cuerpo adrenalina (o epinefrina,[1] que prepara a nuestros músculos, corazón y pulmones para trabajar más duro), grasa y

---

[1] "Epinephrine (Adrenaline)", Cleveland Clinic, marzo de 2022, https://my.clevelandclinic.org/health/articles/22611-epinephrine-adrenaline.

azúcar (glucógeno,[2] que nos da combustible para responder al factor estresante) y cortisol ("la hormona del estrés"), que mantiene a nuestro cuerpo en alerta hasta que la amenaza ha pasado.[3] Esta avalancha de hormonas suele considerarse el modo "lucha o huida", el intento del sistema nervioso simpático de prepararnos para el factor estresante que tenemos delante.

Cuando nos enfrentamos a un factor estresante nuestro cuerpo busca una liberación física de esta energía extra para poder volver a su estado basal. El problema es que no siempre podemos responder a los factores estresantes modernos de la forma primitiva que solíamos hacer del sistema de lucha o huida. Cuando recibimos un número abrumador de correos electrónicos no podemos huir de ellos. Cuando un compañero de trabajo nos culpa de un error no podemos luchar contra él. (Quiero decir… podemos, pero lo más probable es que el de seguridad nos escolte hasta la puerta). Estar llenos de cortisol y adrenalina sin una forma de quemarlos puede llevarnos a sentirnos como si estuviéramos "al límite" o "a punto de estallar", a un paso de convertirnos en ese tipo que hace agujeros en las paredes.

Emociones como el miedo y la ira echan leña al fuego ("¡Me van a despedir!". "¡Estoy tan enojado porque Craig volvió a estropear nuestra tarea!". "¿¡Cómo voy a terminar todo este trabajo a tiempo!?") y nos mantienen en un estado de ansiedad que es difícil de desconectar. Y —no es ninguna sorpresa— cuando estamos agotados el estrés prolongado puede tener graves efectos a largo plazo sobre nuestra salud. El estrés crónico es un precursor de las enfermedades cardiacas y los trastornos inmunitarios, ya que la exposición

---

[2] "Understanding the Stress Response", Harvard Medical School, *Harvard Health Publishing*, julio de 2020, https://www.health.harvard.edu/staying-healthy/comprender-la-respuesta-al-estrés.

[3] James C. Root, Oliver Tuescher y Amy Cunningham-Bussel, "Frontolimbic Function and Cortisol Reactivity in Response to Emotional Stimuli", *Neuro-Report* 20, núm. 4 (marzo de 2009): 429-434, https://www.researchgate.net/publication/24023395_Frontolimbic_function_and_cortisol_reactivity_in_response_to_emotional_stimuli.

prolongada al mismo provoca inflamación, altera nuestro equilibrio hormonal y desgasta nuestro organismo.[4] Lo *peor* que podemos hacer es exponernos de forma continua a factores estresantes sin ningún tipo de liberación.

Entonces ¿cómo puedes aliviar el estrés? A lo largo de este capítulo hablaremos de varias tácticas, pero en resumen, necesitas *a)* algún tipo de alivio físico y *b)* la seguridad de que estás a salvo. Alivio físico significa hacer algo para quemar el exceso de energía: hacer que la sangre bombee mediante el ejercicio, poner música alegre y bailar, echarte a llorar o enfurecerte durante un minuto y golpear la cama con una almohada. Las acciones físicas ayudan al cuerpo a superar el estrés y a convencerlo de que la amenaza ha pasado,[5] explican Emily y Amelia Nagoski, autoras de *Burnout: The Secret to Unlocking the Stress Cycle* (un gran recurso sobre el estrés). La seguridad de que estamos a salvo suele requerir la afirmación —mediante el razonamiento mental, el apoyo de otras personas o incluso un cambio en el entorno— de que no existe una amenaza inmediata y de que podemos estar tranquilos. Como humanos, estas son nuestras respuestas *innatas* y fisiológicas al estrés. Pero nuestra *respuesta condicionada* al estrés es reprimir estos impulsos de purga porque nos han enseñado que no son convenientes o adecuados.

En los niños vemos continuamente versiones orgánicas de un proceso saludable de eliminación del estrés. Por ejemplo, a un niño se le cae un juguete que provoca un golpe (factor estresante); el niño se asusta (respuesta hormonal al estrés); el niño llora (expresión de sus emociones que disminuye la respuesta de estrés); luego el niño recoge el juguete y vuelve a jugar (recuperación). El estrés del niño aumentó, lo expresó y luego disminuyó.

---

[4] Agnese Mariotti, "The Effects of Chronic Stress on Health: New Insights into the Molecular Mechanisms of Brain-Body Communication", *Future Science OA* 1, núm. 3 (noviembre de 2015): FSO23, https://www.ncbi.nlm.nih.gov/pmc/articles/PMC5137920/.

[5] Emily Nagoski y Amelia Nagoski, *Burnout: The Secret to Unlocking the Stress Cycle* (Nueva York: Ballantine, 2019).

A medida que crecemos se nos entrena para que dejemos de dar nuestras respuestas naturales y respondamos de formas socialmente más aceptables. Por ejemplo, cuando recibimos malas noticias delante de otros, se espera que reprimamos los sentimientos para que los demás no perciban nuestra angustia y luego los drenemos a nuestro propio ritmo. **Una vez que llegamos a la adolescencia, tener una respuesta de estrés se trata como una elección en lugar de una reacción humana inevitable.** Obviamente, no queremos llorar a cada rato en el trabajo o cada vez que tenemos una conversación difícil con un amigo, pero son reacciones naturales, intentos fisiológicos de aliviar el estrés.

Imagina que tienes una jarra que acumula estrés a lo largo del día.

Cuando eres consciente de que tienes que superar el estrés, vacías la jarra a medida que avanza el día. Al final del día, la jarra del estrés está casi vacía. Cuando no prestas atención al estrés acumulado en la jarra es probable que llegues al final del día y descubras que la jarra está llena. Esto puede provocar sentimientos de agobio, frustración extrema y enojo porque el estrés laboral se está filtrando en tu tiempo personal, ya que ahora tienes que utilizar el tiempo *después* del trabajo para descomprimirte y vaciar la jarra. Tu objetivo debe ser notar el estrés a medida que lo experimentas y desarrollar estrategias de manejo del estrés que te ayuden a liberarlo en tiempo real.

Cualquiera que trabaje en el mundo actual sabe que no es cuestión de si experimentará estrés, sino de *cuándo* y *cómo* lo gestionará. Es importante aprender a gestionar tres tipos de estrés:

En el momento: Un factor estresante que requiere una respuesta inmediata.

A corto plazo: Un factor estresante con un final a la vista.

A largo plazo: Un factor de estrés sin final a la vista.

El estrés nos llega con distintos niveles de urgencia. A veces es necesario afrontarlo de inmediato; otras se queda en un segundo plano porque no quieres o no necesitas afrontarlo de inmediato (o no sabes cómo hacerlo). A menudo el estrés es el resultado del miedo a no tener los recursos necesarios para manejar algo: una conversación difícil, un proyecto que se avecina, un nuevo trabajo. Este miedo frenará tu crecimiento. Por el contrario, cuando confías en que puedes manejar el estrés que surja, estás más dispuesto a salir de tu zona de confort y crecer de formas aterradoras pero importantes. En este capítulo nos aseguraremos de que, sin importar las situaciones en las que te encuentres, puedas afrontar el estrés que tienes delante.

Estilos de estrés: ¿quién eres bajo presión?

"No lo molestes cuando esté estresado. Se desquitará contigo". Acababa de empezar a trabajar con un nuevo equipo y esta fue la advertencia que recibí sobre el jefe del equipo. Por supuesto que las personas son más irritables cuando están estresadas; sin embargo, este directivo se había hecho famoso por ser un "peleonero" (en otras palabras, su respuesta al estrés era "luchar"). Cuando estaba estresado, cualquiera que se acercara demasiado corría el riesgo de recibir golpes mal dirigidos. Unas cuantas veces a la semana mis colegas y yo oíamos sus gritos desde el pasillo y nos apiadábamos del pobre imbécil que estaba al otro lado del teléfono o que salía de su despacho más pálido y sudoroso que cuando entró. Todo el mundo había aprendido a soportar el comportamiento de este director. Pero sabiendo lo que sé ahora, no puedo evitar pensar que estos incidentes podrían haberse evitado si hubiera sido consciente de su respuesta al estrés, si se hubiera preocupado por cómo estaba afectando al personal (la mayoría de las personas no dan lo mejor de sí mismas en respuesta al miedo y la intimidación) y si hubiera hecho el trabajo para mejorarlo.

El mejor indicador de cómo manejarás el estrés en el futuro es cómo lo has manejado en el pasado. **Cuando estamos estresados, tendemos a hacer lo que sabemos en lugar de lo que sería mejor.** Las respuestas más comunes al estrés son luchar, huir, congelarse, mediar o conectar. Familiarízate con estos tipos de respuesta al estrés para que puedas comprender mejor tu propia respuesta al estrés y las de las personas con las que experimentas habitualmente situaciones estresantes.

Lucha: Estás preparado para enfrentarte al instante y con pasión al factor estresante; te vendría bien tomarte un momento para respirar y ordenar tus pensamientos antes de responder.

Huida: Tu instinto es crear YA espacio entre tú y el estresor; te convendría pedir distancia de forma explícita para que la otra parte entienda tus intenciones, o autocalmarte si no puedes crear espacio.

Congelación: Experimentas parálisis por estrés y tiene dificultades para responder a un factor estresante en el momento; te convendría distanciarte del factor estresante, expresar la necesidad de más tiempo antes de responder y tranquilizarte.

Mediar: Intentas mantener la paz y hacer que los demás se sientan cómodos; te convendría reflexionar sobre tus propias necesidades antes de lanzarte a ayudar a los demás.

Conectar: Buscas apoyo social en respuesta a un factor estresante; te beneficiaría calmarte a ti mismo en caso de que no haya nadie disponible.

Solía trabajar en un pequeño equipo de personas con diferentes estilos de respuesta al estrés. El de mi jefe era de lucha, el de mi compañero de trabajo de congelación y el mío de huida. Después de una reunión estresante en la que se delegaba trabajo urgente a nuestro equipo, nuestro jefe estaba listo para sumergirse en los puntos de acción, mi compañero se sentaba en silencio en su mesa temblando, y yo quería salir a respirar y ordenar mis pensamientos antes de reabrir la conversación. Por suerte, nos dimos cuenta de este patrón y tuvimos la oportunidad de hablar de nuestros estilos de estrés. Nuestra solución fue tomarnos 10 minutos para descomprimirnos después de las reuniones estresantes en adelante. Este ajuste nos permitió colaborar con mucha más calma y eficacia, así como regular mejor nuestro estrés en el trabajo.

Tu estilo de estrés es tu respuesta natural al estrés, una respuesta a la que has estado condicionado (quizá creciste en una familia de luchadores o contenedores) o que encaja con tu personalidad (quizá eres introvertido y tu instinto es huir o congelarte). Una vez que sabemos hacia qué tipo de estilo gravitamos, podemos pensar en cómo cambiar nuestra respuesta cuando surjan futuros factores de estrés.

Una vez que me di cuenta de que mi estilo es la huida, me preparé mejor para gestionar el estrés cuando surgía. Ahora, si mi marido y yo discutimos, lo primero que pienso es que necesito espacio, que quiero dar un paseo y que entonces podré mantener una conversación más reflexiva[6*] en lugar de intentar mantener una conversación importante sumida en mi respuesta al estrés. Durante temporadas muy estresantes en el trabajo solía empezar a buscar un nuevo trabajo solo para poder escapar de mis factores estresantes. Luego, cuando los factores estresantes desaparecían, me acordaba de que me gustaba mi trabajo y no quería dejarlo. Ahora, sabiendo que mi instinto natural es huir, puedo anticiparme a mi necesidad de espacio cuando aparece el estrés o encontrar formas de calmarme de otra manera si huir no es la respuesta más adecuada. Cuando recibo mensajes de odio en internet, por ejemplo, mi instinto solía

---

[6*] La búsqueda de espacio —para regularte emocionalmente y volver con una respuesta reflexiva— y la evasión, es decir, cortar con alguien y negarse a comunicarse o a cooperar, son dos cosas distintas.

ser borrarlo todo y desaparecer. Ahora me tomo un tiempo fuera de las redes sociales, lo que me da la misma sensación de distancia entre mí y el factor estresante y me permite serenarme. A veces la proclividad a la huida es la mejor opción en el momento. Otras veces puedo beneficiarme de formas alternativas de alivio del estrés antes de responder al problema.

¿Cuál es tu estilo de estrés? ¿Cómo tiendes a comportarte cuando estás entre la espada y la pared? ¿Te pones conflictivo? ¿Buscas una vía de escape? ¿Te paralizas? ¿Buscas apoyo social? ¿Cuáles son los estilos de estrés de las personas con las que pasas más tiempo (tu pareja, tu jefe, tus compañeros…)? La próxima vez que te encuentres en una situación estresante con ellos, ¿puedes reconocer la forma en que tus diferentes respuestas al estrés pueden afectar a su dinámica? Mejor aún, ¿podrían tener una conversación proactiva al respecto antes de enfrentarse juntos a la siguiente situación estresante?

Cuando los estilos de estrés chocan, las relaciones pueden resentirse. Una amiga me contó que cuando tiene conversaciones estresantes con su hermano su instinto es pelearse, mientras que el de él es paralizarse. En cuanto una conversación empieza a ser estresante, ella se pone brava y él se cierra. Cuanto más presiona ella, más se retrae él. El resultado es una interacción tensa de la que ninguna de las dos personas sale satisfecha.

En su mayor parte, es probable que estas conversaciones tengan un propósito, ya sea ponerse de acuerdo sobre dónde celebrar la Navidad, decidir qué regalarle a mamá por su cumpleaños o nada más "necesito expresar lo que siento porque estamos en la vida del otro y es importante para mí". El estilo de estrés de cada hermano determinará cómo aborda la conversación y cómo espera resolver el problema. Es probable que mi amiga con su estilo de estrés de lucha espere una resolución rápida, sobre todo si ya sabe cuál es su resultado ideal. Pero para su hermano, que tiene un estilo de estrés de congelación, puede ser debilitante tratar de resolver el problema en el acto. Es posible que no sepa cuál es su objetivo para la conversación más allá de esperar que termine pronto, lo que le impide responder de forma eficaz en el momento: ¿y si responde impulsiva o "incorrectamente", lo que crearía más estrés que abordar más tarde? En este caso mi amiga luchadora podría rebajar la apuesta lo suficiente como para que su hermano congelado considerara con detenimiento sus opciones; en otras palabras, presentar la situación y dar un plazo para responder en lugar de esperar una respuesta en el momento. ¿Es molesto tener que crear un plan para lo que, de otro modo, podría ser una conversación rápida? Puede que sí. Pero si quieres obtener los mejores resultados, ayuda a plantear el juego de un modo en el que la gente se sienta cómoda.

Esta tensión puede darse entre personas de todos los estilos de respuesta al estrés. Alguien cuyo estilo es mediar y que quiere suavizar cualquier tensión puede sentirse frustrado con una persona cuyo estilo es huir y necesita espacio antes de resolver. A una persona con un estilo de estrés de congelación puede molestarle que el estilo de estrés de su pareja sea buscar apoyo, porque se siente como si tuviera a su ejército de amigos de su parte. Y dos personas con estilos de tensión de lucha suelen estar dispuestas a enfrentarse verbalmente hasta que alguien se enoja o se calla.

Una vez que conozcas tus estilos de estrés podrás mantener conversaciones mucho más abiertas sobre tus instintos y cómo comunicarte mejor en situaciones de estrés en el futuro. La pregunta más importante a la hora de enfrentarte a un factor estresante con otra persona es *¿Qué espero de esta conversación?* Prueba decir en voz alta: "Al final de esta conversación espero…". Aclarar tu objetivo —aunque parezca una tontería— puede ayudar a reducir las posibilidades de que la conversación descarrile de forma improductiva. Ese espacio en blanco puede ser cualquier cosa, desde "encontrar una solución" hasta "fijar un plazo para tu respuesta" o "saber cómo abordar este tema cuando surja en el futuro".

Cuando nos damos cuenta de nuestro comportamiento en situaciones de estrés es más probable que nos tomemos un segundo, reconozcamos lo que podríamos necesitar y avancemos con más compasión hacia nosotros mismos y hacia los demás, lo que a su vez reduce la presión en la conversación. ¿Cómo podemos darnos cuenta de que las tensiones empiezan a aumentar y de que el estrés ha entrado en la conversación? Familiarizándonos con nuestros indicadores de estrés.

¿Puedes dejar de mover la pierna, por favor?

Casi ninguno de nosotros nos damos cuenta del estrés hasta que estamos en números rojos y controlando los daños.

VERDE	AMARILLO	ROJO
En paz	Primeras señales de estrés	El estrés se apodera de ti, luchas o huyes

En nuestra cultura crónicamente activa estamos tan acostumbrados a funcionar en un nivel constante de estrés que apenas notamos cuando empezamos a mostrar signos de estrés, o como me gusta pensar, cuando estamos en la zona amarilla. ¿Te han preguntado alguna vez: "¿Qué te pasa?" o "¿Por qué estás estresado?", cuando en realidad no te sentías estresado hasta que te lo preguntaron? Quizá te temblaba la pierna, suspirabas fuerte o te quedaste callado de repente. Son solo algunos ejemplos de "señales de estrés", indicadores de que estás en números amarillos antes de llegar a los rojos.

Algunos indicadores comunes de estrés son:

- Morderse el labio, la boca o la lengua
- Tensar los hombros
- Apretar la mandíbula
- Fruncir el ceño
- Juguetear con las cosas
- Respirar menos o de forma superficial, o suspirar
- Sudoración (palmas de las manos, frente, axilas)
- Malestar estomacal o cambios en el apetito

Estas son señales físicas de tu creciente nivel de estrés. Yo sacudo la pierna, me froto el cuello o el pecho y me muerdo el interior de la boca cuando empiezo a sentirme intranquila. En un trabajo anterior, mi mesa estaba situada entre un compañero que jugueteaba con el bolígrafo cuando estaba estresado y otro que suspiraba muy alto cuando recibía correos electrónicos de ciertas personas. Cuando nos dábamos cuenta del estrés del otro, nos llamábamos la atención y nos reíamos de ello. (No dudes en jugar a "adivina tu estrés" durante la próxima hora feliz de tu equipo. Con el grupo adecuado, puede ser divertido e instructivo).

Si nos tardamos en darnos cuenta de que estamos estresados se debe a la interocepción,[7] que es la forma en que percibimos señales fisiológicas como el hambre o el aumento del ritmo cardiaco. En resumen, el cerebro a menudo sabe que estás estresado antes que tú, y tu trabajo consiste en predecir los factores estresantes por instinto de supervivencia. Así, si pasas cerca de tu jefe (o incluso si ves su foto), tu cerebro puede predecir que estás entrando en una situación estresante con base en experiencias pasadas (aunque no te sientas estresado conscientemente en ese momento) y empiezas a respirar de forma más superficial o tu corazón late más rápido. La mayor parte del tiempo anulamos estas señales:[8] nos volveríamos locos si fuéramos conscientes de cada vez que nuestro corazón late más deprisa. Pero cuando la situación se vuelve más intensa ponemos atención. Esas pequeñas señales de estrés, como mover la pierna, son la forma que tiene nuestro cuerpo de empezar a acelerar porque cree

---

[7] Kim Armstrong, "Interoception: How We Understand Our Body's Inner Sensations", *Observer*, septiembre de 2019, https://www.psychologicalscience.org/observer/interoception-how-we-understand-our-bodys-inner-sensations; Melissa Barker, Rebecca Brewer y Jennifer Murphy, "What Is Interoception and Why Is It Important?", *Frontiers for Young Minds*, 30 de junio de 2021, https://kids.frontiersin.org/articles/10.3389/frym.2021.558246.
[8] Lisa Feldman Barrett, *How Emotions Are Made: The Secret Life of the Brain* (Nueva York: Mariner, 2018), p. 67.

que podríamos necesitar esa energía extra para hacer frente al estrés inminente.

Reconocer las sensaciones corporales que indican estrés es una de las muchas maneras que tenemos de ser más conscientes de nosotros mismos. Como me dijo la autora Hilary Tindle, "la conciencia es la clave, porque si no eres consciente de lo que piensas o sientes es difícil hacer algo al respecto". Recomienda utilizar el triángulo de la conciencia, una herramienta de mindfulness tanto para principiantes como para expertos, para sintonizar con uno mismo si no se tiene el hábito de hacerlo.

Cada uno de los tres puntos de este triángulo (sensaciones corporales, pensamientos y emociones) es un punto de entrada para reconocer si estás experimentando estrés. Puedes notar, por ejemplo, sensaciones corporales (que indican estrés), emociones que solo sientes cuando estás estresado (como enojo o resentimiento), o tener pensamientos que indican que tu estrés está aumentando (*Tengo mucho que hacer. Ojalá hubiera dos como yo. ¿Por qué nadie más por aquí puede hacer nada?*). Tindle subraya que "la atención plena nos ayuda a ser más conscientes de toda nuestra experiencia momento a momento. No se trata solo de notar el estrés, sino de darse cuenta. Al practicar el darse cuenta, puedes empezar a notar lo bello, lo curioso, lo inesperado". El triángulo de la conciencia apoya nuestra búsqueda de una mayor conciencia de nosotros mismos para que podamos comprendernos mejor y tranquilizarnos ante el estrés.

Hoy en día cada vez somos más los que estamos en contacto con nuestro estrés, teniendo en cuenta que los niveles de estrés son más altos que nunca. En la actualidad hay mediciones de que los adultos estamos más estresados que nunca a nivel histórico. Una reciente encuesta de Gallup[9] arrojó que en 2021 las personas de todo el mundo experimentaron los niveles más altos de preocupación, estrés e ira desde 2006, cuando la organización empezó a hacer un seguimiento de estas experiencias. Necesitamos herramientas para gestionar el estrés porque no va a desaparecer pronto. Para vivir una vida fructífera y tranquila lo mejor que podemos hacer es estar preparados para manejar el estrés cuando emerja. Dado que el estrés es inevitable y a menudo predecible, empezaremos por abordar cómo podemos gestionarlo de forma proactiva.

Manejo proactivo del estrés: "Se acerca una temporada muy atareada"

Paula era contadora, y a medida que se acercaba la temporada de impuestos podía prever que sus niveles de estrés se dispararían. Cada abril las jornadas laborales de Paula eran más largas, pasaba su tiempo personal rumiando el estrés laboral y sus prácticas habituales de cuidado personal —como correr y tejer— se esfumaban. Paula esperaba a que terminara la temporada alta para desplomarse y tratar de compensar retroactivamente los meses que había pasado en modo lucha o huida, los mensajes de texto ignorados y las montañas de ropa sucia. Tras varios años con el mismo ciclo, Paula quería encontrar mejores formas de manejar el inevitable estrés. Necesitaba herramientas para proteger su bienestar con anticipación, en lugar de dejarse arrastrar por el tornado como siempre había hecho. Necesitaba poner en práctica una gestión proactiva y regular del estrés.

Lo primero sobre lo que reflexionó fue sobre sus factores de estrés más previsibles y cómo podía manejarlos. Por ejemplo, cómo

[9] Julie Ray, "World Unhappier, More Stressed Out Than Ever", Gallup News, 2022 Global Emotions Report, 28 de junio de 2022, https://news.gallup.com/poll/394025/world-unhappier-stressed-ever.aspx.

explicarles a todos los que le enviaban mensajes, la llamaban y la invitaban a diferentes cosas que estaba ocupada, para lo que decidió que tenía que avisar a todos sus amigos y familiares con antelación que no respondería a los mensajes ni a las llamadas hasta que terminara la temporada de impuestos. Otro factor de estrés importante para ella era que el trabajo se colaba en sus fines de semana, haciéndola sentir que *nunca* dejaba de trabajar. En respuesta, decidió salir de casa al menos una vez al día los fines de semana y pasar tiempo en una cafetería, librería o paseando para ayudar a mantener un límite entre el trabajo y el ocio.

Para cuidarse físicamente, sabía que necesitaba dormir ocho horas a pesar de todo y planificar comidas súper fáciles o simplemente no comería (puede que recuerdes sugerencias como esta del capítulo sobre cuidado personal). Por último, tenía que dedicar tiempo a relajarse después del trabajo. Su forma favorita de hacerlo era cenando en el jardín, recordándose a sí misma que hay un mundo más allá de la computadora y que su carga de trabajo era temporal. En circunstancias normales, podría prescindir de estas formas de manejo del estrés, pero durante la temporada de impuestos, cuando el estrés laboral se disparaba, eran necesarias para preservar su bienestar físico, mental y emocional.

Algunas opciones adicionales para manejar el estrés de forma proactiva son mantener una rutina matutina y nocturna (a nuestro cuerpo le encanta la previsibilidad y funciona mejor con un horario de sueño[10] y unas comidas rutinarias[11]); asegurarte de que se cumplen tus condiciones no negociables; hablar con un terapeuta o

---

[10] Tianyi Huang, Sara Mariani y Susan Redline, "Sleep Irregularity and Risk of Cardiovascular Events: The Multi- Ethnic Study of Atherosclerosis", *Journal of the American College of Cardiology* 75, núm. 9 (marzo de 2020): 991-999, https://pubmed.ncbi.nlm.nih.gov/32138974/.

[11] Emily N. C. Manoogian, Amandine Chaix y Satchidananda Panda, "When to Eat: The Importance of Eating Patterns in Health and Disease", *Journal of Biological Rhythms* 34, núm. 6 (diciembre de 2019): 579-581, https://journals.sagepub.com/doi/10.1177/0748730419892105.

profesional de la salud mental, y rodearte de apoyo social. Si no estás seguro de lo que necesitas, empieza a prestar atención a lo que te hace sentir más relajado, regulado y "seguro" y a lo que te hace sentir más nervioso e inquieto en momentos de estrés. Puedes considerar la posibilidad de moverte con regularidad, practicar ejercicios de respiración para relajarte, pasear (la naturaleza calma nuestro centro del miedo[12] y reduce el estrés), hacer descansos durante el día para evitar mirar fijamente la pantalla, comer alimentos nutritivos y beber suficiente agua.

Mientras escribo estas líneas me encuentro en una época de mucho trabajo. Como salir de casa es muy importante para mí durante los periodos de estrés, sé que cuando termino de trabajar, voy a dar un paseo hasta la tienda que hay al final de la calle y me compro un pequeño capricho (por lo general un agua con gas, del tipo azucarado, porque no me odio). Para ser sincera, el capricho es lo que me anima a ponerme los zapatos, no el paseo en sí, aunque sé que el paseo es la parte que me hace bien.

¿Qué tienes que hacer para prepararte de forma proactiva para el estrés? ¿Preparar la ropa de los niños para la semana que viene para no tener que buscarla cada día antes de ir al colegio? ¿Hacer el quehacer el domingo para que la casa esté ordenada durante la semana? ¿Evitar las conversaciones estresantes hasta el fin de semana? Muchos factores estresantes pueden prevenirse.

No es glamuroso, pero si sabes que un gran proyecto es tu prioridad para las próximas dos semanas, es hora de pasar al modo robot de cuidado personal. Esto significa no tomar decisiones diarias basadas en cómo te sientes, sino en lo que sabes que necesitas. Seguro que se te antoja navegar por las redes sociales antes de acostarte, pero por desgracia necesitas dormir más. Seguro que se te antoja tomar una copa después de cenar, pero eso empeora la calidad de

[12] Sonja Sudimac, Vera Sale y Simone Kühn, "How Nature Nurtures: Amygdala Activity Decreases as the Result of a One-Hour Walk in Nature", *Molecular Psychiatry* 27 (septiembre de 2022): 4446-4452, https://www.nature.com/articles/s41380-022-01720-6.

tu sueño y hace que estés más nublado a la mañana siguiente. Seguro que se te antoja quedar de verte con un amigo durante el único tiempo libre que tienes este fin de semana, pero probablemente deberías dedicar ese tiempo a descansar de verdad. Es un *asco* anteponer el trabajo a disfrutar de la vida, pero en época de crisis volver a lo básico es la mejor forma de ahorrar energía. Y cuando te parezca injusto, recuérdate que este periodo es temporal.

Esta forma de preparación no hace que el trabajo vaya mejor por arte de magia; simplemente garantiza que tú, la persona que realiza el trabajo, estás haciendo todo lo posible para no añadir estrés adicional a tu jarra. Cuando las cosas se ponen difíciles tendemos a volver a nuestros malos hábitos y a darnos pequeños caprichos que acaban pasándonos factura. Dormimos menos, consumimos más azúcar, utilizamos sustancias para relajarnos, rumiamos nuestro estrés y cada momento libre lo dedicamos a trabajar. Lucha contra estos impulsos y sé el padre responsable que necesitas en ese momento que te dice que no puedes quedarte a dormir porque tienes un examen importante al día siguiente.

Ahora bien, no siempre podemos planificar el estrés. A veces aparece de improviso y tenemos que responder a él sin un plan. ¿Qué hacemos cuando tenemos que responder a un factor estresante en el calor del momento?

Estrés en el momento: cuando la única salida es atravesarlo

Hace poco tuve un ataque de ansiedad en un avión. Empecé a sentir opresión en el pecho, perdí la audición, se me nubló la vista y sentí un hormigueo en las manos y los pies, pero en lugar de sucumbir al pánico (como había hecho en el pasado) empecé a hacer un ejercicio de respiración y a forzar pensamientos reconfortantes. Inspiraba durante cuatro segundos, aguantaba cuatro segundos, respiraba seis segundos, aguantaba cuatro segundos. Repetí este patrón hasta que volví a sentirme tranquila. (Pruébalo ahora, es una gran herramienta). Suelo contar con los dedos los segundos mientras repito: "Estás bien, no pasa nada, solo es ansiedad; si sigues respirando se te pasará".

Estoy segura de que sin esta técnica de manejo del estrés habría tenido que pedirle a una azafata una bolsa de papel para respirar. Cuando me encuentro con situaciones estresantes, como fallos técnicos durante una presentación importante, críticas poco constructivas o proyectos enormes que se salen de mi zona de confort, recurro a estas mismas herramientas: concentro mis pensamientos y ralentizo mi respiración hasta que puedo determinar cuál es el mejor paso siguiente. Algunas personas con las que he trabajado buscan apoyo social; prefieren resolver los problemas con otros. Otras necesitan levantarse y moverse para aclarar sus ideas y determinar cuál es el mejor paso siguiente. Cuando tenemos la oportunidad de pedir un momento para serenarnos, salir o alejarnos del factor estresante para tener algo de perspectiva también puede ayudar a calmar la presión.

Puedes pensar en cómo manejas el estrés en el momento como si fuera un **parche para el estrés**, algo que puedes ponerte al momento para salir del paso. Cuando nos enfrentamos al estrés a veces solo tenemos un momento antes de reaccionar. Ser capaz de calmarte física y mentalmente puede marcar la diferencia entre reaccionar de forma agresiva o con calma. Es probable que conozcas el ataque de pánico que puede surgir antes de hablar en una reunión importante. Para combatirlo, tu parche contra el estrés puede ser respirar hondo (relajación física) y recordarte a ti mismo que *son solo personas*; puedo hablar con la gente (relajación mental).

Nuestra respiración es una de las primeras cosas que cambian bajo presión, por lo general se vuelve más rápida y superficial. Cuando nos ponemos nerviosos y respiramos deprisa —o incluso aguantamos la respiración, según el *modus operandi* de nuestro cuerpo—, lo único que sabe nuestro cerebro es que estamos en un estado de ansiedad, lo que solo alimenta más ansiedad y transmite hormonas del estrés. Así que, en lugar de eso, ralentiza y profundiza tu respiración para tranquilizar a tu cerebro y tu cuerpo. Dato curioso: la respiración profunda estimula el nervio vago, que va desde el diafragma hasta el tronco encefálico, y su activación pone en marcha nuestro sistema calmante. Por eso te sientes de inmediato aliviado después de inhalar profundamente y exhalar des-pa-cio (la magia se produce realmente al exhalar).

Otros trucos mentales para reducir el estrés consisten en escuchar música, que cambia la química del cerebro[13] y relaja[14] (cualquier género sirve, siempre que te resulte tranquilizador o edificante), escribir en un diario para descargar el cerebro (está demostrado que escribir sobre cómo nos sentimos nos ayuda a sentirnos mejor),[15] recitar una frase reconfortante, buscar apoyo social o ver algo divertido o cautivador para distraer la mente del factor estresante. Otras tácticas físicas son salir al aire libre, estirarse o saltar para estimular el flujo sanguíneo, darse una ducha fría o caliente, beber un vaso de agua, recibir un fuerte abrazo de alguien o tumbarse en una habitación oscura bajo una manta con peso.

Además, puedes recurrir a lo que aprendiste en el capítulo sobre límites para hacer frente a tu estrés. Supongamos que estás teniendo una conversación frustrante y sientes que la ansiedad se apodera de ti. Te enfadas cada vez más, estás al borde de las lágrimas, quieres levantar la voz o te paralizas. El mejor paso siguiente podría ser crear un espacio diciendo: "Esta es una conversación importante y quiero

---

[13] Shuai-Ting Lin *et al.*, "Mental Health Implications of Music: Insight from Neuroscientific and Clinical Studies", *Harvard Review of Psychiatry* 19, núm. 1 (enero-febrero de 2011): 34-46, https://pubmed.ncbi.nlm.nih.gov/21250895/.

[14] Darcy DeLoach Walworth, "The Effect of Preferred Music Genre Selection Versus Preferred Song Selection on Experimentally Induced Anxiety Levels", *Journal of Music Therapy* 40, núm. 1 (primavera de 2003): 2-14, https://pubmed.ncbi.nlm.nih.gov/17590964/.

[15] Joshua M. Smyth *et al.*, "Online Positive Affect Journaling in the Improvement of Mental Distress and Well-Being in General Medical Patients with Elevated Anxiety Symptoms: A Preliminary Randomized Controlled Trial", *JMIR Mental Health* 5, núm. 4 (octubre-diciembre de 2018): e11290, https://www.ncbi.nlm.nih.gov/pmc/articles/PMC6305886/.

asegurarme de que lo hacemos bien, así que voy a ausentarme un par de minutos para ordenar mis pensamientos y volver".

También puedes intentar "decir lo obvio" para que la gente vea que estás superando el estrés. En una de las primeras conferencias a las que asistí una de las ponentes se dirigió a la parte delantera de la sala y, rodeada de cientos de caras ansiosas, hizo algo que yo no sabía que los ponentes podían hacer. Se sentó en el escenario y dijo: "Estoy muy nerviosa. Me encantaría que todos respiraran hondo conmigo antes de sumergirme en lo que voy a compartir hoy con ustedes". Así lo hicimos, empezó su presentación aún sentada en el suelo y, a medida que se disipaba su estrés, se levantó para completar el resto de su charla de pie. Es valioso ir a toda máquina y vencer el miedo, pero también es poderoso ser abierto y vulnerable ante lo que se está experimentando para que los demás puedan experimentarlo contigo.

Ahora bien, ¿qué hacemos si una reunión tensa con alguien se convierte en un proyecto en el que tenemos que trabajar durante tres meses? Ese factor estresante del momento se ha convertido en un factor estresante a corto plazo.

Estrés a corto plazo: así es el mundo del espectáculo

El estrés a corto plazo se cierne sobre nosotros. Próximos proyectos, conversaciones difíciles, una remodelación en casa, la planificación de una mudanza o una boda: todo eso son factores estresantes a corto plazo que tienen un final a la vista. Es probable que rumiemos los factores estresantes a corto plazo porque los vemos en el horizonte. Cuando sabemos que se avecina una tormenta tendemos a ensayar esos problemas y a revolcarnos en el estrés anticipatorio más de lo necesario. Esta anticipación del estrés puede, de hecho, empeorar el estrés del acontecimiento cuando se produce.

Nuestro cerebro es primitivo: no distingue entre un factor estresante imaginario y uno real. ¿Alguna vez has tenido una discusión falsa en la ducha? (Estoy segura de que se trata de una experiencia humana universal). Recuerda ese momento: ¿te diste cuenta de que experimentaste enojo real, de que tu respiración cambió, de que tu ritmo cardiaco se aceleró? Eso se debe a que tu cuerpo no sabe que esa discusión es falsa: las sensaciones son reales.

Cuando ensayamos el estrés o imaginamos los factores estresantes que se avecinan, en esencia estamos sometiéndonos al estrés físico del suceso varias veces. Pasar por una revisión de rendimiento una vez ya es bastante malo; ¿por qué te sometes a 10 revisiones de rendimiento adicionales imaginarias? Una vez más, nuestro cerebro está obsesionado con predecir cosas,[16] y a veces esas cosas son negativas, por lo que queremos planificarlas para evitarlas o mitigarlas. Tendemos a prestar más atención a las cosas negativas y a aprender de ellas que de las positivas —lo que también se conoce como sesgo de negatividad— y lamento decir que la evolución nos ha predispuesto a ello.[17] Por supuesto, hay algo que decir sobre recordar lo que salió mal para poder evitarlo en el futuro. Pero es necesario contrarrestar nuestra inclinación natural a fijarnos en lo negativo. La buena noticia es que somos más dueños de lo que pensamos: determinamos la duración y el impacto de muchos de nuestros pensamientos. Por eso recomiendo tener una actitud despreocupada, de "así es el mundo del espectáculo, *baby*", siempre que sea posible. Nos mantiene en movimiento y evita que nos revolquemos en lo más profundo y oscuro cuando nos tomamos los factores estresantes demasiado en serio. Este enfoque no se aplica a las verdaderas

[16] Lisa Feldman Barrett, "What Do You Consider the Most Interesting Recent [Scientific] News? What Makes It Important?", Edge.Org, 2016, https://www.edge.org/response-detail/26707.

[17] Amrisha Vaish, Tobias Grossmann y Amanda Woodward, "Not All Emotions Are Created Equal: The Negativity Bias in Social-Emotional Development", *Psychological Bulletin* 134, núm. 3 (mayo de 2008): 383-403, https://www.ncbi.nlm.nih.gov/pmc/articles/PMC3652533/.

dificultades, pero funciona para muchos obstáculos cotidianos. Una mala evaluación, tráfico, dejar la comida en casa, rechazo en una aplicación de citas... así es el mundo del espectáculo, *baby*.

Una de las herramientas que puedes usar para disipar tu sesgo de negatividad y controlar el estrés a corto plazo es **Hecho, Sentimiento, Historia**. Esta herramienta se utiliza en muchas formas de terapia para dividir una situación en partes digeribles. Los *hechos* de una situación son solo las partes observables. No se pueden interpretar, no tienen una historia de fondo, son realidades que puede captar una cámara. La siguiente categoría son los *sentimientos* que te produce la situación. ¿Qué sientes en respuesta a los hechos? La última categoría son las *historias* que te cuentas a ti mismo sobre los hechos de la situación y cómo te sientes al respecto. Cuando surgen situaciones estresantes, a menudo nos perdemos en nuestros sentimientos e historias, cuando la mejor solución es responder directamente a los hechos.

Pongamos como ejemplo que tu jefe ha convocado una reunión sin explicarte el motivo. Tu jefe suele comunicar el objetivo de la reunión, así que hay mucho margen para suponer lo que esto puede significar. Cuando empieces a entrar en una espiral de miedo, utiliza la herramienta Hecho, Sentimiento, Historia para encontrar una solución.

> **Hechos de la situación:** Próxima reunión con tu jefe.
> **Sentimientos ante la situación:** Miedo, curiosidad, ansiedad.
> **Historias que te cuentas a ti mismo sobre la situación:** *¿Y si quieren despedirme? ¿Hice algo mal? A lo mejor se ya se dio cuenta de que llego un poco tarde y me van a reguñar. ¿Y si Tim le contó lo que me costó hacer nuestro último proyecto?*

Tu solución es una respuesta directa a los hechos, y solo a los hechos. Tienes una reunión programada. Todo lo que tienes que hacer es asistir a la reunión. No sabrás de qué trata hasta que entres en la oficina y, una vez ahí, podrás asentir hasta que termine y tomarte un tiempo antes de dar una respuesta meditada. Si la expectativa te desborda, puedes enviar a tu jefe un mensaje preventivo diciendo: "¡Ahí estaré! ¿De qué tratará la reunión para que pueda prepararme como es debido?".

Puedes ver cómo los sentimientos y la historia pueden abrumar los hechos reales de una situación. A nuestro cerebro le encanta aferrarse a los sentimientos y contar historias. Las historias son atractivas. Ayudan a satisfacer nuestra curiosidad y nos permiten considerar posibles amenazas. A veces podemos predecirlas con exactitud, pero la mayoría de las veces nos preocupamos por preocuparnos. Ensayar el estrés de esta manera conduce a un trabajo emocional innecesario[18] —la gestión de nuestros propios sentimientos y los de los demás—, que es en sí mismo un factor de burnout.

El informe de McKinsey "Women in the Workplace" determinó que las empleadas asumen más trabajo emocional que los empleados.[19] Las mujeres directivas comprueban el bienestar de sus empleados y les ofrecen apoyo emocional con más frecuencia que los hombres. En un esfuerzo por ser sensibles y hacer más fácil la vida de los demás, las mujeres tienden a ayudar en el trabajo, ya sea participando en comités no obligatorios o asistiendo a actos porque se sentirían mal si nadie asistiera. También dedican su tiempo y energía —a clientes, compañeros de trabajo, clientes— a cosas a las que los hombres ni siquiera prestan atención.

Por un lado, esto no es para nada sorprendente. "Desde la Revolución industrial, los hombres blancos y ricos han estructurado la sociedad de modo que ellos sean los portadores del poder fuera del hogar, como asalariados y líderes políticos. Las falsas ideas que

[18] Da-Yee Jeung, Changsoo Kim y Sei-Jin Chang, "Emotional Labor and Burnout: A Review of the Literature", *Yonsei Medical Journal* 59, núm. 2 (marzo de 2018): 187-193, https://www.ncbi.nlm.nih.gov/pmc/articles/PMC5823819/.

[19] "Women in the Workplace 2022", McKinsey & Company y LeanIn.Org, octubre de 2022, https://www.mckinsey.com/~/media/mckinsey/featured%20insights/diversity%20and%20inclusion/women%20in%20the%20workplace%202022/women-in-the-workplace-2022.pdf.

definían a las mujeres como personas que por naturaleza eran mejores en el cuidado y la maternidad —y que, por tanto, preferían estar en casa— apoyaban esta división", afirma Lisa C. Huebner Ruchti, profesora del departamento de estudios sobre la mujer y el género de la Universidad de West Chester.[20] Aunque las expectativas sociales de género han evolucionado, los viejos hábitos no mueren. La sociedad aún nos hace creer que las mujeres son más amables, más cariñosas y biológicamente mejores para regular las emociones: una creencia que, según los expertos, no es cierta.

El primer paso para reducir este tipo de fuga de cerebros emocionales es ser conscientes de que estamos realizando un trabajo emocional innecesario. Deja de analizar en exceso un simple comentario, de pasarte 30 minutos después del trabajo inventando historias sobre lo que Mark quiso decir con "No me sorprende…", y de sentirte culpable por no haberte apuntado a la comida de la empresa. Acostumbrarse a separar los hechos de una situación de los sentimientos y la historia te ahorrará una cantidad colosal de tiempo.

También puedes aplicar esta herramienta a los retos de tu vida personal. Quizá alguien te ha invitado a un evento este fin de semana y has tenido que decir que no a las últimas invitaciones porque has estado en plena mudanza.

> **Los hechos:** Te invitaron a un evento este fin de semana. Objetivamente, no quieres ir y prefieres dar prioridad a tu mudanza y recuperarte de ella. Tus sentimientos ante la situación: culpabilidad y ansiedad por decir que no.
>
> **Las historias que cuentas:** *¿Y si se lo toman como algo personal? ¿Y si piensan que no me importa porque no puedo ir? ¿Y si hablan de mí cuando no estoy? Si no voy, pensarán que soy un mal amigo.*
>
> **Solución (respuesta directa a los hechos):** Dada la época de la vida en la que te encuentras, necesitas priorizar la mudanza y

---

[20] Lisa C. Huebner Ruchti, entrevista realizada por Emily Ballesteros y Tula Karras, 18 de mayo de 2023.

descansar este fin de semana. Las personas que se preocupan por tu bienestar lo entenderán. Este límite solo protege tus finitos recursos. Y como hemos aprendido, los límites solo molestan a quienes se benefician de que no los tengas.

La siguiente herramienta que recomiendo para combatir el estrés a corto plazo es una **lista tangible frente a una lista intangible**. La lista tangible contiene tareas pendientes explícitas, tangibles y que se pueden resolver. La lista intangible contiene pensamientos, sentimientos, historias, factores estresantes interpersonales, cualquier cosa en la que pienses y que no tenga un elemento de acción explícito para resolverla.

Supongamos que es un jueves por la noche, tienes mucho trabajo que hacer antes de que acabe la jornada del viernes, estás enojado con un compañero, tu casa está patas arriba y te preocupa un cliente molesto con el que tienes una reunión de la semana que viene. Una lista tangible frente a una intangible te permite separar los asuntos logísticos de los interpersonales y emocionales. Cuando estés estresado y necesites una forma sencilla de avanzar, ten claro qué es un factor estresante accionable y qué es un factor estresante social o emocional que no requiere una acción inmediata.

En el lado tangible de esa lista (puede resolverse) pondrías el trabajo que te queda por hacer para el final del día siguiente y las tareas domésticas que quieres terminar. En el lado intangible de esa lista (interpersonal, emocional) escribirías que tu colega está enojado y que tienes una reunión estresante la semana que viene (sin que tengas que hacer nada al respecto en este momento). Ninguno de estos elementos intangibles es procesable. Vale la pena analizarlos a través de Hechos, Sentimientos e Historias para que puedas aliviar tu ansiedad al respecto, pero no hay nada que hacer al respecto en este momento.

Esta herramienta también nos ayuda a reconocer si en realidad pensamos actuar ante un factor estresante. Digamos que tu colega Charley te molesta todos los días. ¿Vas a establecer un límite con él?

Genial, entonces pon ese límite en la lista de cosas tangibles. Si nada más estás molesto y no vas a decir nada (porque a veces no vale la pena), ponlo en la lista de intangibles. Una vez que hayas terminado de expresar tu malestar, no dejes que los pensamientos sobre Charley estropeen tu tiempo personal fuera del trabajo. Sería una lástima que dejáramos que las personas más desgraciadas de nuestra vida determinaran la calidad de la misma.

Cuando la gente dice "protege tu paz", no solo se refiere a la de los demás, sino también a la tuya propia, o a tu tendencia a hurgar en un factor estresante hasta convertirlo en un desastre más sangriento de lo que lo encontraste. *Eres de tu equipo*; no pongas en peligro tu propia paz. Muchas personas están enganchadas al estrés. Es todo lo que han conocido y, como resultado, pueden ser en serio muy adictas: Las investigaciones demuestran que los factores estresantes de bajo nivel y corta duración liberan dopamina,[21] una sustancia química que nos hace sentir bien y que también desempeña un papel en las adicciones clínicas.[22*] [23] [24] "Tenemos la tendencia a desear experimentar escenarios que nos hagan sentir 'vivos', pero podemos cometer el error de mezclar la ansiedad u otros escenarios llenos de adrenalina para 'sentirnos vivos' ", explica Hilary Tindle. Si siempre has alimentado tu estrés, te va a costar esfuerzo e intención ponerte

---

[21] "Chronic Stress Dampens Dopamine Production", MRC London Institute of Medical Sciences, News, 12 de noviembre de 2019, https://lms.mrc.ac.uk/chronic-stress-dampens-dopamine-production/; Michael A. P. Bloomfield *et al.*, "The Effects of Psychosocial Stress on Dopaminergic Function and the Acute Stress Response", *eLife* 8 (noviembre de 2019): e46797, https://elifesciences..org/articles/46797.

[22*] Con el tiempo, el estrés crónico acaba provocando un burnout y una desregulación de la dopamina en momentos de estrés y ansiedad.

[23] "The Neurobiology of Substance Use, Misuse, and Addiction", Surgeon General's Report, 2016, https://addiction.surgeongeneral.gov/executive-summary/report/neurobiology-substance-use-misuse-and-addiction; Mark A. Ungless, Emanuela Argilli y Antonello Bonci, "Effects of Stress and Aversion on Dopamine Neurons: Implications for Addiction", *Neuroscience & Biobehavioral Reviews* 35, núm. 2 (noviembre de 2010): 151-156, https://pubmed.ncbi.nlm.nih.gov/20438754/.

[24] Bloomfield, "The Effects of Psychosocial Stress".

un alto y elegir una respuesta diferente. **Protege tu paz, sobre todo de la parte de ti que podría sabotearla, porque el estrés es todo lo que has conocido.**

Por lo general, puedes saber cuándo estás a punto de caer en la trampa del estrés. Lo más probable es que tengas patrones de pensamiento o hábitos repetidos que empiezan a absorberte. Quizá cada vez que piensas en tu jefe, en tu madre o en esa grosería que alguien te dijo en 2003 acabas arrancándote pellejitos del labio y estás de mal humor el resto del día. Puede que la mayoría de tus pensamientos estresantes empiecen con: "Debería haber…", "Ojalá hubiera…" o "Me hubiera encantado…" o "¿Y si….?", y cuando empiezas a tenerlos sabes que estás a punto de sentirte pésimo. Te conoces. Eres el único que vive en tu mente. ¿Qué te hace caer en esta espiral que puedes detectar y corregir?

El reencuadre cognitivo[25] es una herramienta de la terapia cognitivo-conductual que nos permite detectar y corregir estos pensamientos improductivos. Básicamente, se trata de detectar el pensamiento inútil, hacer una pausa y sustituirlo por algo que nos haga sentir mejor. Por ejemplo, puede que a menudo pienses: *Debería de haber dicho_____ durante esa discusión*, y este patrón de pensamiento suele provocar una opresión en el pecho y un aumento de la tensión arterial. En lugar de eso, guía tus pensamientos hacia un lugar más tranquilo: *Sé que lo deseas, pero por más vueltas que le des no lo cambiarás. No voy a someter a mi cuerpo a una respuesta de estrés por algo que no puedo cambiar.* Tal vez tengas una relación tensa con tu madre y, después de hablar, acabes catastrofizando las futuras interacciones con ella. Aquí puedes darte cuenta de que estás haciendo esto y pensar: *¿Sabes qué? He superado todas las interacciones con ella*

---

[25] James Crum, "Understanding Mental Health and Cognitive Restructuring with Ecological Neuroscience", *Frontiers in Psychiatry* 12 (junio de 2018), https://www.frontiersin.org/articles/10.3389/fpsyt.2021.697095/full; "Positive Reframing and Examining the Evidence", Harvard University Stress and Development Lab, https://sdlab.fas.harvard.edu/cognitive-reappraisal/positive-reframing-and-examining-evidence.

hasta ahora, así que puedo imaginarme cómo lidiar con lo que surja en el futuro. No necesito ensayar el estrés; sé qué límites establecer y siempre puedo alejarme.

Sé que puede parecer que preocuparse es actuar con la anticipación debida —o tal vez es la forma de arrepentirte o aprender de un error—, así que no preocuparte por ello puede parecer que estás siendo negligente de alguna manera. Pero no es así. Nada más estás acostumbrado a rascarte la costra, y es mucho más satisfactorio que ponerte un parche.

Creo que todos tenemos recuerdos de cosas embarazosas que hemos hecho o dicho (compartiría alguna de ellas contigo, pero entonces tendría que matarte). Solo pensar en ellas puede hacer que te den ganas de hacer pucheros y gemir: *¿En qué rayos estaba pensando?* Fijarse en ello no lo cambia y no te ayuda. Insultaste sin querer a tu compañero de trabajo, enviaste una captura de pantalla de algo que alguien dijo a la persona en cuestión, le enseñaste una foto a alguien en el antro... Sea lo que sea, a menos que pienses tomar algún tipo de medida, olvídalo. Ya no está en tus manos y pertenece al pasado; deja de arrastrarlo al futuro.

Esto nos lleva a la siguiente herramienta para aliviar el estrés a corto plazo: la compartimentación. Centrarse en una cosa a la vez puede parecer poco intuitivo para alguien que tiene un millón de cosas que hacer, pero te permite centrar toda tu atención en la tarea que tienes delante, sin distraerte con otras cosas de tu vida. Luego, cuando pasas a la siguiente tarea, abandonas por completo lo que acabas de hacer para entrar en la siguiente fresco y concentrado. La compartimentación es nuestra herramienta más robusta contra el estrés constante porque lo contiene. Sé que es más fácil decirlo que hacerlo, pero si puedes dominarlo, tu vida se sentirá mucho más manejable.

Por ejemplo, si tienes que trabajar en un proyecto con un compañero que te estresa (llamémosle Keith), ese estrés debería limitarse al tiempo que debes pasar con Keith en ese proyecto. El estrés laboral empieza a filtrarse en tu vida personal cuando, en lugar de compartimentarlo, sales de la reunión con Keith y vas a desahogarte con otro compañero de trabajo sobre él, luego vas a casa y le cuentas tus problemas con Keith a tu pareja o compañero de piso, luego te metes en la cama y los pensamientos sobre el estúpido Keith son lo último que piensas antes de caer dormido. Todo esto no hace más que exacerbar tu estrés.

Prestar atención innecesariamente a un problema a menudo lo agranda en nuestra mente. Imagina que cada uno de tus factores estresantes es una llama y que tus pensamientos son leña. Cuanto más piensas en un factor estresante, más leña arrojas a la llama y más crece el fuego. Para limitar el estrés, guárdalo en el compartimento designado, préstale toda tu atención en el tiempo que has dedicado a manejarlo y luego haz todo lo posible por dejarlo ahí y centrarte en lo que tienes delante. El factor estresante seguirá ahí cuando regreses, (pero de hecho, su impacto emocional en ti tal vez se reduzca porque no has alimentado el fuego), y si no es algo que puedas cambiar, simplemente es algo que tienes que soportar. No te tortures arrastrándolo o empeorándolo.

Compartimentar también ayuda a frenar la "proyección del estrés", es decir, el estrés causado por una cosa que erróneamente achacamos a otra persona o situación. Cuando un factor estresante persiste, podemos pasar por alto sin querer su origen y proyectar cómo nos sentimos sobre otra cosa: un compañero, un amigo, nosotros mismos, nuestra casa desordenada. ¿Alguna vez has estado estresado y, de repente, limpiar la casa se convierte en algo urgente? Nos gusta señalar al culpable cuando aumenta el estrés porque, en teoría, si podemos resolver la fuente de nuestro estrés nos sentiremos mejor. Pero lo más probable es que el estrés no se deba al desorden de la casa, sino a que es la primera cosa tangible a la vista que hay que solucionar.

Una herramienta que puedes utilizar para poner en perspectiva la ansiedad que provoca el estrés inminente es volver la vista atrás a las cinco áreas de la vida de las que hablamos en el capítulo de cuidado personal: negocios, social, personal, salud y estilo de vida.

Reflexiona sobre si hay algo en alguna de estas categorías que deba resolverse de *inmediato* o si las cosas podrían ser diferentes o mejores. Claro, podrías lavar los platos. Sí, esa conversación estresante con tu hermana podría haber ido mejor. Pero no son alertas rojas. No dejes que tu ansiedad te lleve a fijarte en ellas y a pensar que son dignas de una llamada al 911. Sé sincero contigo sobre la diferencia entre algo que de verdad necesita tu atención inmediata y algo a lo que estás atribuyendo tu estrés y que en realidad podría haber sido diferente o mejor.

Cuando me sentía súper agotada, todos los domingos estaba a un paso de tener una crisis de pataleo y gritos al estilo de los niños pequeños. El resultado de mi gran ansiedad era limpiar como loca, preparar la comida furiosa y terminar tareas escolares que quizá podría haber dejado para más tarde. Me concentraba en varias tareas domésticas y no urgentes para salir de mis sentimientos, cuando nada de lo que tenía que hacer estaba en llamas. Al reconocer que estaba proyectando de forma erronea mi ansiedad en mis tareas, pude levantar el pie del acelerador y preocuparme por aliviar el estrés que recorría mi mente y mi cuerpo (mediante una caminata, un baño lo más caliente o lo más frío posible, una botana reconfortante o paseando por el parque).

Una combinación meditada de manejo del estrés proactiva, en el momento y a corto plazo hará que tu relación con el estrés sea mucho más saludable. El estrés es una parte inevitable de la vida, y el objetivo no es dejar de experimentar estrés por completo (eso se llama estar muerto); se trata de estar seguro de que puedes manejarlo cuando te encuentra.

Estrés a largo plazo: ¿en serio la vida tiene que ser tan dura?

A veces nuestros factores de estrés son de larga duración, sin un final a la vista ni una vía de escape clara. Cuidar de un familiar enfermo, hacer frente a una enfermedad crónica, trabajar en un sector que es estresante las 24 horas del día, experimentar inseguridad financiera, etc. Puede que se te ocurran otros más que no he mencionado. En el caso de los factores estresantes a largo plazo no hay una acción clara que emprender ni un plazo; puede parecer un estrés eterno que simplemente se está soportando. Cuando te enfrentas a este tipo de estrés es fácil adoptar una variante de la mentalidad autovictimizadora de la que hablamos en el capítulo sobre mentalidad: sentirte impotente y desanimado a la hora de tomar medidas para cambiar tu experiencia. Para ser justos, los factores estresantes a largo plazo son *un asco*, así que no es que no estés soportando algo objetivamente desagradable o cruel. Es muy posible que así sea. Pero las investigaciones demuestran que una actitud positiva te beneficia incluso en las circunstancias más oscuras.[26]

Si tu factor estresante a largo plazo puede aliviarse en parte con alguna de las soluciones a corto plazo, estupendo. Sin embargo, los factores estresantes a largo plazo suelen requerir aceptar un determinado estilo de vida, en lugar de resolver un problema específico. Si trabajas en un sector muy exigente, puede que tengas que aceptar que, mientras quieras dedicarte a ello, va a ser así de estresante. Si has decidido tener un hijo, aceptar que vas a estar durmiendo poquísimo durante un tiempo hará que tu realidad cotidiana sea un poco más soportable. Si sufres un nuevo dolor crónico, crear nuevos hábitos que se adapten a tu nueva realidad probablemente te beneficiará más que intentar que los antiguos te sirvan. Si tienes un familiar enfermo, aceptar que su salud está fuera de tu control pero que el tiempo que pasas con él no lo está será una forma más suave de afrontar la situación.

Encontrar la manera de aceptar una realidad que no nos gusta es difícil. Sin embargo, **si estamos en guerra con nuestra realidad, solo conseguimos que la realidad sea más dura**. En lugar de eso, tenemos

---

[26] Hilary Tindle, *Up: How Positive Outlook Can Transform Our Health and Aging* (Nueva York: Avery, 2013), pp. 197-199 y 209-211.

que reconocer nuestra situación y ser creativos sobre qué circunstancias que nos rodean pueden alterarse para amortiguar parte del inevitable estrés.

Lo más fácil a la hora de reducir el estrés a largo plazo es echar un vistazo a tu carga actual. Sé que llevamos unos cuantos capítulos hablando de la importancia de evaluar tu capacidad, pero en serio, si aún no lo has hecho, hazlo. Sé sincero contigo mismo sobre lo que tienes entre manos y si puedes hacerte la vida más fácil. Si alguien a quien quieres está enfermo o eres un cuidador, ¿hay alguna forma de reducir tu carga asistencial, profesional o personal? Si trabajas de tiempo completo y estudias por la noche, ¿puedes reducir tus obligaciones personales y automatizar al máximo tu vida? Ya me he hecho estas preguntas antes, pero si aún no has tomado medidas, ahora es el momento de hacerlo.

No tienes por qué "superarlo"; puedes ser amable contigo mismo. No conviertas tu resistencia en un castigo. Sí, eres fuerte y decidido, pero eso no significa que tengas que elegir el camino más difícil. Sé amable contigo mismo cuando sufras estrés prolongado.

Esto me lleva a mi siguiente sugerencia: buscar apoyo siempre que sea posible. ¿Tienes a alguien en tu vida a quien puedas pedir ayuda, o hay algún servicio que puedas contratar para no perder la cabeza? Odio hacer sugerencias sobre pagar por ayuda porque ya es un momento *ridículamente* caro para estar vivo. Sin embargo, si hay algún momento en el que justificar pedir o pagar ayuda, es cuando estás soportando un estrés prolongado. No tiene por qué ser para siempre: incluso unas pocas semanas o meses de ayuda pueden marcar la diferencia. Deja que otra persona dirija el proyecto, planifique la despedida de soltera, programe las citas, haga la compra, cuide de los niños o limpie el lugar.

En un momento dado, también puede ser útil hablar con un profesional que conozca los entresijos de tus circunstancias particulares, como un terapeuta o un consejero de salud mental. La terapia ha avanzado mucho y hay servicios disponibles a expensas de los seguros, así como en línea y mediante aplicaciones. Nunca es cómodo dedicar tiempo a buscar un terapeuta, repasar las partes más estresantes de tu vida y rendir cuentas para hacer cambios, pero no lo haces por comodidad, sino por compasión y preocupación por ti mismo. Déjate ver, escuchar y apoyar.

Si trabajas en un sector muy específico que está contribuyendo a tu burnout, intenta encontrar un mentor que haya soportado lo mismo que tú. Cuando busques soluciones a circunstancias particulares de las que solo puede hablar alguien de tu sector, puede resultar frustrante hablar con alguien que no sepa por lo que estás pasando. En su lugar, busca apoyo específico del sector o un consejero especializado en las áreas que te preocupan, o busca la tutoría de alguien que haya pasado por lo mismo antes.

Además de los recursos de salud mental, algunas empresas ofrecen permisos por estrés, permisos familiares y médicos (en virtud de la Ley de ausencia familiar y médica, si vives en los Estados Unidos), años sabáticos u opciones de trabajo de medio tiempo. Si el burnout ha puesto en peligro tu salud mental y física, puede que tengas que plantearte una pausa más prolongada. Al principio puede dar miedo nada más de pensarlo; nuestra cultura de la ocupación continua no anima a hacer una pausa (ni tampoco nuestras facturas), pero las personas que he conocido que se han tomado una pausa más larga no se han arrepentido. De hecho, lo describen como "un cambio de vida" y "la mejor decisión que he tomado para mi bienestar". Conozco a gente que se ha ido a vivir con su familia para poder tomarse este descanso sin preocuparse por las finanzas; he visto a gente pasar de un estresante trabajo de seis cifras a trabajar en una cafetería local; he oído hablar de gente que pasa su permiso por estrés en Costa Rica y luego nunca vuelve. Donde hay voluntad, se encuentra el cómo.

¿Alguien quiere jugar un rato al Jenga del burnout?

Cuando me enfrento a un factor estresante a largo plazo siempre visualizo los pilares de la gestión del burnout como si fuera un juego; pienso en ello como "el Jenga del burnout". Como en el juego Jenga, siempre estamos buscando las piezas móviles. En cualquier momento, al menos uno de los pilares del burnout puede desplazarse para mejorar tu experiencia.

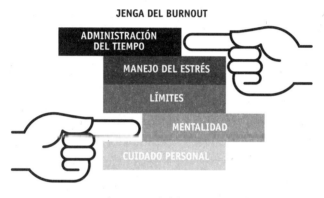

JENGA DEL BURNOUT

ADMINISTRACIÓN DEL TIEMPO

MANEJO DEL ESTRÉS

LÍMITES

MENTALIDAD

CUIDADO PERSONAL

Recorramos juntos el Jenga del burnout volviendo a Bill, cuya salud y vida personal eran colaterales de su atareado negocio. Para que Bill pudiera controlar su estrés tuvo que hacer cambios en varios frentes, tanto a pequeña como a gran escala. La primera pieza del Jenga que cambió fue la del manejo del estrés. Para vaciar su jarra del estrés con más regularidad empezó a terminar sus días con una lista de cosas tangibles frente a intangibles, de modo que tenía más claro qué trabajo había que hacer y no perdía tanto tiempo rumiando las cosas intangibles. El siguiente elemento que cambió fue la mentalidad: tuvo que dejar de tomarse el estrés del trabajo como algo personal y de reaccionar emocionalmente ante cualquier pequeño problema. También redujo sus límites y confió en sus empleados para que hicieran su trabajo sin su microgestión. Y por último, para mejorar su administración del tiempo, tuvo que enfrentarse al hecho de que solo disponía de 24 horas al día, así que para liberar sus fines de semana, pasar más tiempo con su marido y tener tiempo para cuidar de sí mismo tuvo que rechazar nuevas oportunidades que, aunque podían hacerle ganar dinero, sobrecargarían su negocio.

Como resultado de realizar estos cambios, Bill controló muchos de los malos hábitos que antes eran su comportamiento habitual. Una vez que logró dormir lo suficiente ya no tenía que tomar bebidas energéticas todos los días y soportar repetidos subidones y caídas de energía. Una vez que dejó de microgestionar a sus empleados no tenía que quedarse despierto hasta tarde revisando su trabajo. Una vez que priorizó jugar al golf un día cada fin de semana con su esposo tenía suficiente tiempo de recuperación para relajarse, reducir su cortisol y presión arterial, y recordar que la vida valía la pena vivirla. No hay un método único para liberar el estrés; debes explorar las opciones disponibles según las piezas de Jenga del burnout que tengas a tu disposición.

La gestión del estrés no es una herramienta que haya que configurar y olvidar; es algo que se determina momento a momento. Puedes dominarlo en una temporada de la vida y luego tropezar con los hábitos que has construido la próxima vez que la vida se vuelva ocupada. El objetivo es practicar estas herramientas lo suficiente para que se sientan naturales cuando te sientas abrumado por el estrés.

Si puedes anticipar el estrés, puedes gestionarlo de manera proactiva. Si encuentras el estrés repentinamente, utiliza tus "parches" de estrés para darte un momento de recuperación antes de responder. Si estás soportando un estresor a corto plazo, crea espacio para reconocer los hechos, sentimientos y la historia de la situación, corrige pensamientos que empeorarían tu estrés, intenta compartimentar para contener el estrés y diferencia entre verdaderas emergencias y cosas que podrían hacerse de manera diferente o mejor. Si estás soportando un estrés a largo plazo, considera si puedes aligerar tu carga, buscar ayuda externa, obtener apoyo de un profesional o tomar un descanso, y piensa en qué piezas de Jenga del burnout pueden ajustarse. No esperes recordar todas estas cosas: toma notas de las herramientas y guárdalas en tu escritorio o en tu teléfono, cuéntales a las personas de tu vida para que te las sugieran cuando aumente tu estrés, y subraya y marca estas páginas para poder consultarlas de nuevo.

Si alguna vez hay un momento para priorizar tu recuperación y tomar en serio la gestión del estrés, es cuando estás agotado o a punto de estarlo. Cuando sabes que lo que te preocupa no es nada más un estresor pasajero, que tiene el potencial de comprometer la calidad de tu salud y vida, es fundamental abordarlo de frente. Te mereces vivir sin el constante peso del estrés.

Con un conocimiento más profundo de la gestión del estrés, pasemos a qué hacer cuando tu situación no mejora. Has hecho todo lo posible para mejorar tu mentalidad, cuidado personal, administración del tiempo, límites y gestión del estrés, y aún estás agotado e infeliz. Es hora de determinar si debes redoblar tus esfuerzos o alejarte.

PARTE III

Volver a hacer la vida habitable

Capítulo ocho
Cuándo alejarse

¿Cuándo ha llegado el momento de dejar un trabajo? ¿Cuando la ansiedad es constante y no hay alivio a la vista? ¿Cuando los pensamientos de trabajo te impiden dormir toda la noche? ¿Cuando tienes una cierta cantidad de dinero ahorrada? ¿Cuando el comportamiento abusivo de tu jefe ha llegado a un punto de quiebre? ¿Cuando surge otra oportunidad?

La pregunta que hago a la gente para medir su disposición a marcharse es: ¿cualquier cambio haría este trabajo soportable para ti? Y piensa solo en cambios factibles, no en cosas como tener de repente un nuevo jefe, ganar mucho más dinero o reducir la carga de trabajo a la mitad. ¿Hay cambios realistas que podrían hacerse para mejorar tu experiencia? Si los hay, estupendo, y haremos todo lo posible por aplicarlos. Si no es así, puede que solo estés retrasando tu inevitable partida. Si decides aguantar un poco más porque no estás preparado para abandonar el barco, fíjate un plazo. Dentro de seis meses, si sigues agotado, decídete a buscar en otra parte. Si has hecho todos los cambios que se te ocurren y tu trabajo te sigue extenuando, lo más probable es que el trabajo sea el culpable.

No seas el pirata ejemplar en un barco que se hunde. No hay recompensa por ser el trabajador perfecto en una empresa que agota a la gente como un exprimidor saca el jugo de una naranja y tira la cáscara apachurrada a un lado. No importa cuánto control del estrés y cuidado personal practiques si tu jefe te maltrata verbalmente con regularidad y tienes una carga de trabajo equivalente a la de tres personas. **No puedes compensar un sistema roto**, y ningún tipo de mantenimiento por tu parte puede corregir las prácticas de una empresa.

Si esto te resuena, pero empiezas a sentir un nudo en el estómago, te entiendo. Puede que ya se te estén ocurriendo razones para quedarte en el puesto un poco más: *me gusta mi equipo, no quiero cambiar de trabajo mientras otros aspectos de mi vida están cambiando, no tengo tiempo para presentar mi candidatura en otro sitio, estoy en fila para un ascenso o un aumento de sueldo, el nuevo liderazgo puede ofrecer una oportunidad de crecimiento.*

Analicemos qué puede hacer que un puesto "valga la pena". Es una pregunta especialmente difícil de responder si tu sector es estresante por naturaleza. La medicina de urgencias probablemente siempre te ponga en modo de lucha o huida, las crisis de manejo de catástrofes casi nunca se producen en un momento conveniente y un horario nocturno va a ser difícil para tu cuerpo y tu mente porque no somos seres nocturnos. Para diferenciar entre el estrés habitual del trabajo y el nivel de estrés que puedes soportar, hazte estas dos preguntas:

1) **¿Vale la pena el costo de este sector o función?**
Tanto si trabajas en el sector salud, la educación, el espectáculo, la abogacía o en cualquier otro campo, ¿valen la pena los sacrificios de trabajar en ese sector por lo que obtienes a cambio? Si los beneficios compensan los costos, recuérdatelos cada vez que te sientas estresado. Si te das cuenta de que el costo ya no vale la pena, es hora de cambiar.

2) **¿Estoy haciendo lo que puedo para separarme de los factores estresantes?**
Piensa en el capítulo sobre manejo del estrés y en nuestra discusión sobre no alimentar la llama del estrés. ¿Estás rumiando y desahogándote sobre el trabajo durante tu tiempo libre? ¿Te la pasas contando historias e involucrándote emocionalmente

con factores estresantes que, de otro modo, podrías ignorar o manejar a distancia? ¿Practicas con regularidad el manejo del estrés, el cuidado personal, el seguimiento de tu mentalidad y el establecimiento de límites para combatir los retos de tu trabajo? A veces hacemos que un trabajo sea más estresante de lo que es si no nos gestionamos de forma reflexiva. Haz lo que puedas para desvincularte del estrés laboral siempre que sea posible.

Si tu calidad de vida ha empeorado a pesar de tus esfuerzos —y si la dirección no apoya tus peticiones de modificación—, pasa a crear un calendario para una salida o un cambio significativo. A veces puede mejorar tu situación sin abandonar la organización, por ejemplo cambiando de equipo, departamento, responsable o función, o pasando a un trabajo de medio tiempo. Sin embargo, si no puedes justificar seguir sufriendo en ese puesto y no ves un cambio realista, es hora de establecer un calendario de salida.

Tu calendario de salida: prepárate para partir

¿Cómo es llegar al final de la cuerda? Puede que te parezcas a Jenny, que necesitaba dejar su trabajo de editora cuando la conocí:

A los dos meses lo supe: este trabajo iba a ser mi muerte. Trabajaba 12 horas al día (¡a veces 14!) y varias horas cada fin de semana. Y seguía retrasándome. Llorar en mi escritorio entre reuniones de Zoom no era como yo me imaginaba este empleo. Sobre el papel era un trabajo de ensueño: podía trasladar mis conocimientos sobre revistas al mundo digital, podía trabajar con profesionales del sector a los que respetaba mucho y de los que podía aprender, tenía tiempo libre ilimitado, el trabajo era a distancia y recibiría un sueldo fijo cada dos semanas, algo que no había tenido en años como freelance. Pero en realidad, el trabajo era insostenible. Había demasiado trabajo para un equipo de tres redactores.

Me dije a mí misma que mejoraría después de mi curva de aprendizaje sobre nuevos sistemas de gestión de contenidos y software. Me dije que mejoraría después de contratar a otro miembro del equipo (al que tuve que formar en mi tiempo "libre"). Me dije que mejoraría después de compartir mis preocupaciones con mi jefa, que era muy comprensiva pero que admitía estar agotada y que su propio jefe no la escuchaba. Me prometió que me quitaría trabajo de encima una vez terminados ciertos proyectos. Pero eso nunca ocurrió porque no había nadie a quién traspasar el trabajo. El director general se negaba a contratar más personal hasta que no se hubieran establecido ciertas alianzas, y esas negociaciones llevaban meses. Mientras tanto, el trabajo seguía acumulándose.

Después de decenas de llamadas telefónicas a amigos íntimos y a mis padres —que estaban cada vez más preocupados por mi salud física y mental y que llevaban meses sin verme, a pesar de que me había mudado al otro lado del país para estar más cerca de ellos— me di cuenta de que ya no podía seguir así. No lo haría más. La incertidumbre de la vida de freelance era mucho mejor que la certeza de esta miserable existencia, en la que estaba perdiendo el sentido de mí misma. No había podido hacer ejercicio, socializar con amigos, ver a mis padres ni a mis sobrinos. ¿Quién era yo? Me había tomado exactamente un día de vacaciones en cinco meses (¡hasta aquí llegó el tiempo libre remunerado ilimitado!). Había engordado, en parte gracias al hábito poco saludable que había desarrollado de comerme una cajita de papas a las francesa con parmesano todas las noches para superar mis tareas nocturnas, un pequeño capricho para aguantar la incesante edición y gestión de proyectos. A medianoche cerraba mi laptop, me arrastraba a la cama, navegaba por Instagram durante 15 minutos y me quedaba comatosa. Las ocho de la mañana llegaban demasiado rápido y volvía a empezar. Esto no era vida.

Para colmo de males, a pesar de dedicar más de 65 horas semanales al trabajo, tenía la sensación de estar fracasando. Los elogios llegaban con poca frecuencia y, cuando lo hacían, solían venir de los clientes y muy rara vez de la dirección. No era una cazadora de elogios ni mucho menos, pero necesitaba sentir que mis esfuerzos eran apreciados. Aparentemente no era más que otro día en la empresa. En lugar de apoyo real recibía *incesantes mensajes de Slack sobre cómo mantener el ritmo, recordatorios sobre plazos y un sinfín de invitaciones a reuniones sobre más trabajo.*

No hubo un momento exacto en el que decidiera dejarlo. En cambio, hubo muchos pequeños momentos de "no puedo hacer esto", "esto es inhumano", "odio este trabajo", "¿cómo acabé aquí?", "esto es un infierno", y así sucesivamente. El flujo constante de pensamientos negativos culminó en la profunda comprensión de que había llegado el momento de dejarlo y salvarme. Tras 20 años de carrera, había tenido suficientes experiencias laborales como para saber cuándo un trabajo era tóxico, y este definitivamente lo era.

Además, tenía una especie de red de seguridad: Sabía que podía mantenerme como freelance porque ya lo había hecho antes. ¿Habría una transición financieramente aterradora mientras me preparaba para volver a ser mi propio jefe? Sí. ¿Tendría que posponer mi decisión de comprar una casa? Sí. ¿Tener una mascota? Sí. Aun así, no vacilé. Sentí de verdad que me estaba salvando de morir ahogada, que no se trataba de que no me hubiera esforzado lo suficiente o de que hubiera esperado una mala racha.

La conversación con mi jefa, a quien admiraba y en quien confiaba como en un amigo y que era la única razón por la que me había quedado más de un mes, fue dolorosa. Lloré y ella lloró. Pero lo entendió (en secreto, creo que ella misma tenía los mismos pensamientos) y le di un mes de preaviso para que trasladara a otra persona, sabiendo lo loco que era el ritmo. Podía aguantar un mes más sabiendo que era el último.

No me arrepentí de mi decisión ni por un segundo. Fue sin duda un voto a favor de la prosperidad y un voto en contra de una existencia que me chupaba el alma. Pero no consideré un error haber aceptado el trabajo. Estaba dispuesta a arriesgarme y ver qué pasaba. Fue un experimento de 10 meses que me dejó exhausta y agotada, pero que me enseñó que el pasto del otro lado no era más verde y que tenía mejores opciones. Además, ahora podía añadir un montón de nuevas habilidades a mi currículum.

Tardé tres meses en recuperarme. Las primeras semanas fueron como las vacaciones de verano de un niño: libertad para dormir hasta tarde, reencontrarme con amigos y familiares, trasnochar viendo la tele y volver a mis rutinas de ejercicio y a las horas felices con los vecinos. Pero tuve problemas con la energía, con la pérdida de peso, con mis finanzas y con los pasos a seguir. Pasar de tener los días llenos de tareas sin parar a días enteros sin una rutina o una agenda fijas fue desorientador.

Pero lo resolví. Me puse en contacto con mis clientes escritores (un poco apenada, pero con total transparencia) y retomé las relaciones con los editores. Y poco a poco mi agenda se fue llenando de proyectos. Al principio acepté encargos pequeños, que estuvieran disponibles lo antes posible aunque no estuvieran muy bien pagados, pero necesitaba mantenerme ocupada y recuperar el terreno perdido. Y luego las cosas se aceleraron como preveía que lo harían y estoy prosperando. ¿Es la vida perfecta? Por supuesto que no. ¿Es estresante el trabajo? Algunos días sí, otros no. Pero tengo la confianza de que puedo hacer frente a lo que surja. También estoy orgullosa de mí misma por confiar en mi instinto de inmediato, por saber que mi espíritu estaba sufriendo y me suplicaba que pulsara el botón de escape.

A veces lo más difícil de establecer un programa de salida es decidir hacerlo. Renunciar puede ser aterrador, incluso cuando has estado fantaseando con ello y sabes que es lo correcto, lo único que puedes hacer. Hay que lanzarse a lo desconocido y tener un poco de fe. Es cierto que no hay garantías de que el próximo trabajo funcionará. Pero piénsalo de esta manera: lo que está garantizado es que permanecer en tu trabajo actual significa más sufrimiento. Con eso puedes contar. No existe un "buen momento" para dejarlo. Esto puede sonar desalentador al principio, pero en realidad debería suponer un alivio. Porque si no hay un "buen momento" para dejarlo, entonces te liberas de la carga de intentar averiguar el momento exacto. Sospecho que ya sabes que has tenido suficiente hace mucho tiempo, y lo único que te queda es confiar en tu brújula interior y dirigirte hacia la rampa de salida.

Si estás listo para aprender a crear un plan de salida, sigue leyendo para recibir amor apache y el ánimo que necesitas.

1) **Aceptación**

El primer paso es aceptar que quieres dejarlo. En cuanto reconozcas que tienes un pie fuera, tu comportamiento cambiará: recibirás menos malos tratos porque no tienes miedo de marcharte, te sentirás reconfortado en los días difíciles pensando que solo estarás ahí un poco más y, en general, tendrás una sensación de empoderamiento porque no estás "atrapado". Saber que no tienes miedo de marcharte te da una perspectiva totalmente nueva. Acepta la claridad de saber lo que quieres.

2) **Planificación**

¿Qué longitud de pista necesitas para despegar? Si llevas un tiempo profundamente infeliz, ¿cuánto tiempo más podrás soportarlo? Imagina que dentro de un año sigues en este trabajo. Si te dan ganas de gritar, es que no puedes soportarlo ni un año más. Dite a ti mismo que tienes X meses para crear un plan de salida. No te dejes abrumar por el proceso. Ve paso a paso.

3) **Reconocimiento**

Empieza por investigar los puestos que te parezcan interesantes y ponte en comunicación con tu red de contactos. No te sientas presionado por la idea de que el siguiente puesto tiene que ser tu carrera de por vida. El único requisito es que sea un trampolín productivo para salir de donde estás. La vida no es tan seria; un par de desvíos no te catapultarán al fracaso.

4) **Acción**

Una vez que tenga una idea de los tipos de empleo a los que te gustaría proponerte y de las vacantes que existen, reelabora tu currículo con la intención de destacar las aptitudes que te conviertan en un candidato atractivo. A continuación, empieza a presentar solicitudes. No te desanimes si tienes que enviar tu solicitud a docenas de sitios antes de obtener respuesta: así es el mercado laboral hoy en día. Recuerda que solo hace falta un sí. ¿Habrá días en los que tengas ganas de golpearte la cabeza contra el escritorio? Sí. Pero es un juego de números: cuantas más redes establezcas, cuanta más gente conozcas, cuantas más oportunidades solicites, más posibilidades tendrás. *No* pases por alto el *networking* en esta fase: conocer a la persona adecuada equivale a conseguir un *FastPass* para Disneylandia en un nuevo puesto.

Preguntas frecuentes
¿Cómo saber si un trabajo te agotará antes de aceptarlo?

Con demasiada frecuencia veo a personas que saltan de un trabajo que les produce burnout a otro. En su desesperación por escapar, no se aseguran de que su siguiente puesto les ofrezca mejores circunstancias. ¿Cómo puedes protegerte contra el burnout en el futuro? Determinando si una organización tiene una cultura de burnout.

Hay algunos indicadores universales de que una empresa tiene una cultura de burnout: alta rotación, liderazgo sin formación y empleados insatisfechos. Puedes encontrar mucha de esta información en sitios web como LinkedIn o Glassdoor. Incluso puedes ir un paso más allá y ponerte en contacto con los empleados de la organización para una rápida entrevista informativa, o avanzar en el proceso de entrevista formal para obtener más información sobre la cultura de un equipo. Haz preguntas como las siguientes a las personas con las que trabajarías: "¿Por qué está vacante el puesto que solicito?", "¿cómo describirías tu propio equilibrio entre vida laboral y personal?" y "¿puedes contarme un poco cómo sus líderes modelan la administración del tiempo y los límites para los empleados?". Cuando hables con personas en posiciones de liderazgo en particular —las personas que marcan la pauta y la cultura de un equipo— tendrás una mejor idea del tipo de entorno que fomentan.

¿Cómo se puede identificar a las empresas con un gran equilibrio entre vida laboral y personal?

Hablar con la red de contactos es la forma más segura de poner el pie en la puerta y conocer cómo es en realidad trabajar en un sitio. Pasa tiempo con gente a la que le guste su trabajo o su lugar de trabajo y busca empresas en las que los empleados parezcan tener un equilibrio entre vida laboral y personal que te atraiga. No todas las ventajas de una empresa son iguales. Quizá quieras dar prioridad a un liderazgo bien formado, flexibilidad para trabajar a distancia, oportunidades de desarrollo, un buen seguro médico o un determinado número de días de vacaciones; busca lo que más te interese para tu próxima etapa de vida.

¿Cómo encontrar tiempo para establecer contactos y presentar solicitudes de empleo cuando se está tan agotado y ocupado que apenas se puede seguir el ritmo de las responsabilidades actuales?

Con frecuencia, el mayor obstáculo a la hora de solicitar un nuevo empleo es la abrumadora carga de trabajo del actual. Lo ideal sería dar un paso atrás en tu trabajo actual (aunque sea por poco tiempo) y dedicar parte de tu tiempo y energía a solicitar nuevos empleos. Si esto no es posible, puede que tengas que ser creativo con otras opciones a tu disposición. Puedes intentar reciclar la herramienta "Quién, cuándo, dónde, cómo" del capítulo sobre administración del tiempo. Si no puedes cambiar el "qué" (solicitar nuevos empleos), prueba cambiar el "quién", el "cuándo" o el "cómo":

(*Quién*) ¿Puedes pagar a alguien (ya sea un familiar, un amigo o alguien en un sitio web como TaskRabbit o Fiverr) para que encuentre ofertas de trabajo que cumplan ciertos criterios, te las envíe y desde ahí puedas examinarlas y solicitarlas?

(*Cuándo*) En lugar de trabajar en las solicitudes justo después del trabajo, cuando ya estás agotado, ¿podrías dedicar dos horas los sábados por la mañana en una cafetería para trabajar en las solicitudes? ¿O 30 minutos antes del trabajo dos veces por semana?

(*Cómo*) En lugar de solicitar un empleo a ciegas, pregunta a tus amigos, familiares y compañeros de universidad qué es lo que buscas y si conocen alguna vacante. Informa a tu red de contactos que estás buscando un nuevo trabajo.

Cuando decidas qué quieres hacer a continuación, recuerda tener en cuenta tu personalidad y tus preferencias. Si eres una mariposa social a la que le encanta trabajar con otras personas, es probable que ese puesto de gestión de proyectos principalmente independiente no sea para ti. Si eres introvertido y odias la correspondencia, es probable que el reclutamiento no sea lo tuyo. Si sabes que necesitas la energía y la responsabilidad de trabajar en persona, no solicites puestos remotos al cien por ciento. Un trabajo no es solo el trabajo en sí, también son importantes la experiencia diaria y el estilo de vida que ofrece.

Sé que solicitar trabajo es intimidante y puede hacer mella en tu ánimo si has enviado cientos de solicitudes en vano. Es un proceso complicado. Pero te mereces un trabajo que no te haga sentir miserable. Pule tu currículum, *habla con la gente*, mantén la mente abierta y recuerda: solo hace falta un sí.

Capítulo nueve

Hoja de ruta para crear una vida equilibrada
(¡Ahora mismo!)

A estas alturas, puede que empieces a sentir que se te cruzan los ojos y que tu boca forma las palabras: "¿Qué demonios se supone que tengo que hacer primero? Ahora que ya conoces los cinco pilares de la gestión del burnout, con la ayuda de tu coach, puedes iniciar el proceso de sanación y salir de tu situación actual para mejorarla. Estos son tus **Cuatro Pasos hacia la Libertad.** (De acuerdo, no es libertad total, pero Cuatro Pasos para Sentirte Menos Agotado no suena igual). Vas a empezar por hacerte una idea precisa de tus circunstancias actuales y, a continuación, aplicar los conceptos de gestión del burnout de uno en uno. Siguiendo estos pasos, podrás aflojar el collar del burnout y mejorar de forma sorprendente tu experiencia diaria.

Paso 1: Lleva un registro de cómo empleas tu tiempo durante al menos tres días laborables. Yo lo hago llevando un odioso cuaderno con un bolígrafo pegado a él durante todo el día, pero también lo puedes hacer en la versión digital en el teléfono. No hace falta que anotes todo si ciertas tareas tienen más sentido como grupo (en otras palabras, "prepararse" es un buen sustituto de hacer tu rutina de cuidado de la piel, maquillaje y peinado, y vestirte). Anota cuándo te levantas, cómo pasas el tiempo en el trabajo, cuándo te distraes, cuándo haces descansos y qué haces después del trabajo.

Una vez que hayas completado tres días de seguimiento, reflexiona sobre lo que has registrado. A menudo estamos tan pegados a nuestros horarios que no vemos patrones, o estamos tan acostumbrados a creer que pasamos nuestro tiempo de una determinada manera que perdemos de vista cómo lo gastamos en realidad. Cuando lo veas en negro sobre blanco puedes observar con mayor facilidad tu comportamiento como datos. **Hay que seguirlo para hackearlo.** Es mucho más fácil mejorar cuando se conoce bien el estado actual de la agenda diaria.

7:00 a.m. Rutina matutina (café, sofá, podcast)

7:30 a.m. Prepararte para el trabajo (peinado, maquillaje, outfit)

7:45 a.m. Reunión matutina para organizar el día

7:50 a.m. Responder a los correos

8:30 a.m. Pausa para desayuno

9:00 a.m. Trabajar en el proyecto

11:00 a.m. Pausa

Paso 2: Revisa lo que escribiste como si fueras un extraño. Si tu mejor amigo te diera estas notas, ¿qué pautas observarías? Tal vez al examinarlas con mayor detenimiento descubras que sueles posponer la comida hasta las dos de la tarde cada día, que te quedas despierto hasta pasada la medianoche todas las noches, que pasas más tiempo del que pensabas redactando y releyendo correos electrónicos o que pierdes horas del día en las redes sociales entre tarea y tarea. Sé objetivo en tu examen.

Paso 3: Anota lo que ya estás haciendo bien y lo que te gustaría intentar hacer de otra manera. Esta es tu oportunidad para preguntarte: *¿Cuál es la mejor versión de mi situación actual?* No se trata de que agites una varita mágica para que desaparezcan todos tus problemas, sino de que seas realista sobre lo que es posible *ahora mismo*, con la auténtica intención de comprometerte a cambiar.

Hacemos todo lo posible para que las cosas sucedan cuando nos lo piden los demás; este cambio es algo que te estás pidiendo *a ti mismo* y que tienes que hacer que suceda con la misma determinación. El cambio puede ser tan sencillo como hacer una pausa de 15 minutos para comer en lugar de no hacerla, pero esos 15 minutos pueden marcar la diferencia entre tener una crisis mental por la tarde o evitarla.

¿Qué cambios mejorarían tus circunstancias? Identificas los elementos que puedes cambiar, pausar/posponer, simplificar, delegar/externalizar o dejar. Veamos algunos ejemplos:

CAMBIA: Tal vez quieras cambiar la forma en que pasas tus mañanas, ya que en la actualidad te despiertas, revisas de inmediato tu correo electrónico en tu teléfono y te diriges directamente de tu cama a tu escritorio para empezar a trabajar. Despertarte y sumergirte de inmediato en tus posibles factores estresantes no es la mejor manera de vivir. Eres una persona antes de ser un ejecutante; date un momento después de despertarte para poner tus pensamientos en orden antes de pasar al modo de trabajo. Quizá en lugar de leer correos electrónicos dentro de los 30 segundos de abrir los ojos prefieras comenzar tu día de manera más tranquila, como despertarte, salir a tomar aire durante 15 minutos con una taza de café, prepararte y luego abrir tu computadora portátil para sentirte como un ser humano cuando comiences a trabajar. Ralentiza las cosas para ayudar a mitigar tus mañanas estresantes.

PAUSA/POSPÓN: Tienes un proyecto apasionante que amas pero ya no tienes tiempo para él. Puedes hacerle un espacio en tu agenda un poco a la fuerza, pero hacerlo quita toda la pasión. Antes adorabas este proyecto (por ejemplo, hacer voluntariado en el refugio local de perros, escribir un blog personal, dirigir un club de inversiones con amigos), pero desde que experimentas agotamiento te ha causado más estrés que alegría; se siente como otra tarea porque preferirías descansar durante tu tiempo libre. Considera poner en pausa o posponer este proyecto hasta que puedas darle tu atención completa nuevamente. Dejar algo de lado no significa que hayas fallado; ten la seguridad de que seguirá ahí cuando estés listo para regresar con pasión en lugar de culpa.

SIMPLIFICA: Al revisar tu seguimiento, ves que no has ido a tu clase de pilates ni una vez en los últimos tres meses. Te dices a ti mismo que vas un par de veces a la semana, pero los datos no mienten. Lo que haces todos los días es sentirte culpable por no ir. Después de considerar lo que quieres priorizar durante esta temporada de la vida reconoces que tu verdadero objetivo es simplemente moverte un poco cada día, y es más probable que camines en tu caminadora mientras ves televisión cada noche que ir a tu clase de pilates. Cancela tu membresía y comprométete a caminar durante 30 minutos al día en su lugar, mucho más sencillo y mucho más alcanzable.

DELEGA/EXTERNALIZA: Si miras tu seguimiento y descubres que sacar a pasear al perro cada día te consume una hora de tu tiempo que quisieras recuperar, busca un servicio para que saquen a pasear a tu perro. No es para siempre; solo para superar esta temporada ocupada.

RENUNCIA: Pasas dos horas a la semana en un comité del que odias ser parte. Ya sea la Asociación de Padres y Maestros, un comité en el trabajo, un grupo de la iglesia, sin importar cuál sea, sabes en tu corazón que ya no quieres formar parte de él. Es hora de ponerte los pantalones de adulto y establecer un límite informando que en este momento no puedes continuar en tu empleo. Si te resulta demasiado difícil renunciar, hazles saber a los miembros de tu grupo que necesitas alejarte durante seis meses mientras atraviesas una temporada ocupada, y luego, después de esos seis meses, puedes reconsiderar. Siempre puedes regresar cuando no estés agotado. Pero por ahora sé honesto contigo mismo sobre los compromisos de tiempo que podrían hacerse de manera diferente o no hacerse en absoluto.

Paso 4: Escribe qué cambios te gustaría hacer y cómo puedes llevarlos a cabo. Utiliza esta **Fórmula del Cambio** para que las mejoras se mantengan:

1) **Cambiar:** ¿Qué cambio de comportamiento quieres ver en ti mismo?
2) **Acción necesaria:** ¿Qué hay que hacer exactamente para que se produzca este cambio?
3) **Refuerzo:** ¿Cómo puedes reforzar esa acción para que requiera menos esfuerzo?

Por ejemplo, si dices que quiere beber más agua, la fórmula del cambio podría ser la siguiente:

1) *Cambiar:* El cambio que quieres hacer es beber más agua.
2) *Acción necesaria:* Para ello debes acordarte de llenar tu botella y beber agua a lo largo del día.
3) *Refuerzo:* Para reforzar las acciones deseadas puedes comprarte una botella de un litro y establecer recordatorios que aparezcan en tu computadora para beber agua y rellenar el depósito al mediodía.

Tiempo Jenga

Una vez que hayas completado los Cuatro Pasos Hacia la Libertad comienza a poner en práctica las demás herramientas y conceptos que han resonado en tu interior: las páginas que has marcado, los pasajes que has subrayado. Es posible que ya hayas aplicado algunas de las soluciones más importantes por pura supervivencia (¡lo cual es increíble!). El salto de la información a la acción es intimidante y estoy orgullosa de que lo hayas dado). Ahora te toca editar, evolucionar y seguir alejándote del territorio del burnout.

Volvamos al Jenga del burnout. ¿Cuáles de las piezas de la gestión del burnout se pueden mover? ¿Qué podría hacerse de forma diferente o mejor para cambiar tu experiencia? ¿Qué prácticas podrías intentar en las áreas de mentalidad, cuidado personal, administración del tiempo, límites o manejo del estrés? En caso de que necesites un repaso rápido, revisemos lo que podrías incorporar de los cinco pilares:

Mentalidad: Tal vez sepas que te vendría bien tener recordatorios junto a tu cafetera o en la pantalla de inicio de tu computadora. Podría ser algo así:

- *Un trabajo es un intercambio de servicios por dinero.*
- *No necesito tomarme a mí mismo o a mi vida tan en serio que me prive de vivir realmente.*
- *Mi salud es más importante que mi trabajo.*
- *La gente respeta mis límites porque yo respeto mis límites.*
- *Tengo autoridad para pedir cosas en mi propia vida.*
- *Doy prioridad a las cosas que son importantes para mí.*

Si este planteamiento te resulta familiar, anota estos mantras ahora mismo. Es más fácil añadir un cambio a un hábito existente que empezar uno desde cero (esto se llama "apilar hábitos").

Cuidado personal: Echa un vistazo a tu pirámide de cuidado personal. ¿Qué cosas no negociables necesitas cada día? ¿Qué tipo de mantenimiento, descanso y recarga aumentarán tu calidad de vida? ¿Qué tipo de descanso predecible te proporcionaría el alivio que necesitas cada día? Después de revisar tu horario actual, ¿dónde podrías incorporar descanso predecible, no negociable, o mantenimiento, descanso y recarga? Utiliza la fórmula del cambio para introducir los cuidados personales que más te afecten.

Administración del tiempo: Quizá después de reflexionar sobre cómo empleas tu tiempo en el trabajo notas momentos en los que los vampiros energéticos te frenan. Te distraes con cada correo electrónico y cada mensaje de Slack, las tareas que pensabas que te llevaban 20 minutos en realidad te llevan una hora, y te dices a ti mismo que trabajas de nueve a cinco, pero lo haces más bien de 8:20 a 5:40. Comprométete a utilizar herramientas como la organización por lotes, la delegación y la rendición de cuentas para controlar mejor tu administración del tiempo. Tal vez te propongas revisar los mensajes de Slack al principio de cada hora en lugar de tan pronto como lleguen, empieces a bloquear el tiempo para que las tareas estén representadas de forma realista en tu día, y te propongas limitar tu jornada laboral de nueve a cinco durante la próxima semana para ver cómo va.

Límites: Qué límites podrían ayudarte a reforzar los cambios que quieres hacer? ¿Necesitas expresar tu disponibilidad a tu colega que te envía mensajes instantáneos sin parar? Si quieres empezar a salir de la oficina a las cinco de la tarde, quizá necesites comunicárselo a tu equipo y añadir tu horario de atención al público a tu firma de correo electrónico para que la gente sepa cuándo esperar tus respuestas. Para tener un rato de tranquilidad por la noche anuncia a los tuyos que tienes una "hora tranquila" de ocho a nueve, durante la cual no existes para ellos.

Manejo del estrés: Muchos de estos cambios te ayudarán a reducir el estrés, pero también puedes analizar tus hábitos diarios y ver si hay momentos predecibles de mucho estrés. Si sabes que todos los lunes estás demasiado agobiado para hacer la cena, haz que los lunes sea noche de pizza y nada más calienta o pide tu pizza favorita todos los lunes. No lo pienses dos veces; simplemente haz que ese día sea más fácil para ti. Si recibes llamadas de familiares entre semana que acaparan tu tiempo, establece un límite claro para reducir este estrés diciéndoles que prefieres platicar los fines de semana. Si te das cuenta de que después de las reuniones con Mike no puedes hacer nada durante una hora porque estás muy estresada, intenta dar un pequeño paseo hasta una cafetería de la calle justo después para salir de la escena del crimen, respirar un poco de aire fresco y recordarte a ti misma que no debes dejar que Mike determine si tienes un buen día o no.

Lo más probable es que tengas que probar cosas más de una vez para que se queden grabadas, ¡y no pasa nada! Incluso puedes contratar a alguien a quien admires o que creas que tiene un buen equilibrio entre vida laboral y personal, enseñarle tus pautas diarias y pedirle su opinión sobre cómo puedes mejorarlas.

Estás rediseñando tus relaciones con tu trabajo y tu vida. Estás restableciendo tus prioridades y lo que la gente puede esperar de ti, y eso es complicado. Cuando hice estos cambios en mi propia vida pasé mucho tiempo sintiéndome mal por defraudar a la gente o dejar escapar oportunidades. Pero solo tienes una vida y no es una locura querer que sea agradable.

El equilibrio siempre será una danza. Hacia delante y hacia atrás, de lado a lado, te moverás en función de tus circunstancias cambiantes. No se trata de tener la coreografía perfecta. En cambio, céntrate en aprender un par de movimientos diferentes y sentirte lo bastante cómodo con ellos como para que cuando cambie la música puedas cambiar con ella con confianza.

Donde la lectura se encuentra con la realidad

Incluso cuando dominas tu mentalidad, cuidado personal, administración del tiempo, límites y estrés, el burnout puede aparecer de repente. Hace poco me encargué de cuatro grandes proyectos además de planificar mi boda. Hasta hace unos años este nivel de compromiso y presión me habría hecho tambalearme en el suelo de la ducha. Tal y como estaban las cosas, mi agenda estaba incómodamente apretada y me planteé renunciar a mi boda y fugarme. Por suerte, fui capaz de recordarme a mí misma que se trataba de una temporada de mucho trabajo temporal y que ya había sobrevivido a todas las temporadas de mucho trabajo anteriores. Incorporé cuidados personales que me mantuvieran cuerda: mi lenta rutina matutina, salir de casa al menos una vez al día, leer antes de acostarme, comer en platos desechables (porque a veces ver el fregadero lleno de platos al final de un día agotador puede hacer que te entren ganas de matar a alguien). Administré mi tiempo hábilmente, haciendo las cosas más importantes y sin dar prioridad a lo que no era esencial para esta temporada. Desempolvé mis límites de temporada alta y reforcé los fines de semana antisociales, rechacé las llamadas sociales durante la jornada laboral y me basé en guiones para rechazar las oportunidades que surgían. He gestionado el estrés inminente con paciencia y una mayor conciencia de lo que me dice el estrés, para saber cuándo dar un paso atrás y recuperar la lucidez. Utilizando estos cinco pilares, he experimentado de primera mano que podemos encontrar libertad y equilibrio incluso cuando nos sentimos contra la pared. **El burnout no es una sentencia de muerte; es un golpecito en el hombro (bueno, más bien un empujón) para que prestes atención a tu vida porque algo tiene que cambiar.**

No dejes que esta información se quede entre estas páginas. Ten a mano las herramientas de este libro; pon notas adhesivas en el libro; comparte lo que has aprendido con tus colegas y amigos para que te ayuden a mantenerte en tu propósito: hay muchas formas de mantener vivos estos conceptos y ayudarlos a evolucionar contigo.

La gestión del burnout no solo se hace en oficinas; se hace en la intimidad de tu casa y de tus pensamientos. Nadie puede entrar en tu vida y cambiarla por ti, eso depende de ti. Estás a solo un par de turnos de una experiencia muy diferente. Esta es la única vida que puedes vivir; vale la pena hacer cambios difíciles para sentir que realmente puedes *vivirla*. Puedes hacerlo; sé que puedes. Estés donde estés, te animo.

Agradecimientos

Este libro no existiría sin la ayuda de la suerte y de mucha gente con talento.

A Noa Shapiro, mi editora. No eres solo una editora, eres una EDITORA. Cada frase de este libro es mejor gracias a ti. Gracias por tener una fe inquebrantable en este libro a lo largo de todas sus evoluciones. No sería lo que es sin ti.

A Katherine Lathshaw, mi agente, confidente y defensora. Gracias por ser la persona a la que acudo cuando experimento un millón de "primeras veces" a lo largo de este proceso. No necesité nada de tiempo después de nuestra reunión inicial para saber que podíamos hacer cosas increíbles juntas, y eso sigue siendo cierto el día de hoy.

A Tula Karras, por prestarme su orientación y talento a medida que se iban elaborando estos capítulos. Gracias por tu voluntad de ir y venir y volver y volver y volver para asegurarte de que este libro fuera lo mejor posible. Ha sido un auténtico placer trabajar contigo.

Este libro no podría haber cobrado vida sin los esfuerzos del equipo de *Dial Press*: Andy Ward, Avideh Bashirrad, Raaga Rajogopala, Whitney Frick, Debbie Aroff, Michelle Jasmine, Vanessa Dejesus, Corina Diez, Benjamin Dreyer, Rebecca Berlant, Ted Allen y David Goehring. Han hecho más de lo que puedo imaginar para que este libro llegara a la meta, y estoy sinceramente agradecida con cada uno de ustedes.

294 | LA CURA DEL BURNOUT

A Erin Thomas, Lisa Huebner y Hilary Tindle, gracias por su tiempo y experiencia. Este libro sale reforzado gracias a sus aportaciones y les agradezco su amabilidad y contribución.

Elana Low, debo darte las gracias por sacarme del éter. Antes incluso de que tuviera un gran número de seguidores en las redes sociales, viste suficiente potencial en mi trabajo como para insistir en que presentara mi propuesta. Gracias por poner en marcha estos planes.

A mis padres, no hay agradecimiento suficiente por todo lo que han hecho por mí. Soy quien soy y estoy donde estoy gracias al apoyo y al amor que me han dado desde el momento en que nací. Tengo que darles las gracias por lo mejor de mí.

Para mi hermana pequeña, mi carrera de *influencer* no empezó en las redes sociales, empezó el día que naciste. Eres la persona más significativa a la que jamás influenciaré y no tienes ni idea de cuánto me has influenciado a cambio.

A Navarre, mi marido, mi porrista más escandaloso y mi abrazo más cálido, que ni una sola vez, ni siquiera cuando me quedaban los últimos mil dólares, me hizo sentir que tenía que abandonar mi negocio e "ir a buscar un trabajo de verdad". Saber sin lugar a dudas que me cacharías si me caía me dio la confianza para asumir los riesgos que me han traído hasta aquí hoy. Soy mejor contigo a mi lado. Gracias por quererme tan bien.

Por último, a mis clientes y a todos y cada uno de los miembros de mi público que se han tomado el tiempo de conectar conmigo, no podría hacer esto sin ustedes. No sería más que otra persona con una opinión si no me hubieran dado la oportunidad de compartir con ustedes, de trabajar con ustedes y de aprender de ustedes. Sus historias y su apoyo han hecho que merezca la pena escribir este libro, así que gracias. Gracias, gracias, gracias. Los estimo mucho más de lo que se imaginan.

Sobre la autora

EMILY BALLESTEROS tiene maestría en psicología industrial-organizacional y trabajó en formación y desarrollo corporativo antes de lanzar su negocio de coaching para la gestión del burnout. Además de aparecer en medios como *The Wall Street Journal*, CNBC, Today.com y BuzzFeed, imparte regularmente formación sobre burnout para empresas como PepsiCo, Thermo Fisher, Salesforce y Nickelodeon, entre otras.

Instagram: @Emilybruth TikTok: @Emilybruth

Esta obra se terminó de imprimir
en el mes de junio de 2024,
en los talleres de Litográfica Ingramex S.A. de C.V.,
Ciudad de México.